Franz Kurowski
JOSEF GRÜNBECK
Der Mensch und sein Werk

Franz Kurowski
JOSEF GRÜNBECK
Der Mensch und sein Werk

Herausgegeben von
Grünbeck Wasseraufbereitung GmbH
Höchstädt a. d. Donau

ISBN 3-00-002296-1

® Herausgegeben von
Grünbeck Wasseraufbereitung GmbH
Postfach 1140
D-89416 Höchstädt a. d. Donau
Autor: Franz Kurowski
Gestaltung: Hans Bürkner
Gesamtherstellung: Ebner Ulm
Gedruckt auf säurefreiem, alterungsbeständigem Papier
(hergestellt aus chlorfrei gebleichtem Zellstoff)
Printed in Germany 1997

Ein Leitspruch von Josef Grünbeck:
»Man soll die Dinge erledigen bevor sie geschehen«

Vorwort

Wenn von Josef Grünbeck die Rede ist, dann fehlt es nie an sympathischen *und* unsympathischen Bezeichnungen für den bayerischen Unternehmer und Politiker aus Höchstädt an der Donau.

Das einemal wird er als »schwer kontrollierbarer Querdenker« apostrophiert, das anderemal zu einem »sehr freien Demokraten« erklärt. Daß einmal auch die Kennzeichnung »lästiger politischer Narr« gefallen sein soll, will der Vollblutpolitiker, dieses »Mannsbild politischen Urgesteins«, nicht ausschließen. Dazu bemerkt er:

»Wenn *diese* Seite mich auch nur einmal gelobt hätte, würde ich mich gefragt haben: ›Was hast du falsch gemacht?‹«

Der »Ärmelaufkrempler«, der selbst einer Parteifreundin wegen dieser Eigenheit nicht wählbar erschien und das »liberale Unikum« sind Versuche, Josef Grünbeck einzugrenzen, ihn verbal in den Griff zu bekommen.

Aber dieser Mann, der gleichsam aus dem Nichts eine Weltfirma schuf, der nach 1945 mit einem ungeheuren Elan *wirklich* die Ärmel hochkrempelte, ist weder in ein Schema zu pressen, noch in einer Schublade unterzubringen. Er ist und bleibt eine liberale Persönlichkeit mit dem untrügbaren Gespür für die wirklich wichtigen Dinge des Lebens und Überlebens auf unserem Wasserplaneten Erde.

Daß er diese verschiedenen »Titel« gewissermaßen als Ehrenzeichen akzeptiert, zeigt seine Toleranz auf. Und was auch immer über ihn gesagt wurde und heute noch gesagt wird, er bleibt tatsächlich völlig unberechenbar, was seine Aktionen auf der politischen Bühne und als Unternehmer anlangt.

Josef Grünbeck ist stets einsatzfreudig und vorwärts drängend. Wenn für seine Wähler, oder für seine Mitarbeiter etwas Gutes dabei herauskommt, ist er sogar willens, in das eine oder andere Fettnäpfchen zu treten. Einfach ausgedrückt: Er ist nicht zu etikettieren und erst recht nicht zu schablonisieren. Er ist ein Mann, der sich stets treu bleibt, der niemals willens war, seine Wurzeln zu leugnen; ein Mann mit politischem und wirtschaftlichem Instinkt, der für sich und für andere Grenzen sprengte. Er wagte es dabei, die Fülle von Gegebenheiten und Ereignissen, von Zeit und Raum einzukreisen und anderen Menschen zu vermitteln. Seine stupenden Kenntnisse der Zusammenhänge zwischen Kultur und Wirtschaft, von Politik und Personalengagement ließen ihn erfolgreich für sich und andere arbeiten.

Zwar hat Josef Grünbeck das Rentenalter bereits ein halbes Jahrzehnt überschritten, sieht sich aber auf keinen Fall bereits als Pensionär oder Rentner. Ruhestand, das ist für ihn ein Fremdwort, auch wenn er dem Bundestag Valet gesagt hat. Er wird – und das scheint seinen Freunden als todsicher – sowohl als Unternehmer, wie auch als Politiker voll aktiv bleiben und seine Hand über alle jene halten, die von ihm abhängig sind und auf ihn vertrauen.

Josef Grünbeck, aus dem Sudetenland stammend, wo er bereits als Junge zur Sache ging, sei es auch nur beim Hopfenpflücken oder Beerensammeln für die Großmutter, ist ein Kämpfer im positiven Wortsinn. Als ihn die Wehrmacht für sich reklamierte und ihn zu den Gebirgsjägern steckte, lernte er auch Süddeutschland kennen und lieben. Er kämpfte in Rußland, an der Kaukasusfront und dort an einem der Brennpunkte dieses gnadenlosen Ringens bei Noworossijsk. Viermal insgesamt wurde er verwundet.

Im Ausgeliefertsein an ein Schicksal, das weder er noch seine Kameraden für sich ausgesucht hatten, erlebte er in einer Kette unmenschlicher und niederschmetternder Ereignisse ein Inferno. Daraus gewann er die Überzeugung, daß jeder Krieg, auch der siegreich zu Ende geführte, weder Sieger noch Besiegte sondern nur Geschlagene kennt: Millionen von Menschen, die als Strandgut der Schlachten ausgelöscht wurden.

So kehrte er nach Ende des Zweiten Weltkrieges und nachdem er seine Familie in langer Suche gefunden hatte, in seine neue Heimat nach Höchstädt an der Donau heim. Als Familienoberhaupt hatte er für sie alle zu sorgen.

Nach einer Zwischenstation, bei der es zunächst um ein Dach über den Kopf und um das nackte Überleben ging, gründete er im Jahre 1949 mit einem Betriebskapital von DM 50,– einen Betrieb zur Wasser- und Abwasseraufbereitung, den er Jahr für Jahr weiter ausbaute und dem er schließlich zu weltweiter Anerkennung verhalf.

Mit seinem später entwickelten Modell der Beteiligung seiner Mitarbeiter am Firmenvermögen und an der Firma hat Josef Grünbeck – *weit* vorausschauend – Wegweisendes in Gang gesetzt.

Der aus bitterer Erfahrung gewonnenen Erkenntnis »nie wieder Politik« mußte er schließlich sein »Politik ist notwendig« hinzusetzen, wie es seinen neuen Erkenntnissen entsprach.

Dabei kam ihm die Tatsache zu Gute, daß er einmal als selbständiger Unternehmer auch über die materielle Unabhängigkeit verfügte, und sein politisches Engagement *ganz allein* nach den von *ihm* als richtig erkannten Erfordernissen ausrichten konnte.

Zum anderen, und das war ebenfalls entscheidend, verstand er von allen jenen Dingen, für die er im Stadtparlament, im Kreistag, Landtag und Bundestag stand, mehr als nur etwas. Das ermöglichte es ihm, Sinn oder Unsinn der verschiedensten Anträge, Forderungen, Gesetzentwürfe und Interpellationen zu erkennen und die Spreu vom Weizen zu trennen.

Als »wertvoller Dolmetscher des Mittelstandes«, wie ihn sein Parteifreund, der seinerzeitige Wirtschaftsminister, Otto Graf Lambsdorff, einmal nannte, konnte er den verschiedensten berechtigten Anliegen dieser vorwärtsdrängenden Sparte zum Durchbruch verhelfen.

Daß er als freier Unternehmer *nicht* dem Arbeitgeberverband angehörte, ist eines seiner Markenzeichen und entspricht seinem Persönlichkeitsbild.

Was er in seinem Betrieb durchsetzen konnte und mußte, war allein von Zweckmäßigkeitserwägungen bestimmt und wurde bis hinunter zum letzten Lehrling auch anerkannt und beherzigt.

Dieser Politiker und Unternehmer ist nebenbei noch ein begeisterter Skifahrer, Bergsteiger und Schwimmer. Was wunder, daß ihn die Höchstädter Vereine zu ihrem »Chef« machten. Er führte diese Kleinstadt auf sportlichem Gebiet in die Klasse hinauf, die sich überall sehen lassen kann.

Darüber ist Josef Grünbeck gemeinsam mit seiner Gattin der Musik eng verbunden. Er selber spielt drei Instrumente und singt und jodelt mit Begeisterung.

Im Laufe der Jahre wurde Josef Grünbeck *der* Repräsentant der bayerischen F.D.P. Er kandidierte einmal gleich für zwei Mandate, um sich schließlich für das eine, das ihm am wichtigsten schien, zu entscheiden.

Als Josef Grünbeck im September 1994 aus dem Deutschen Bundestag ausschied, war dies kein Abschied für immer von der Politik, wie sein Freund Hans-Dietrich Genscher im April 1995, bei einem Besuch im Grünbeckschen Heim, betonte:

»Er kommt wieder, dessen bin ich mir sicher!« Und eingedenk dieser feststehenden Tatsache wollte Genscher auch keinen Rückblick auf seinen Freund geben, sondern nur einen Zwischenbericht ablegen.

Daß Josef Grünbeck im Jahre 1996 noch einen Erweiterungsneubau seiner Firma »hochziehen« will und noch in diesem Jahr in den Höchstädter Stadtrat zurückzukehren beabsichtigt, dem er bereits 21 Jahre angehört hat, deutet ganz auf die Prognose Genschers hin, der in diesem Zwischenbericht vermerkte:

»Eigentlich fehlt ihm nur noch ein Mandat im Europaparlament auf der Palette seiner Tätigkeiten. Schließlich ist Josef Grünbeck, so wie Hildegard Hamm-Brücher, ein ewiger ›Jungstar‹ der F.D.P.: Eckig und kantig, aber auch liebenswert, so habe ich meinen Freund Grünbeck in Bonn erlebt. Auch in schweren Stunden habe ich immer gewußt: ›Auf *den* kannst du dich verlassen!‹

Wir haben miteinander viele vertraute *und* vertrauliche Gespräche geführt. In vielen Fragen hat er immer wieder dagegen gestochen, und wie! Aber zumeist zu Recht.«

Daß das Verhältnis der Tschechen zu den Deutschen sich so frühzeitig nach Beginn der neuen Aera dort zum Guten wandelte, ist mit dem Sudetendeutschen Grünbeck zu verdanken. Er war einer derjenigen, die als erste zu einem neuen Anfang beigetragen haben, lange bevor andere dies auch nur in die nähere Erwägung gezogen hatten.

Er hat erkannt, daß der Haß der Völker gegeneinander – wie auch immer er entstanden sein mag – das alles abgrenzende Denken von jeher die Ursache für aufbrechende Konflikte war und ging dagegen an.

Dies alles trotz der Schwere des erlittenen Schicksals, das seine und die Familie seiner Frau getroffen hatte.

Durch die Ehrenbürgerschaft der Stadt Dux hat er ein europäisches Gütesiegel erhalten. Er hat zahlreiche Hilfsaktionen in Nordböhmen initiiert und vor allem das Verzeihen in den Mittelpunkt seines Wirkens gestellt, weil ohne Verzeihen auch keine Versöhnung möglich ist.

»Grünbeck«, so Genscher weiter, »hat den Menschen seiner neuen Heimatstadt Arbeitsstellen geboten, die Zukunft haben. Er ist der klassische Repräsentant eines Unternehmens der sozialen Marktwirtschaft. Durch die Beteiligung seiner Mitarbeiter am Erfolg des Betriebes brachte er seine liberale Position zum Ausdruck.«

Am Vortage seines 70. Geburtstages, den er am 17. September 1995 feierte, hat – wieder einmal mehr typisch für ihn – zu einer großen wissenschaftlichen Tagung »Hygiene und Gesundheitstechnik« nach Höchstädt eingeladen. Bundeswirtschaftsminister Dr. Günther Rexrodt hat diese Tagung mit dem Referat »Der Mittelstand braucht Strukturwandel – Am Beispiel Josef Grünbeck« eröffnet.

Ihm folgten hochkarätige Wissenschaftler mit ihren Vorträgen, vor allem über die neuen Grünbeckschen Techniken und Verfahren zur Hygiene und Gesundheitstechnik. Auf diesem Sektor hat die Firma des Jubilars Bahnbrechendes geleistet.

Da geht es einmal um die Bekämpfung der Legionellen durch das weltweit patentierte Grünbeck-Verfahren mit Ultraschall- und UV-Technologie.

Diese neue Entwicklung in der Bekämpfung der tückischen Krankheit kann und wird viele Menschenleben retten.

Die Hygiene und Gesundheitstechnik in öffentlichen Bädern ist durch den Grünbeckschen Chlorominator entscheidend verbessert worden. Dieses Gerät reduziert die schädigenden Einflüsse des Chlors, was vor allem auch für die Hochleistungsschwimmer von entscheidender Bedeutung ist.

Auch dieses Thema wurde am 16. September auf der Tagung abgehandelt. Andere Vortragsthemen waren:

»UV-Entkeimung und Aktivsauerstoff« ebenso, wie das phantastische Projekt des »Tomesaverfahrens«. Letzteres eine berechtigte Hoffnung für alle, die an Psoriasis oder Neurodermitis leiden.

In allen diesen und vielen anderen Betriebszweigen hat sich Josef Grünbeck als Mann erwiesen, der seinen einmal gewonnenen Erkenntnissen auf der Spur bleibt, um daraus entscheidende Produkte für Gesunderhaltung und Heilung der Menschen zu schaffen.

All dies hat mit Wasser zu tun. Vieles mehr kreist ebenfalls um diesen »Rohstoff«, der nicht pfleglich genug behandelt werden kann, weil er die Zukunft der Menschheit bestimmt und bei der Zuwachserwartung der Weltbevölkerung immer knapper wird. Alle Reserven müssen deshalb mobilisiert werden, um die Anforderungen der Weltbevölkerung etwa im Jahre 2020 erfüllen zu können. Auf diesem Wege schreitet Josef Grünbeck voran.

Daß in allen diesen Dingen seine Gattin stets an seiner

Seite war und dafür immer wieder große Opfer gebracht hat, soll an dieser Stelle einmal zum Ausdruck gebracht werden. Dafür gebührt ihr nicht nur unser aller Lob, sondern auch unsere volle Hochachtung und Anerkennung.

70 Jahre eines Lebens, das geprägt war von unermüdlicher Schaffenskraft, von ungeheurer Neugierde auf das, was Leben im Detail und im Ganzen ausmacht, hat Josef Grünbeck nun hinter sich gebracht. Er hat eine Existenz aufgebaut und mit unermüdlicher Geduld die Geheimnisse um unser Wasser aufgedeckt. Er ist einer jener wenigen Männer, auf die jenes Motto gemünzt ist, das ich als Wahlspruch über dem Eingangsportal der Universität von Granada fand und in meinem Spanienbuch festhielt:

»Die Welt wird von vier Dingen erhalten:
Dem Wissen der Weisen.
Der Gerechtigkeit der Großen.
Den Gebeten der Guten.
Der Tapferkeit der Mutigen.«

In diesem Sinne, lieber, verehrter Josef Grünbeck, ist nur eines noch auszusprechen, bevor in drei großen Abschnitten Ihr Leben und Ihr Werk vor den Augen der Leser dieses Buches Revue passieren wird.

Sie haben ohne jede Hilfe von außen bewiesen, daß Sie ein Unternehmer von hohen Graden sind, der aus eigener Kraft Großes geschaffen hat. Daß Sie darüber hinaus zu keiner Stunde Ihres Lebens Mitmenschlichkeit und Hilfsbereitschaft vergaßen, ist das Merkmal eines Menschen, der im Anderen nicht nur den Feind sieht, sondern den Nächsten.

Ihr Motto: »Keine Parolen sondern Taten!« und jenes ergreifende Wort: »Ohne Verzeihen gibt es keine Versöhnung« sind Ausdruck dessen, was Ihre Persönlichkeit ausmacht und wofür Sie sich täglich aufs neue engagieren. Sie wuchsen weit über sich hinaus, um *dennoch* stets der Gleiche zu bleiben.

Für das achte Lebensjahrzehnt ein von Herzen kommendes
GLÜCKAUF!
Es möge erfüllt sein von weiterem Schaffen im Dienste an der Menschheit, aber auch von neuen Erfolgen.

Der Mensch Josef Grünbeck

Ausdauer und Energie

Im Sommer 1976 kam es nach einer Tagung der American Legion, dem Veteranenverband der US-Streitkräfte, in Philadelphia zum Ausbruch einer bis dahin unbekannten Krankheit. Von den mehr als 4000 Teilnehmern erkrankten etwa 200 an einer schweren Lungenentzündung, in deren Verlauf 29 der erkrankten Personen starben. Ein großes Rätselraten begann.

Zunächst dachte man an einen Giftanschlag. Dann aber wurde das Auftreten rätselhafter Viren gemutmaßt. Damals herrschte zunächst die Meinung vor, daß die Medizin alle humanpathogenen (das heißt alle Mensch und Tier krank machende) Bakterien längst entdeckt habe. Die Medizin erwartete *keine* neuen Erkenntnisse auf diesem Gebiet.

Zur größten Überraschung aller Fachleute aber wurde ein halbes Jahr nach diesem Vorkommnis, das übrigens die Mikrobiologen und Mediziner aller Länder auf den Plan gerufen und zu intensiver Forschung veranlaßt hatte, bis dahin *nicht* bekannte Bakterien als Erreger der »Legionärskrankheit« entdeckt.

Diese neue schwere Art der Lungenentzündung wurde entsprechend ihrem ersten Auftreten bis zu ihrer Enträtselung Legionärskrankheit genannt. Jene Bakterien, die sie verursachten, erhielten die Bezeichnung Legionella pneumophilia. In der Umgangssprache wurden sie kurz Legionellen genannt.

Seitdem hat auf der ganzen Welt eine intensive Forschungstätigkeit eingesetzt, die neue Erkenntnisse zur Bakteriologie und Ökologie der Legionellen, sowie zu Epidemiologie, Klinik und Therapie der Legioärskrankheit gewann.

Die Sterblichkeitsrate und die Häufigkeit der Todesfälle

im Verhältnis zur Zahl spezifischer Erkrankungen wurden – so die neuesten Erkenntnisse – in den meisten Gesundheitsstatistiken unterschätzt. Heute geht die Fachwelt davon aus, daß 5 % aller schweren klinikbedürftigen Lungenentzündungen durch Legionellen ausgelöst werden. Weitere plausible Schätzungen gehen davon aus, daß in der Bundesrepublik Deutschland jährlich mit 5000 bis zu 20 000 Fällen der Legionärskrankheit gerechnet werden muß.

Da diese Krankheit mit 20 % Sterbefälle eine hohe Todesrate aufweist, sprechen Schätzungen davon, daß alljährlich in Deutschland mit großer Wahrscheinlichkeit mehr als 1000 Todesfälle durch die Legionärskrankheit zu beklagen sind.

Auch in der Bundesrepublik Deutschland wurden die ersten Untersuchungen begonnen, als ähnliche Erkrankungen vermehrt vorkamen. Zunächst schätzte man, daß jährlich in der Bundesrepublik 1200 bis 1500 Menschen an dieser Krankheit stürben. Das würde bei der vorher genannten Todesrate eine Krankheitsrate von bis zu 30 000 Menschen ergeben.

Eine interfraktionelle Arbeitsgruppe des Bundestages hatte sich ebenfalls sehr bald mit der Legionärskrankheit befaßt, ohne zu einem Ergebnis zu gelangen und *ohne* eine Meldepflicht für diese Krankheit bindend vorzuschreiben. Im Gegensatz zu den Durchfallserkrankungen ist die deutsche Medizin also nur auf Schätzungen angewiesen, was die Häufigkeitsangaben der Legionärskrankheit betrifft. Allerdings stützen sich diese auf fundierte Studien.

»Als Fazit dazu«, so Prof. Dr. med. Dr. rer. nat. Werner Ehret, »läßt sich festhalten, daß die Legionellen heute in die Spitzengruppe der bakteriellen Erreger schwerer Lungenentzündungen des Menschen einzureihen sind. Deshalb müssen sie hinsichtlich prophylaktischer Maßnahmen *unbedingt* Berücksichtigung finden.«

Die Legionellen wurden vor 20 Jahren erstmals durch Josef McDade beschrieben und auch als verantwortlich für einen erheblichen Anteil aller schweren Pneumonien erkannt. Intensive Nachforschungen haben bewiesen, daß die Legionärskrankheit weltweit auftritt und in fast allen Ländern Europas zur Spitzengruppe der bakteriellen Erreger schwerer Lungenentzündungen gehört.

In England wurde durch die Wissenschaftler MacFarlane, Ward, Finch und Macrace in einer Hospital-Studie zu diesem Thema erkannt, daß die Legionellen mit 15 % nach den Pneumokokken die zweithäufigsten Erreger von Lungenentzündungen sind.

Über die Herkunft der Legionellen ist inzwischen bekannt, daß sie sowohl in natürlichen Gewässern, als auch in technischen Wassersystemen vorkommen. Sie befinden sich dort in ökologischer Assoziation mit freilebenden Amöben, Cilikaten oder anderen aquatischen Bakterien.

Nicht nur in ausländischen Flüssen, sondern auch im Rhein, im Main und in der Oder wurden Legionellen nachgewiesen, und selbst im Wasser französischer Heilquellen fand man sie.

Dies sind die Gründe dafür, daß Legionellen auch über die öffentlichen Wasserversorgungsnetze in technische Wassersysteme eingespeist werden. Hier – vor allem in Warmwassersystemen – können sie sich aufgrund dieser günstigen Vermehrungstemperaturen stark vermehren und zu einer Gefahr für die damit in Verbindung kommenden Menschen werden.

Als man im Mai 1985 einen weiteren großen Ausbruch der Legionärskrankheit in einer relativ neuen Klinik in Stafford, England, beobachtete, stellte sich folgender Verlauf dar:

Von 163 an der Legionärskrankheit erkrankten Menschen im dortigen Krankenhaus und den dortigen Ambulanz-Wartebereichen starben 39 Menschen an der zu spät erkannten Legionärskrankheit. Auslöser dieser Epidemie war die legionellenkontaminierte Klimaanlage. Keimhaltige Aerosole waren von dort in den Ambulanz-Warteraum geblasen worden.

Daß dies nicht die einzige weitere Epidemie war, ist durch verschiedene Statistiken belegt, die unter Beweis stellen, daß es auch in Einkaufszentren und Fabriken durch Klimaanlagen und Warmwassersysteme zu Ausbrüchen der Krankheit kam.

Vor allem aber weisen die Statistiken häufiges Auftreten der Legionellen in Hotels des Mittelmeer-Raumes auf. Lange Listen solcher Hotels liegen in einer Studie der Weltgesundheitsorganisation WHO vor.

Was aber ist mit Deutschland?

Statistiken des früheren Bundesgesundheitsamtes zeigten, daß bei Untersuchungen von Wassersystemen großer Gebäudekomplexe in Deutschland etwa 7,5 Prozent der kalten, aber etwa 50 Prozent der warmen Wasserproben mit Legionellen kontaminiert waren.

Nach den Untersuchungen, die das Team von Dr. Dr. Ehret im Münchener Raum durchführte, waren etwa 80 Prozent der Warmwassersysteme der untersuchten Kliniken legionellenhaltig.

Eine weitere, in Rheinland-Pfalz durchgeführte Untersuchung zeigte, daß Legionellen in 21 der untersuchten 26 Kliniken nachweisbar waren.

In Niedersachsen ließen sich in 70 Prozent der untersuchten 103 Kliniken Legionellen in den Warmwassersystemen nachweisen.

Eine analog dazu durchgeführte Untersuchung an den Bonner Universitätskliniken ergaben Legionellen in *97 % aller Wasserproben.*

Deshalb ist, nach Dr. Dr. Ehret, »von der prinzipiellen Möglichkeit des Vorkommens von Legionellen in den Warmwasseranlagen größerer Gebäudekomplexe in Deutschland *in jedem Falle* auszugehen.

Von dort aus vermögen sie über lungengängige Aerosole, wie sie beispielsweise beim Duschen entstehen, in das Atmungssystem von exponierten Personen gelangen, sich dort zu vermehren und somit die Legionärskrankheit auszulösen.«

In einer Fülle von Bekämpfungsmaßnahmen wurde bis heute versucht, dieser gefährlichen und heimtückischen Krankheit Herr zu werden. Von der Chlorierung (mit ihren bekannten Nachteilen bei den Badegästen und insbesondere bei Schwimmsportlern), über die Ozonierung, den Einsatz von Bioziden und der UV-Entkeimung, wurden alle Möglichkeiten versucht. Eine thermische Desinfektion kam ebenfalls hinzu, gefolgt von kombinierten Bekämpfungsmethoden. Keine dieser Maßnahmen entsprach den Erfordernissen für eine erfolgreiche Bekämpfung.

In dieser Situation kam die Firma Grünbeck-Wasseraufbereitung ins Spiel. Mit der an ihm bekannten Energie und Ausdauer machte sich Josef Grünbeck mit seinen Mitarbeitern ans Werk. In Höchstädt wurde das GENO-break-System entwickelt, das aus zwei Anlagenkomponenten besteht: einem Ultraschallteil und einem Ultraviolett-Desinfektionsteil. Die eigentliche Inaktivierung – die Abtötung der Legionellen – wird durch die UV-Strahlung bewirkt.

Da sich Legionellen in Warmwassersystemen, jedoch *geschützt* in Wasseramöben, fortpflanzen und vermehren können, mußte zunächst ein Mechanismus geschaffen werden, der diese Wasseramöben mechanisch aufzubrechen *und* die darin befindlichen Legionellen freizusetzen vermag. Diesem Zweck dient der Ultraschall. In der Kombination von Ultraschall und UV-Strahlen werden die beiden erforderlichen Effekte erreicht: Die Amöben werden durch Ultraschall aufgebrochen und die darin befindlichen Legionellen durch UV-Strahlung getötet.

Daß dies nicht so einfach war, wie es hier in diesen wenigen Zeilen erscheinen mag, und daß es einer langen Kette von Versuchen und des Einsatzes hoher Geldmittel bedurfte, ehe die Firma Grünbeck das GENO-break-Verfahren anmelden und einsetzen durfte, sei in einer verkürzten Darstellung dargelegt:

Die Entwicklungsarbeiten

In der Historie der Entwicklung dieses Systems zur Bekämpfung der Legionellen wurde nicht nur die Bekämpfung der Legionellen, sondern auch anderer Mikroorganismen angestrebt.

Es handelte sich hierbei um ein innovatives Produkt von höchster Feinheit zu einem hochsensiblen Einsatzzweck. Dementsprechend war der Entwicklungsaufwand immens. Neue Investitionen und ein enormer personeller Entwicklungsaufwand waren notwendig.

Da dieses Problem so hochbrisant ist, versicherte sich Josef Grünbeck der Zusammenarbeit mit wissenschaftlichen Spezialisten an den verschiedenen deutschen Univeritäten. So wurde die gesamte Entwicklung des GENO-break-Systems durch wissenschaftliche Voruntersuchungen und prüfende Versuche begleitet.

Die gesamte Entwicklung kostete die Firma Grünbeck-Wasseraufbereitung bis jetzt 600 000 DM reine Entwicklungskosten. Davon entfielen 300 000 DM auf interne Entwicklungskosten und 270 000 DM auf externe Versuche und Untersuchungen.

Die einzelnen Entwicklungsstufen waren:

Behandlung von Legionellen durch Ultraschall an der Universität Regensburg.

Behandlung von Legionellen und Amöben mittels einer Kombination von Ultraschall und UV an der Universität Würzburg.

Expertentagungen bei der Firma Grünbeck.

Errichtung einer Pilotanlage im Schwesternwohnheim der Uniklinik Würzburg.

Eine kontinuierliche Produktverbesserung.

Die einzelnen Stufen befaßten sich mit der Abtötung der Legionellen durch Ultraschall. Hier kam es zum Einsatz von Schwingern aus den USA, die von Prof. Dr. Dr. Ehret eingesetzt wurden, wobei das Frequenzspektrum und die Beschallungsdauer variiert wurden.

Der hohe und personelle Aufwand dieser Versuche war um so höher zu bewerten, da als Erkenntnis dieser Versuchsergebnisse erkannt wurde, daß eine effiziente Abtötung der Legionellen durch Ultraschall mit einem noch vertretbaren Aufwand nicht möglich war.

In dieser Phase aufzuhören, hätte der Firma Grünbeck weitere große Aufwendungen erspart. Doch Josef Grünbeck war nicht der Mann, die »Flinte ins Getreide zu schmeißen«, wie er einmal sagte.

Es entstand der Gedanke, die Legionellen zusätzlich zum Ultraschall auch mit UV-Licht zu behandeln. Das bedeutete: Die Wirtszellen der Legionellen wurden mittels Ultraschall aufgeschlossen, die Legionellen freigesetzt und durch die nachfolgende UV-Bestrahlung abgetötet.

Neue entsprechende Versuchsanlagen wurden im Höchstädter Werk gebaut und die nächsten Versuche an der Universität Würzburg durchgeführt. Die dortige Forschungsarbeit lief über ein halbes Jahr. Der Aufschluß der Amöben wurde bei Frequenzen von 20 bis 25 Kilohertz bestmöglich erzielt.

Die darauf folgende Expertenbesprechung in Höchstädt kam zu dem Ergebnis, daß es möglich sei, ein System zu entwickeln, das zur Bekämpfung von Legionellen im Warmwassersystem geeignet war. Dazu sei aber noch ein großer Entwicklungsaufwand notwendig.

Die Expertenriege gehörte zu den angesehensten Wissenschaftlern aus Deutschland und England: Es waren Professor Dr. Dr. Werner Ehret von der Universität Regensburg, Prof. Dr. Jörg Hacker von der Universität Würzburg, Dipl.-Biologe Michael Steiner von der Universität Würzburg, Dr. Timothy John Rowbotham von der Public Health Laboratory Service in Leeds und Spezialisten von der Aqua System Dänemark.

Sie hatten die von Grünbeck vorgestellten Verfahrenskonzepte zur Legionellenbekämpfung eingehend diskutiert. Als herausragendes Ergebnis ihrer Zusammenkunft erklärten die Wissenschaftler, daß es dringend erforderlich sei, möglichst schnell ein System zu entwickeln, das eine größtmögliche Legionellen-Abtötung bewirkt. Aus den sogenannten Schlußfolgerungen wurde als Ergebnis formuliert:

»1. Entwicklung eines Durchfluß-Ultraschall-Generators, mit den für einen kommerziellen Einsatz notwendigen Leistungsdaten, durch die Firma Grünbeck in Zusammenarbeit mit einer führenden Firma auf dem Gebiet des Ultraschall-Generatorbaus.

2. Durchfühung weiter Versuche im Labor der Universität Würzburg mit Kokulturen aus Amöben und Legionellen, mit einer Ausgangskonzentration von ca. 100 000 bis 1 Million Organismen pro Liter Wasser, und dem Ziel, die Legionellenzahl *nach* der Aufbereitungsstrecke unter 100 zu reduzieren.

Dies soll in enger Zusammenarbeit zwischen der Firma Grünbeck und den Herren Prof. Hacker und Dipl.-Biologe Steinert geschehen.

Die Tagung und die in ihrem Gefolge neuen Erprobungen, sowie Bau und Aufstellung einer Pilotanlage im Schwesternwohnheim der Universität Würzburg, verschlangen erneut hohe Summen.

Für die Umsetzung des ersten Prototyps war zusätzlich ein Wareneinsatz in sechsstelliger Höhe notwendig.

Als die führenden Herren der Firma ihrem Chef, Josef Grünbeck, das Patent des GENO-break-Verfahrens überreichten, hatte dieser wieder einmal, allen Unkenrufen zum Trotz, sein Ziel erreicht. Seine Entscheidung zu diesem Schritt, der jeden anderen wegen der immensen Kosten abgeschreckt hätte, lautete:

»Da eine Infektion von immungeschwächten Personen, speziell in Krankenhäusern und Altenheimen, als sehr kritisch zu betrachten ist und nachweislich eine Sterblichkeitsrate von etwa 20 % nach sich zieht, konnte nach meiner Ansicht – der meine Mitarbeiter voll zustimmten – der Aufwand gar nicht hoch genug sein, um ein System zu entwickeln, das dieses Infektionsrisiko minimiert.«

Professor Dr. Dr. Werner Ehret vervollständigte diese Überzeugung Grünbecks mit den Worten des Experten:

»Wenn man sich vor Augen hält, daß im Paragraphen 1 der Trinkwasserversorgung festgestellt wird, daß Trinkwassersysteme frei zu sein haben von pathogenen, also krankmachenden Mikroorganismen, und wenn man sich andererseits vor Augen hält, daß – wie ich dargelegt habe – ein erheblicher Teil unseres Warmwassersystems mit potentiell tödlichen Bakterien besiedelt ist, so erschien ein technisches System zur Reduktion der Legionellengefahr *äußerst* dringlich.

Meines Wissens ist die Kombination von Ultraschall und UV-Inaktivierung, wie es die Firma Grünbeck im GENO-break-System realisiert hat, *das* zur Zeit wirkungsvollste Verfahren, das den exponierten Menschen vor möglicherweise tödlichen Lungenentzündungserregern aus unseren Warmwasserleitungen schützt.«

In einer Betriebsversammlung Ende Dezember 1994 berichtete Josef Grünbeck über die größte Erfindung, die seinem Hause bis dahin gelungen war, und die inzwischen zum weltweiten Patent anerkannt war. Er sagte seinen Mitarbeitern:

»Dies ist nicht nur für die Medizintechnik eine gute Nachricht, sondern war für *uns* eine unglaubliche finanzielle Herausforderung. Ich hoffe aber, daß wir über die erwarteten Lizenzverträge die Finanzierung sichern können.«

Nachdem Josef Grünbeck seinen Mitarbeitern die Erfindung erklärt hatte und als deren Sinn, bessere Bedingungen in Krankenhäusern und Altenheimen nannte, gab er auch die besonderen finanziellen Schwierigkeiten bekannt, die mit der Erweiterung des Unternehmens durch das GENO-break-System in den internationalen Bereich hinein auftreten würden.

Der Betriebsrat beschloß einstimmig, der Belegschaft einen Vorschlag zu unterbreiten, ein Jahr lang jede Woche eine Stunde ohne Entlohnung zu arbeiten, um damit auch ihren Beitrag für die Zukunftssicherung der Arbeitsplätze zu leisten.

Mit seinem Schreiben vom 30. Januar 1995 an die Geschäftsführung erklärte der Betriebsrat, daß die Aktion Gültigkeit habe, sofern 70% der Belegschaftsmitglieder zustimmen würden.

Am 4. Februar schrieb Josef Grünbeck an den Bundesminister für Arbeit und Sozialordnung, Dr. Norbert Blüm, er möge diese inzwischen auch von den Mitarbeitern getragene Vereinbarung in seinem Hause prüfen lassen und gegebenenfalls einmal zur Belegschaft der Firma Grünbeck-Wasseraufbereitung zu sprechen.

Dem ist nichts hinzuzufügen, außer der Frage:

Wer ist der Mann, Josef Grünbeck, der sich der Lösung dieses Falles mit so starkem Engagement und Einsatz enormer Geldsummen angenommen hat. Woher kam er? Wie wurde er zu *dem* Unternehmer, der sich für die Reinerhaltung des Wassers und für die Bekämpfung der Verunreinigungen desselben, bis hin zur Vernichtung eines völlig neuen Bakterienstammes stark gemacht hat?

Kindheit und Jugend im Sudetenland

Josef Grünbeck wurde am 17. September 1925 in der Gemeinde Haan am Fuße des Erzgebirges geboren. Diese Gemeinde mit nur etwa 2000 Einwohnern zog sich als Straßendorf etwa 3,5 Kilometer beiderseits der Straße hin. Das gesamte nordböhmische Gebiet war vom Bergbau geprägt. Auch heute noch wird hier *ohne* jede Umweltschutztechnik Braunkohle gefördert und direkt vor Ort verstromt, aber auch in den Haushalten als Brennstoff benutzt. Dies hatte bereits zu damaliger Zeit eine radikale Schädigung der Natur, der gesamten Landschaft und der in ihr lebenden Menschen verursacht.

Grünbecks Vater war gelernter Schneidermeister. Er hatte während seiner Gesellen-Wanderzeit im Jahre 1921 in Hannover seine Meisterprüfung abgelegt.

Im Jahre 1898 in Friedland geboren, war diese frühe Entwicklung eine besondere Leistung, zumal er immer wieder wegen seiner kleinen Statur – er war nur 1,62 cm groß – Anlaß zu Hänseleien und Zurücksetzungen wurde. Er nahm diese Herausforderung aber nicht resignierend hin sondern setzte auf einen Schelm eineinhalben drauf.

Daß er als Schneidermeister sein Metier auf das beste verkörperte, zeigte sich an seiner guten Kleidung, seiner gepflegten Erscheinung und in seiner »Nebentätigkeit«: Er war ein sehr musikalischer Mensch und wurde sehr bald zum Dirigenten des heimatlichen Gesangvereins.

Auch hier gab es in der Anfangszeit die üblichen Frozzeleien, die der neue Dirigent stets auf elegante Weise löste. Als beispielsweise einer der jungen Männer mit einer ausgezeichneten Baßstimme ihn wegen seiner geringen Größe auf die Schippe nehmen wollte, stieg Vater Grünbeck einfach auf einen Stuhl. Damit stand er nun dem jungen Mann Auge in Auge gegenüber und bemerkte ein wenig süffisant:

»Siehst du, man braucht nur ein Stück Holz, um *Höhe* zu erreichen. Die große Frage ist nur, ob außer dem Untergestell auch noch etwas für das Oberstübchen übrig geblieben ist.«

Zuerst wollte der junge Mann wütend aufbegehren, dann aber stahl sich ein Lächeln auf sein Gesicht und er antwortete grinsend: »Du hast gewonnen, Josef!«

In fröhlicher Runde wurde nach der Übungsstunde der ewige Burgfriede geschlossen und begossen. Von nun an waren Sänger und Dirigent ein Herz und eine Seele, was sich in der immer besser werdenden Musik niederschlug, die sie machten.

Josefs Mutter Anna wiederum, eine geborene Hans-Pack (auch Hanspach), war als Bäckerstochter in einer kinderreichen Familie aufgewachsen. Sie war an harte Arbeit von morgens früh um 2 Uhr bis zum Abend gewöhnt, und zugleich der ruhende Gegenpol zu seinem Vater. So konnte es nicht ausbleiben, daß die junge Familie Grünbeck sehr bald mit einer Tochter Elisabeth, die 1923 das Licht der Welt erblickte, gesegnet wurde, und dieser Tochter der Sohn Anton folgte. Danach kam Josef zur Welt, und Bruder Hans, das Nesthäkchen, vervollständigte im Jahre 1932 die Familie.

Das Elternhaus Josefs und seiner Geschwister war bescheiden. Es wurde zunächst noch von der Schwester seines Vaters mit zwei Kindern, einem Rentner-Ehepaar und einer weiteren Familie mit zwei Kindern bewohnt, so daß im Haus und auf dem Platz hinter dem Hause ein reges kindliches Treiben herrschte.

Erst ab 1939 konnte Josefs Elternhaus von der Familie Grünbeck allein bewohnt werden. Josef Grünbeck erinnert sich noch sehr genau an diese Heimstatt und Heimat.

»Das ganze Haus bestand aus kleinen Zimmern von 12 bis 14 Quadratmetern und einer Reihe von Kammern. Ich erinnere mich gut an mein eigenes Zimmer, eine Kammer von etwa 12 Quadratmetern, direkt unter dem Dach. Im Winter fror einem der Atem an der Zudecke. Die Dachziegel waren nicht etwa isoliert, sondern lagen frei auf den Dachsparren. Mein Vater stand immer auf dem Standpunkt, daß dies alles abhärte und für den Lebenskampf stähle, und ich kann ihm diese Überzeugung nicht absprechen. Daß es gegen Krankheiten unempfindlich mache, trat nicht besonders überzeugend zu Tage, denn wir hatten alle vorkommenden Kinderkrankheiten ebenso wie alle übrigen Kinder der Ortschaft.

An einem kleinen Tisch, vor dem ein Stuhl stand, mußte ich meine Schularbeiten erledigen. In der großen Küche des Hauses wurde auch gegessen. Wir hatten meistenteils etwa acht Personen am Tisch, manchmal waren es auch zehn, und wenn meine Mutter Zwetschgenknödel machte, mußten es immer so 100 bis 120 Stück sein.

Das Wohnzimmer war eigentlich mehr ein Musikzimmer. An der Haus-Vorderfront neben dem Eingang hatte mein Vater seinen kleinen Laden, der gleichzeitig auch das Zuschneidezimmer für seine Schneiderei war.

Der zum Hause gehörende Garten war klein, doch jeder Quadratmeter wurde genutzt. Es gab nicht nur Gemüse und Obst, sondern vor allem auch Blumen, die zum Hausschmuck verwandt wurden.

Schlimm war für uns alle die Winterzeit, nicht wegen des Schnees und der Kälte, sondern wegen der Tatsache, daß die Toilette im Freien stand und jeder Gang dorthin einer Expedition durch die Arktis glich.

Der Lagerschuppen für Kohle und Holz stand ebenso im Freien, separat vom Haus, und so geriet auch das Kohle- und Holzholen nicht immer zu einer angenehmen Unterbrechung. Wann immer wir konnten, drückten wir uns davor. Bis Vater eine Liste aufstellte, auf der jeder seinen Platz hatte.

Von einem Sportplatz oder gar einer Turnhalle war in Haan weit und breit *nichts* zu sehen.

Der Raum unserer engeren und weiteren Heimat wurde neben dem Bergbau durch die Landwirtschaft besonders geprägt. Hier bearbeiteten Bauern ihren Grund und Boden, die mit Zähigkeit und unbändigem Fleiß das Beste herausholten. Die Waldwirtschaft war ein dritter Erwerbszweig. Die fruchtbaren Täler bildeten einen reizvollen Kontrast zu dem dahinter dunkel aufragenden Wald.

Beherrscht und geprägt wurde dieses Land von dem Zisterzienserkloster Ossek, einem der ältesten Siedlungsklöster im nordböhmischen Reich. Die Kirche von Ossek hatte eine bedeutende weltweit bewunderte Struktur, denn in ihr waren alle Baustile vereinigt, die es gab. Vor allem dann, wenn man die Klosterbauten in diese Betrachtung einbezog.

Der Kreuzgang im Kloster war romanisch. Die Kirche selbst war in gotischem Stil errichtet worden. Sie wurde nach den kriegsbedingten Beschädigungen oder gar Vernichtungen jeweils wieder aufgebaut und zwar einmal im Renaissance-Stil, sodann wieder im Stile des Barocks.

Die ganze Umgebung und die Struktur dieser Landschaft bestimmte nicht nur den Lebensrhythmus der arbeitenden Bevölkerung sondern auch die Freizeitgestaltung. Wanderungen durch die weitere Heimat waren eine beliebte Feizeitbeschäftigung.

Der Sport im Winter bestand überwiegend aus Skilauf, Rodeln und Eislaufen.

Ein wichtiges allsonntäglich wiederholtes Ritual war der Kirchgang. Dies war der ganze Stolz meiner Eltern, insbesondere meines Vaters, wenn wir uns zu sechst auf den Weg machten. Es ging stets zum Gottesdienst in die Klosterkirche nach Ossek.«

Trotz der Tatsache, daß der Gesundheitszustand von Josefs Vater nach einer verschleppten Lungenentzündung nicht gut war, sondern zu Bedenken Anlaß bot, war er im Jahre 1914 Soldat geworden. Zu seinem Glück wurde ihm seine Musikalität zur Rettung, denn er wurde zur Regimentsmusik einberufen und überlebte solcherart den Ersten Weltkrieg, um – dies sei hier vorausgeschickt – trotzdem noch einmal im Jahre 1940 als Hilfspolizist eingezogen zu werden, was seinem Gesundheitszustand weiterhin abträglich war.

Daß in der Familie Grünbeck musiziert wurde, verstand sich schon aus der Tradition des Hauses.

»Bereits mein Großvater spielte eine Reihe von Instrumenten. Mein Vater beherrschte die Klarinette, Posaune, Geige und das Cello. Er war ein Musiker von Geblüt. Daß meine Mutter ihn dabei nicht nur unterstützte, sondern auch fleißig mitmachte, mit ihrer guten Stimme sang und sich dazu auf der Gitarre begleitete, war für uns alle Ansporn, es den Eltern gleichzutun. So spielte Elisabeth, Vaters Stolz, weil sie so lieb und nett war, etwas Klavier. Vater sah ihr die vorkommenden Patzer großmütig nach. Mein Bruder Anton spielte Geige, Bruder Hans war gut am Klavier, und ich hatte nacheinander Geige und Klavier gespielt und dann zum Schifferklavier gegriffen, um meinen Gesang damit zu begleiten.

Natürlich hatten wir alle bekannten aber auch die weniger gespielten Volkslieder in unserem Repertoire. Der

Volksmusik war eigentlich eine beherrschende Rolle vorbehalten. Dennoch wurde auch klassische Musik so dargeboten, wie sie als Hausmusik gespielt werden konnte.«

Im Sudetenland gab es noch das alte österreichische Schulsystem der Maria-Theresia-Schulen. Es bestand aus einer Volks- und einer Bürgerschule. »Noch heute«, so Grünbeck, »finde ich diese Art der Erziehung großartig.«

Von der 5. Klasse an konnte man direkt ins Gymnasium übergehen, oder aber die zuerst dreiklassige, später vierklassige Bürgerschule besuchen.

Eine Schulgeldfreiheit gab es nicht. Aus diesem Grunde mußte Josef Grünbeck zunächst auf die Bürgerschule überwechseln. Nach Abschluß derselben wurde er zu der Wirtschaftsoberschule nach Teplitz-Schönau umgemeldet.

»Ich war der einzige von uns vier Geschwistern, der diese Schule besuchen konnte. Für mehr langte es finanziell nicht. Gleich zu Anfang hat mein Vater mit mir folgenden »Vertrag« geschlossen:

Es zählen nur die Ergebnisse, so lautete der Hauptpassus. Dies bedeutete, daß das Zeugnis stimmen mußte. Für jede Eins gab es drei Mark, jede Zwei wurde mit einer Mark belohnt. Die Drei brachte nichts ein, und für eine Vier gab es fünf Mark Abzug von dem Guthaben der anderen besseren Noten. Falls er einmal eine Fünf im Zeugnis mit nach Hause bringen sollte, war das »Ende der Fahnenstange« erreicht, und alle vorher erworbenen Gutpunkte waren verloren.

»Eines kann ich meinem Vater bestätigen: Er hat korrekt und peinlichst genau Buch geführt. Eine Mogelei meinerseits kam nicht in Frage, denn die wäre sofort entdeckt und entsprechend geahndet worden.«

Im Alter von sechs Jahren kam Josef Grünbeck also in die Haaner Volksschule. Nach Durchlaufen der vorgeschriebenen vier Klassen mußte er nach Ossek in die Schule gehen, was für ihn einen täglichen Weg von zweimal zwei Kilometern bedeutete. Dieser mußte im Sommer und Winter zurückgelegt werden. Als er schließlich zur Wirtschaftsoberschule nach Teplitz-Schönau mußte, waren dies 12 Kilometer. Im Sommer fuhr Josef Grünbeck monatelang mit dem Fahrrad. Damit sparte er sich das Geld für die Bahnfahrkarte ein, das er erhielt, und konnte darüber als Taschengeld frei verfügen.

Im Winter allerdings, wenn der Schnee knietief lag, war an Radfahren nicht zu denken und die Bahnkarte mußte gelöst werden.

Teplitz-Schönau (das heutige Teplice-Sanov) war als Kurort in Nordböhmen bekannt. Neben der genannten Schule gab es einge weitere Lehranstalten, die Josef nicht so interessierten. Darüber hinaus aber weitere Prachtbauten. Beispielsweise das im 16. Jahrhundert errichtete Schloß, das an der Stelle stand, an der Königin Judith von Böhmen um 1161 das Benediktinerinnenkloster errichten ließ. (Es wurde durch die Hussitten zerstört). Allerdings war zu seiner Zeit das Schloß bereits im 18. bis 19. Jh. einmal umgebaut worden. Es dient heute als Museum.

Daß er sich darüber informierte, wer von den berühmten Musikern der damaligen Zeit in Teplitz-Schönau zu Gast war, verstand sich von selber. So erfuhr er die verblüffende Tatsache, daß auch *hier* bereits Beethoven und Richard Wagner zu Gast waren. Ebenso die Geistesgrößen Johann Wolfgang von Goethe, Friedrich Schopenhauer und Frantisek Palacky, einer der bekanntesten böhmischen Historiker und Politiker, der 1848 den großen Slawenkongreß in Prag geleitet hatte und seit 1861 als Führer der Alttschechen im österreichischen Herrenhaus *und* im böhmischen Landtag saß.

Als er herausfand, daß im September 1813 in Teplitz-Schönau die Heilige Allianz zwischen Österreich und Preußen gegen Napoleon geschlossen worden war, versuchte er, tiefer in diesen Teil der Geschichte der Befreiungskriege einzudringen.

»Allerdings nur mit bescheidenem Erfolg, weil der Lehrstoff den es zu bewältigen galt, reichlich genug bemessen war.«

Daß Teplitz bereits in frühgeschichtlicher Zeit wegen seiner Thermen bekannt war, verblüffte ihn ebenso. Hier war schließlich aufgrund dieser Tatsache die Siedlung »teply« entstanden, was in der tschechischen Sprache »warm« bedeutete.

Zweisprachige Kinderzeit
Die Geschwister

Josefs liebste Verwandte war seine Großmutter mütterlicherseits, die Hans-Pack-Bäckerei. Ihr Humor und ihre optimistische Lebensauffassung prägte ihn mit. Diese hatte bereits ihre fünf Kinder in gleicher Weise erzogen.

Daß Josef Grünbeck-Vater in der Sicherung seiner Existenz, als deutschstämmiger und sich zum Deutschtum bekennender Schneidermeister, mit besonderen Schwierigkeiten zu kämpfen hatte, war die zwangsläufige Folge seiner Einstellung. Alle Kinder, er selber und seine Frau mußten tschechisch sprechen lernen. Zum Turnen ging es aufgeteilt entweder zum Deutsch-Völkischen Turnverein, wo alle hinwollten, oder aber in den SPD-orientierten Arbeiterturnverein. Als dritter Verband kam der tschechische Turnverein (die Sokoln) in Frage.

Allerdings war Josef Grünbeck als Schneidermeister ein besonders erfahrener Fachmann, und wer auf sich hielt, ließ sich bei ihm den Anzug anmessen.

Um die Sprache besser zu erlernen, mußten die Kinder Grünbeck nacheinander während der Ferien in den Schüleraustausch fahren, wobei deutschsprechende Kinder in den tschechischen Teil und tschechischsprechende in den deutschen Teil des Landes geschickt wurden. So gelangte Josef Grünbeck im Sommer 1935, kurz vor seinem zehnten Geburtstag, nach Nebzesseni zum Austausch.

»In Nebzesseni sprach kein Mensch deutsch. Ich war verzweifelt und schickte meinem Vater ein Telegramm. Es bestand aus neun kurzen Worten: ›Entweder ich darf heim, oder ich bringe mich um.‹

Mein Vater hat es in seiner unnachahmlichen Art verstanden, mich dort durchhalten zu lassen. Er packte mich bei der ›Jungenehre‹ und brachte mich dazu, die Sache von der nützlichen Seite zu betrachten und einfach durchzuhalten. Am Ende dieser Ferien konnte ich leidlich gut Tschechisch sprechen und war in der Lage, mich auch in dieser Sprache, die viele unserer entfernteren Nachbarn, aber auch Menschen im Heimatdorf sprachen, zu verständigen. Dadurch lernte ich viel, was sonst an mir vorübergegangen wäre.

Daß wir drei Jungen überall dabei waren, wo es etwas auszuhecken galt, brachte einige Minuspunkte und oftmals auch Nasenstüber und deftiges Hosenbodenklopfen ein. Unsere Schwester Elisabeth hingegen wurde uns immer als Inbegriff der Bravheit vorgesetzt. Sie war inzwischen eine mustergültige Klosterschülerin geworden und unseres Vaters Ein und Alles, was uns aber nicht besonders wurmte. Wir ärgerten sie und zogen sie wegen ihrer Bravheit oft auf.

Es wunderte uns Jungen jedoch nicht, daß Elisabeth, die – das gestanden wir aber nicht öffentlich ein – eine perfekte Schneidermeisterin wurde, und später – bereits in Höchstädt – ein blühendes Modegeschäft betrieb. Sie war eine beliebte Schneiderin, die nicht nur die modischen Bedürfnisse aller zu ihr kommenden Frauen voll befriedigte, sondern auch als Beicht- und Aussprachegelegenheiten für alle hausfraulichen und ähnliche Sorgen galt. Sie wußte nahezu alles, was so manche Frau an Problemen mit sich herumtrug.

Sie heiratete später den Polizeibeamten Johann Stegbauer. Diese Ehe ging nach einigen Jahren auseinander. Danach war meine Schwester mit dem Regierungsrat Heinz Hoerkens verheiratet und sehr glücklich. Sie beide verzogen nach Essen, und meine Schwester gab ihr Schneidergewerbe auf.«

Zurück zu Josef Grünbeck und seiner Zeit in Haan. Sein Großvater, Josef Grünbeck, war gelernter Schreiner. Er ging aus dem Böhmerwald, wo er geboren war, nach Friedland in Nordböhmen. Dort wurde Josefs Vater geboren. Als Arbeiter in einer Druckerei, später in einer Weberei schuf er seiner Familie ein Heim, in dem die Musik zu Hause war. Später mußte er in den Bergbau wechseln. Dort arbeitete er bis zu seiner frühzeitigen Invalidität und starb im Alter von 60 Jahren an der damals noch überhaupt nicht erkannten und natürlich auch nicht anerkannten Staublunge.

Der Großvater mütterlicherseits war der Rudolf Hans-Pach, Bäckermeister in Haan. Er verstarb ebenfalls sehr früh, im Jahre 1935, im Alter von 60 Jahren an einem Schlaganfall. Seine Frau war die von Josef so besonders geliebte Oma Anna, Tochter des Apothekers aus der Apotheke von Komotau in Nordböhmen.

Sie war eine resolute Frau und hat, zu aller Überraschung, einige Jahre nach dem Tode ihres Gatten noch einmal geheiratet. Es war ihr Jugendfreund, Josef Merl aus Grauben im Erzgebirge, dem sie ihr Jawort gab.

Neben der kindlichen Tollerei in der Umgebung der Stadt und den Sportveranstaltungen waren alle Kinder aus dieser Umgebung bereits sehr früh dazu angehalten worden, zum Lebensunterhalt der Familie beizutragen und vor allem für ihre persönlichen – über die allgemeinen Bedürfnisse hinausgehenden – Wünsche selber zu sorgen.

Eine besondere Erwerbsquelle für Josef war zum Beispiel das »Hopfenpflücken«. Das Saazer Hopfengebiet war für seine Qualität bekannt. Dort haben große Gutsherren den Hopfenanbau betrieben und es mehr und mehr zu einer qualitativ bedeutenden Ernte gebracht, die im August-September von den angeworbenen Hopfenpflückern eingebracht wurde.

Ganze Hopfenplückerfamilien wurden dann auf das Gut geholt. Hinzu kamen die Jungen und Mädchen, die bereits groß und kräftig genug waren, um diese täglich zwischen zehn und zwölf Stunden andauernde Schinderei in dem sogenannten Hopfengarten zu bestehen. Josef Grünbeck war bereits sehr früh dabei.

»Trotz der Schlaucherei war es für uns Jungen immer ein besonderes Erlebnis, wenn es zum Hopfenpflücken ging. Wir wetteiferten miteinander, um die höchste Anzahl gefüllter ›Kerben‹ (Tragekörbe) am Tage zu schaffen, die dann jeweils in die bereitstehenden Eichgefäße geschüttet wurden«.

Zwischen acht und zehn Viertel Hopfen am Tage war das, was im allgemeinen geleistet wurde. Für Josef Grünbeck war mit 14 Viertel sein selbstgesetztes Soll erreicht. Manchmal kam es auch – im Wettbewerb mit seinen Freunden – auf 15 Viertel. Damit war ein gutes Taschengeld zu erzielen.

Die Hopfenpflücker wurden meist auf dem riesigen Dachboden des Gutshauses untergebracht. Männlein und Weiblein haben alle auf ihren Strohsäcken geschlafen, denn nach dieser Schinderei waren alle todmüde.

Aber es war auch immer wieder ein besonderes Erlebnis, wenn es zum Abschluß des Hopfenpflückens so eine Art von Erntedankfest gab. An diesem Tage zeigten sich die Gutsherren in Speise, Trank und in Geschenken *sehr* spendabel.

Dies war jedoch nicht die einzige Einnahmequelle, die sich Josef geschaffen hatte. Auf den Südhängen des Erzgebirges gab es an bestimmten Stellen (die ein guter Sammler nie einem anderen Sammler zeigte), Pilze in Massen. Dazu Beeren aller Art. Alle diese »Waldfrüchte« hatte Josef seiner Oma Anna zur Verarbeitung in die Bäckerei gebracht. Sie wurden von ihr zu den besten Preisen abgenommen, höhere, als sein Vater bereit war zu zahlen. Daß natürlich auch ein gewisser Teil die Familie bekam, verstand sich von selbst.

»Heidelbeeren, Preiselbeeren und Himbeeren habe ich oft bei Oma Anna abgeliefert und *immer* ein gutes Stück Kuchen dieser Art als Dreingabe zum Preis erhalten. Meine Großmutter verarbeitete diese Schätze dann zu ihren am Wochenende stets reißend verkauften Obstkuchen und -torten.

Die Pilze wurden getrocknet und zum Teil ebenfalls gut verkauft. Zum größten Teil gingen sie jedoch stets in die Bratpfanne der Mutter, die davon für uns die leckersten Gerichte macht.

Daß auch Holz geholt wurde, verstand sich, denn dieser Brennstoff wurde dringend benötigt.

Für die Familie Grünbeck war es eisernes Gesetz, daß keine Weihnachtsgeschenke gekauft werden durften. Alle Geschenke, die die Kinder für Eltern, Großeltern, Onkel und Tanten machen wollten, mußten selbst angefertigt werden. So wurde in der Familie gestrickt, gehäkelt und genäht, gebastelt und geschnitzt.

Es kamen nicht immer Spitzenprodukte dabei heraus, aber man sah, daß diese Dinge selbstgemacht waren und durch die Beschäftigung damit ihren Wert erhielten.

Daß bei diesen Tätigkeiten, sei es Sport, die Musik oder die Bastelstunden und der Kirchgang, eine wohlige Nestwärme entstand, haben alle empfunden, die auch nur einen Tag in der Familie zu Besuch weilten.

Daß auch das deutsche Brauchtum in besonderer Weise gepflegt wurde, zeigen einige Beispiele auf. So wurde in der Weihnachtszeit das »Heilige Christln« aufgeführt. Die einzelnen Gruppen, die vor den Häusern dieses Weihnachtsspiel aufführten, kassierten anschließend Leckereien und einige Trinkgelder. Zum Neujahrsbeginn gingen alle Kinder zu ihren Verwandten und gratulierten zum neuen Jahr, wobei natürlich auch auf die Kleinigkeiten, die es dafür gab, geachtet wurde.

Die große Faschingstradition von Haan war in ganz Nordböhmen bekannt. Zu diesem närrischen fröhlichen Treiben kamen an die tausend Zuschauer in diese Kleinstadt, um sich mit zu freuen und in den Trubel zu stürzen.

Zu Ostern wurde »geklappert«, und zum Pfingstfest erfolgte das Pfingstreiten. Alle diese Feste waren für die Jugend von ungemeiner Anziehungskraft.

Während der weiteren Ausbildung in Teplitz-Schönau wuchs bei Josef Grünbeck die Neigung zum Sport. Seine besondere Vorliebe galt dem Ski-Langlauf. Am Fuße des Erzgebirges gab es einen langen Winter und demzufolge auch viele Möglichkeiten zum Skilaufen. Hier stieg Josef in die sudetendeutsche Leistungsklasse für den 4-Kilomter-Langlauf auf und wurde zu weiteren Kursen ins Riesengebirge eingeladen, die ihm viel Freude und Befriedigung in der erreichten Leistung boten.

Darüber hinaus betrieb er auch die Leichtathletik ebenso wie das Handball- und Fußballspielen. Alles machte ihm Freude, auch wenn er es nach seinen eigenen Worten »auf keinem der genannten Gebiete zu einer ganz besonderen Leistung gebracht« hatte.

Das Sudetenland und Deuschland

Als im Jahre 1938 das Sudetenland dem Deutschen Reich angeschlossen wurde, entstand auch für Josef Grünbeck viel Bewegung. Alles schien sich von einem Tag zum anderen zu verbessern. Alle waren begeistert, und Josef Grünbeck behauptet heue noch, »daß nur die Wenigsten wußten, was hierbei für ein Scharlatanspiel mit der Sehnsucht der Deutschen in der CSR nach Heimkehr in die alte Heimat getrieben wurde. Niemand ahnte auch nur, welches Elend und Leid im Gefolge dieser Heimkehr auf alle Sudetendeutschen wartete.

»Ich hatte mich in dieser Zeit, mit eben 13 Jahren, sehr stark auf meine Schulausbildung konzentriert, denn ich wollte unbedingt das Abitur machen und später eine Studienlaufbahn einschlagen.«

Allerdings ging es in den großen Ferien immer wieder auf große Tour. Mit dem Fahrrad unternahm Josef Grünbeck Reisen nach Dresden, Leipzig, Weimar, Chemnitz und Erfurt. Das war zwar vom Erzgebirge aus nicht *sehr* weit, aber doch schon das Ergebnis einiger Tage starken Strampelns, um diese Ziele zu erreichen.

Er konnte sich auch unterwegs keine großen Sprünge

leisten, dazu war das Taschengeld zu schmal. Die Hopfenpflückerei reichte auch nicht zu großen Extravaganzen, zumal man sich von dem Ergebnis derselben zunächst das Fahrrad kaufen mußte, und außerdem auch noch die Skier und andere Sportsachen benötigte. Somit war er immer knapp bei Kasse.

Die heimatpolitische Entwicklung

In bezug auf seine politische Entwicklung war Josef Grünbeck durch das Bekenntnis seines Vaters zum Deutschtum geprägt. Sein Vater hatte ihm stets mit Nachdruck gesagt: »Wenn man Deutscher ist, bleibt man dies auch. Nicht mit einem überzogenen Nationalstolz, sondern mit einem einfachen Bekenntnis zu der völkischen Minderheit, die man ja ist. Auch wenn dies mit Nachteilen für einen selber verbunden sein sollte. Seine Eigenart als Minderheitengruppe unter einer Fremdherrschaft muß man behalten und bewahren. Auch wenn dies nicht immer einfach ist.« Josef Grünbeck dazu:
»Der Begriff Heimat ist auch heute noch für mich leicht definierbar. Es ist eine Synthese vom angestammten Heim über Familie und Freunde, sowie gemeinsame Erlebnisse über viele Jahre hinweg. Als solche behalten wir sie in unserem Herzen.
Ich war immer auf meine Heimat, das Sudetenland, stolz. Aber ich war dort zugleich *auch immer* in meiner Freiheit beengt und oftmals an der Rivalität mit gleichaltrigen Tschechen beteiligt. Glücklicherweise war für uns in Nordböhmen diese Zweistaatlichkeit nicht so gravierend, da wir eine etwa 90prozentige deutsche Bevölkerung aufwiesen und sich damit die Probleme minimierten. Rückblickend würde ich heute sagen:
Für die ganze Entwicklung der deutschen Minderheit in der Tschechoslowakei war der Versailler Vertrag von entscheidender Bedeutung.

Unter dem ersten Präsidenten der Tschechoslowakei, Tomás Masaryk, der 1928 den Pittsburgher Vertrag zwischen tschechischen und slowakischen Emigranten schloß und – als eigentlicher Begründer der Tschechoslowakei – 1918, 1920, 1927 und 1934 zum Staatspräsidenten gewählt wurde, konnte noch eine Völkerfamilie in diesem Land integriert werden. Es hatte derzeit nur 10 Millionen Einwohner. Darunter stellten die Deutschen die größte Minderheit. Es gab jedoch auch Ungarn, Rumänen, Polen und im äußersten Osten des Landes auch Ukrainer. Alle waren bei Masaryk noch gut aufgehoben.

Erst nachdem dieser Präsident des Ausgleichs am 14. Dezember 1935 zurückgetreten war, und sein Nachfolger, Eduard Benes (Benesch) am 18. 12. dieses Jahres seine Nachfolge antrat, änderte sich alles schlagartig. Die Schikanen begannen und richteten sich vor allem gegen Deutsche. Ihre Schulen wurden geschlossen, alle Staatsämter nur noch von Tschechen besetzt. Von Tag zu Tag wurde es schwieriger, diesem tschechischen Druck zu widerstehen.

Die Sudetendeutschen zeigten, auch zu Beginn dieser Herabsetzung und teilweise Verfolgung, daß sie ihre Bereitschaft zu einem friedlichen Zusammenleben bis zuletzt aufrecht erhielten.

Nach dem Münchener Abkommen, welches das Sudetenland Deutschland zusprach, trat Benesch am 5. 10. 1938 zurück und ging zunächst als Gastprofessor in die USA und von dort nach Chicago. Daß er nach einer weiteren Kette von Entwicklungen die Abtretung der Karpatho-Ukraine im Juni 1945 an die UdSSR billigte, war der erste große Nachkriegsmakel. Als er direkt daran anschließend auch die Austreibung der Sudetendeutschen aus ihrer jahrhundertelang angestammten Heimat forcierte, um sodann sein Land in der Sowjetisierung untergehen zu lassen und das gesamte tschechische Volk ins Nichts zu treiben, wurde auch von seinem Volk verurteilt. Als er dann noch den kommunistischen Staatsstreich im Februar 1948 provozierte, bedeutete dies sein politisches Ende. Am 7. 6. 1948 trat er zurück und starb am 3. September 1948 in Sezimovo Usti in Böhmen. Niemand weinte ihm eine Träne nach.

Im Kriegseinsatz

Im Frühjahr 1942 konnte Josef Grünbeck sein Abitur machen. Sein Abiturvater war Dr. Gustl Miller, der sich als Kulturkritiker beim Teplitz-Schönauer-Anzeiger für das Theater und andere kulturelle Veranstaltungen einen Namen gemacht hatte. Dessen geistige Schärfe war phänomenal. Wie dieser Offizier des Ersten Weltkrieges in Rußland in Gefangenschaft geriet und sich von dort aus über Schweden in die Heimat durchschlug, war schon eine große Sache.
Als Lehrer für Geschichte und Geographie war er einer jener unermüdlichen Helfer der jungen Generation, die in Teplitz-Schönau auf das Leben vorbereitet wurde.
Der Englischlehrer, den alle nur »Jumbo« nannten, war eine quicklebendige Persönlichkeit, der wegen seiner ungeheuren Lebendigkeit alle Schüler mitriß. Er war ein guter Zecher und Esser vor dem Herrn, und als Josef Grünbeck ihn lange nach dem Kriege im Schwäbischen traf und zum Abendessen einlud, meinte Jumbo:
»So viel Bier trinke ich nicht mehr wie früher, und ich esse auch nicht mehr soviel. Aber dann waren es doch 16 kleine Biere und ein halbes Dutzend Weißwürste, die er konsumierte. Es wurde ein unvergeßlicher Abend.«
Mit dem Kriegsabitur im Frühjahr 1942 ging die Kinder- und Jugendzeit von Josef Grünbeck zu Ende. Am 1. Juli 1942 wurde er zur 1. Gebirgsjägerdivision nach Mittenwald einberufen.
»Als ich über Innsbruck und dann mit der Karwendelbahn nach Mittenwald fuhr und im dortigen Bahnhof mit meinem Koffer ausstieg, und die Viererspitze des Karwen-

delgebirges in ihrer ganzen Wucht hoch über mir sah, da sagte ich mir: ›Hier kann dir nichts passieren.‹ Diese Gruppe der Nordtiroler Kalkalpen, zwischen dem Seefelder Sattel und dem Scharnitzpaß gelegen, und im Osten vom Achensee begrenzt, war für mich der Inbegriff des Gewaltigen und Erhabenen. Da war die Solsteinkette mit dem 2641 Meter hohen Solstein, dem sich die Nordkette, die Bettelwurf- und die Gleirschkette anschlossen, mit dem 2725 Meter hohen Bettelwurf.

Ich sollte sie alle kennenlernen. So auch die Hintere Karwendelkette mit der Birkkarspitze und die vordere Karwendelkette mit der östlichen 2538 m hohen Karwendelspitze.

Es war eine phantastische Landschaft, die gemeinsam mit dem Wettersteingebirge mit seinen in West-Ost-Richtung verlaufenden Ketten, die himmelaufragende Schranke zwischen Tirol und Bayern bildete.

Alles dies lernte ich erst im Laufe der Wochen und Monate kennen, in denen ich mich einer unausgesetzten Kette von Schleiferei und Mißachtung humanitärer Grundregeln ausgesetzt sah.«

Das alles hätte Josef Grünbeck, der sich um die Offizierslaufbahn beworben hatte, nicht für möglich gehalten. Um 3.00 Uhr früh wurde oftmals geweckt. Eine Stunde später begann der 15 Kilometer weite Fußmarsch nach Garmisch. Es folgte der Aufstieg zur Zugspitze über das Rheintal.

Am späten Nachmittag trafen die erschöpften jungen Gebirgsjäger auf dem Zugspitzplatt an. Dort mußten sie sich in den Schnee eingraben und den Iglubau üben.

Mit den durchschwitzten Kleidern ging es zur Nachtruhe. Doch die dauerte nur bis 1.00 Uhr des anderen Morgens. Es folgte, nach dem kargen Frühstück, eine Gefechtsübung am Zugspitzplatt, und am nächsten Morgen folgte der Abstieg.

Das Ergebnis dieser »Übung« lautete: Neben den total erschöpften Soldaten hatten 80 Soldaten des Ausbildungsbataillons Erfrierungen erlitten. Die Mehrzahl solche ersten Grades, etwa 20 Soldaten waren schwerer in Mitleidenschaft gezogen worden, und zehn Kameraden von Grünbeck erlitten Erfrierungen dritten Grades mit Amputationen von Zehen und Fingern.

Der Schinder, der sich Bataillonskommandeur nannte und für das Wohl und Wehe seiner Soldaten verantwortlich war, wurde zwar vor ein Kriegsgericht gebracht und verurteilt, doch dies konnte die schwer geschädigten jungen Menschen nicht trösten.

Zur weiteren Hochgebirgsausbildung ging das Bataillon nach dieser unmenschlichen Grundausbildung nach Frankreich in den Nahraum des Mont Blanc.

Alle jene, die diese Ausbildung heil durchlaufen hatten, darunter auch Josef Grünbeck, atmeten auf, denn »wer das überstanden hatte, brauchte eigentlich *keine* Angst mehr vor der Zukunft zu haben.«

Vom Standort Aix-les-Bains wurde zu einer Reihe von Übungen gestartet. Hier fand Grünbeck einige Kameraden, die mit ihm durch Dick und Dünn gingen. Hier empfing und gab er endlich Kameradschaft und Freundestreue, was ihn wieder mit dieser Zeit der Ausbildung zum Offizier versöhnte.

Mitte Dezember 1942 durfte Josef Grünbeck ganz überraschend mit seinen Kameraden von Aix-les-Bains aus in den ersten Heimaturlaub fahren.

Er nahm diese Nachricht mit einem tiefen Gefühl innerer Freude auf und erinnert sich noch heute daran:

»Kein Mensch, der nicht in gleicher Situation war, kann sich vorstellen, was im Innern eines jungen Mannes vor sich geht, der *so* mit seiner Heimat verbunden ist wie ich, wenn er plötzlich die Nachricht erhält, daß er zu Weihnachten nach Hause fahren kann.«

Der Zug von Besancon nach Straßburg war völlig überfüllt. Es gelang Grünbeck, in einem der gestopft vollen Abteile einen schmalen Platz zu ergattern. Während der ganzen Nachtfahrt saß ein kleines Kind auf seinem Schoß.

Es machte ihm überhaupt nichts aus, weil er wußte: In wenigen Stunden bin ich daheim, sehe ich meine Lieben wieder, kann ich in meiner Kammer schlafen, finde ich die alten Freunde.

Als er auf dem Bahnhof von Dux ankam, war die ganze Familie zur Stelle. Es herrschte eitel Freude, denn einmal war dieser Urlaub gar nicht eingeplant, und noch heute ist es Josef Grünbeck unerklärlich, warum sie ihn überhaupt erhalten hatten. Zum anderen war immerhin ein halbes Jahr vergangen, daß er von daheim fort war.

Es wurde ein begeisterndes Weihnachtsfest mit den Freunden und der Familie. Es wurde musiziert und gesungen. Und noch etwas Beglückendes kam hinzu.

Das Mädchen Loni, das er mehrfach gesehen hatte und das sich in der Sportwelt der weiteren Umgebung bereits einen Namen gemacht hatte, erschien ihm als der Inbegriff seiner geheimen Wünsche. Mit ihr verband ihn eine echte Sportfreundschaft, mit hauchzarter Liebelei. Sie war eine schlanke lebensprühende Persönlichkeit. Ihr blondes Haar und die blitzenden Augen begeisterten ihn sofort für sie.

Dieses erste Erlebnis einer Freundschaft war für Josef Grünbeck eines der schönsten Weihnachtsgeschenke, das ihm gemacht wurde. Beide waren einander ohne große Worte darin einig, daß sie zusammengehörten und daß sie aufeinander warten würden.

Dieses gute Gefühl, neben der Familie noch einen Menschen lieb zu haben und an ihn zu denken, war mit eine Stütze für den jungen Soldaten Grünbeck, als er zu seiner Truppe zurückkehrte.

Die letzten Ausbildungsmonate in den französischen Alpen und die Rückkehr nach Mittenwald waren alles andere eher als eine sorgfältige Aufbauarbeit für junge Soldaten und eine solide Vorbereitung für die Front.

Die bange Frage, ob er seine Jugendliebe Loni Püschel wiedersehen werde, war schon Anlaß zu besorgtem In-sich-Hineinlauschen. Aber er war schließlich sicher, daß sie einander wiedersehen würden. Briefe gingen hin und her und festigten dieses junge Band. Jeder versuchte, dem anderen Mut zu machen und an den anderen zu denken.

Natürlich wußten beide, daß der Fronteinsatz bevorstand und daß dann Gefahren heraufzogen, die nicht steuerbar waren. Dennoch fuhr Josef Grünbeck voller Zuversicht nach Mittenwald zurück, wo er von seiner inzwischen erfolgten Beförderung zum Fahnenjunker erfuhr.

Danach erfolgte der Transport der Gebirgsjäger an die russische Südfront. Das endgültige Ziel war der Kaukasus. Die Fahrt erfolgte in Viehwaggons, weil nicht genügend Züge für normale »Passagiere« zur Verfügung standen.

In Ungarn wurde der gesamte Transport aufgehalten, so daß es Anfang Mai 1943 wurde, bevor die 1. Gebirgsdivision die Halbinsel Krim erreichte.

In einem Dreitagemarsch gelangte der Verband nach Gasmoda. Danach nahm der Kubanbrückenkopf sie auf.

Allgemeine Lageübersicht

Im Südabschnitt der Ostfront zielten die seit Januar 1943 begonnenen sowjetischen Angriffsschläge darauf ab, den deutschen Kaukasus-Armeen – einem Teil der 1. Panzerarmee und der 17. Armee – den Rückzugsweg abzuschneiden und sie, ebenso wie die 6. Armee in Stalingrad, einzukesseln und zu vernichten.

Die von beiden Armeen gebildete Heeresgruppe A unter Generalfeldmarschall Ewald von Kleist befürchtete, durch den Rückzug der deutschen Truppen nördlich des Don den Zusammenhang mit diesen zu verlieren. Sie wich mit Teilen über Rostow-Taganrog in die Ukraine aus. Die 17. Armee hingegen mußte sich mit den bei ihr verbleibenden Teilen der 1. PzArmee auf die Kuban-Halbinsel zurückziehen.

Zu den Verbänden der 17. Armee gehörte auch das XXXXIX. Gebirgskorps mit der 46. ID und der 1. und 4. Gebirgsdivision.

Nachdem bei schweren Kämpfen Krasnodar aufgegeben werden mußte, gelang es der 17. Armee, sich in einem großen Brückenkopf auf der Kuban-Halbinsel einzurichten und dort, unter Einbeziehung von Noworossijsk, lange gegen die gewaltigen Angriffsstöße der Roten Armee zu halten, ehe auch sie schrittweise zurück ging. Generaloberst Ruoff, der Oberbefehlshaber der 17. Armee, konnte dadurch die Überflügelung und Einkesselung verhindern.

Das XXXXIX. Gebirgskorps zog in die Gotenkopfstellung ein. In diesen Hexenkessel wurde auch jenes Bataillon geworfen, dem Josef Grünbeck angehörte.

Im Kampfraum Noworossijsk versuchten die Russen immer wieder Fuß zu fassen. Hier kam es zu wochenlangen Nahkämpfen zwischen Elitetruppen der Roten Armee und den Gebirgsjägern.

Bereits in den ersten Tagen hatte Josef Grünbeck hier ein einschneidendes, schreckliches Erlebnis, über das er lange Zeit nicht hinwegkommen konnte.

Als er zur Abendablösung nach vorn ging, um seinen besten Freund abzulösen, stießen er und die übrigen ablösenden Soldaten trotz des starken Feindfeuers zu den Schützenlöchern und Gefechtsständen vor.

Als Josef Grünbeck durch einen schmalen Verbindungsgraben jenes Schützenloch erreichte, das sie besetzt hielten, fand er seinen Freund als Gefallenen vor.

Ein Dum-Dum-Geschoß hatte seinen Freund in die Brust getroffen. Die Kugel war im Körper steckengeblieben, explodiert und hatte den Brustkorb des Freundes zerrissen.

»Ich war achtzehn und mußte hier, im feindlichen Feuer, noch in derselben Nacht ein Loch schaufeln, um meinen besten Kameraden begraben zu können. Mit meinen anderen Kameraden schafften wir es. In eine Zeltplane gehüllt wurde mein Freund der russischen Erde übergeben. Dieses entsetzliche Bild verfolgte mich noch Wochen und Monate, ehe es verblaßte.«

Dieser Kampf an der Nordseite des Kaukasus war eine

unerhört harte Auseinandersetzung. Oftmals lagen sich die Gegner auf Handgranaten-Wurfweite gegenüber. Scharfschützen lauerten Stunden, ja Tage auf eine Bewegung des Gegenübers. Wer den ersten Sichtkontakt hatte, der blieb bei diesen kurzen Distanzen Sieger im tödlichen Duell.

Allabendlich ging der Mond im Osten auf, warf seinen Schatten auf die Kaukasusberge oberhalb der Bucht von Noworossijsk. Dies hätte zum Träumen verleiten können, wenn nicht immer das Trommelfeuer der Geschütze und das langsame hackende Geräusch der feuernden Maxim-Maschinengewehre gewesen wäre. Dies erinnerte sie alle daran, wo sie waren und daß zu keiner Sekunde die Aufmerksamkeit erlahmen durfte, wenn man in diesem grausigen Gemetzel überleben wollte.

Wenige Wochen nach diesem tragischen Ereignis griffen Rotarmisten eine Stunde nach Mitternacht überraschend an. Sie kamen nahe an die deutschen Stellungen heran, ehe sie gestoppt werden konnten. Handgranaten krachten auseinander. Eine davon detonierte hart vor dem Schützenloch, in dem sich Grünbeck mit seinen Kameraden des MG-Trupps in Deckung gebracht hatte.

Granatsplitterverwundungen im Rücken, eine Verwundung an der rechten Hand und Splitter in die rechte Gesichtshälfte waren das Ergebnis. Die Gesichtsverletzungen hatten auch das Auge des jungen Offiziersanwärters Grünbeck schwer beschädigt.

»Es war ein Glück, daß ich damals sofort mit einer Ju 52, die einen Versorgungsflug unternommen hatte, in das Augenlazarett nach Nerwoberowsk geflogen wurde. Dort kam ich in die Hände erfahrener und hervorragender Augenspezialisten, die mein Augenlicht retteten.«

Nach der Genesung kam Grünbeck zu seiner Truppe zurück. Er wurde in der Folgezeit noch viermal leichter verwundet, blieb teilweise sogar bei der Truppe, um die Verwundungen beim Troß ausheilen zu lassen.

Dann aber, im Mai 1944 – die 1. Gebirgsdivision stand in

schweren Abwehrkämpfen auf dem Balkan, wurde Oberfähnrich Grünbeck durch einen Lungendurchschuß schwer verwundet.

Diesmal ging es ins Lazarett, und nach seiner Genesung wurde er im Januar 1945 auf die Kriegsschule nach Mittenwald berufen, um dort seinen fälligen Offizierslehrgang zu absolvieren.

»Dies war nach einem herrlichen Genesungsurlaub in Haan und einem erneuten Sich-weiter-Kennenlernen mit seiner Jugendliebe Loni, eine gewaltige körperliche Anstrengung. Auch die geistig-moralischen Anforderungen auf der Schule waren nicht einfach. Die Soldaten, vor allem die von der Front gekommenen jungen Männder, glaubten nicht mehr an den Endsieg. Daher war auch die nationalpolitische Ausbildung schwierig. Aber trotz allem – das stand *ganz* außer Frage – mußte man in Reih und Glied bleiben. Alles andere, und das kann nicht eindeutig genug betont werden, wäre Selbstmord gewesen.

Es ging einfach um das nackte Überleben, und das strebten wir an und erreichten es schließlich auch.«

Als der Krieg zu Ende ging, stand Josef Grünbeck als junger Leutnant immer noch in Mittenwald. Es ging nun darum, den Fängen der Gefangenschaft zu entkommen.

»Da ich einmal eine Freundin in Seefeld hatte, gehörte ich zu den Bevorzugten, denn ihre Familie nahm mich in schlichter Selbstverständlichkeit in ihrem Heim auf, obgleich dies mit Gefahren für sie alle verbunden war.

In diesem Zusammenhang zeigte sich, daß einige in unserem Verband dienende Österreicher – ich mag meine österreichischen Kameraden eigentlich gern, wegen ihrer gewissen Wurstigkeit, mit der sie alle Dinge angingen – sich deutschen Soldaten gegenüber nicht immer besonders vergangenheitsbewußt verhielten. Es gab Denunziantentum und ähnliche Charakterlosigkeiten, denen es zu begegnen galt. Dennoch hatte ich Glück.«

Die Nachkriegszeit in Seefeld/Tirol

Als die Amerikaner in Seefeld einrückten und sich dort häuslich niederließen, blieb Josef Grünbeck als »Verlobter« der Tochter seiner Wirtsleute ungeschoren. Hier erlebte er – um es mit humanen Worten zu formulieren – die »ungeheure Sammelwut der US-Amerikaner in Uniform«. Alles was die nähere und weitere Umgebung hergab, wurde einkassiert, in Kisten verpackt und in die USA geschickt. Dabei war man durchaus nicht pingelig und handelte stets nach dem Motto: »Dem Sieger gehört die Beute!«

Zum Transport wurden immer wieder die verschiedensten Kisten benötigt, die der Vater von Grünbecks Freundin in seinem Schreinerbetrieb nach Maß anfertigte. Josef wurde stets damit beauftragt, diese Kisten in der Villa Tümler abzugeben, in der sich der Ortskommandant von Seefeld eingerichtet hatte und nach »Gutsherrenart« residierte und seine GIs *und* die Bevölkerung für sich arbeiten ließ. Bezahlt wurde mit den damals als »Hartwährung« bekannten Zigarettenstangen-Packungen und anderen Genüssen, die den Deutschen und Österreichern ansonsten versagt blieben.

Auch die Villa Tümler wurde systematisch von ihren Schätzen »befreit«. Die Services aus bestem Meissner Porzellan, Bilder, feines Gestühl, Truhen und Schränke wanderten auf die genannte Art in die USA.

Immer dann, wenn Josef Grünbeck in die Villa geführt wurde, um den Lohn für die gelieferten Kisten in Empfang zu nehmen, wartete er in der riesigen Bibliothek. Er schritt an den hohen Wänden mit ausgesuchten Büchern vorbei, nahm ab und zu eines heraus, um es sich anzusehen und entdeckte dabei den riesigen Wert derselben, ohne zunächst jedoch das *wirklich* Wertvolle an einigen dieser Bücher zu Gesicht bekommen zu haben.

Es gelang ihm, die Erlaubnis des Kommandanten, einem Oberstleutnant, zu erhalten, einige Bücher ausleihen zu dürfen, die ihn besonders interessierten. Diese brachte er stets beim nächstenmal wieder zurück.

Durch eine Patentschriftensammlung kam er darauf, daß der aus Döbeln in Sachsen stammende Fabrikant Inhaber einiger entscheidender Patente für die ersten Sicherheitsschlösser für die Automobilindustrie war. Daß er darüber hinaus ein steinreicher Mann sein mußte, wurde durch eine Reihe Erstdrucke und die kostbare Ausstattung der Villa bewiesen.

Als Josef Grünbeck einmal mit Hilfe der an einer Stange verschiebbaren Stehleiter eine der oberen Reihen dieser gewaltigen Sammlung inspizierte, weil ihm dort oben stehende Werke über Deutschland besonders interessant erschienen, stieß er auf ein breitrückiges Buch mit einem schlichten etwas abgegriffenen Ledereinband. Auf dem Titel stand in Goldschrift DEUTSCHLAND. Das war bereits alles.

Er zog den dicht eingeklemmten Band heraus, öffnete ihn und sah sich mit einer – Briefmarkensammlung konfrontiert, die offenbar alle Marken des Deutschen Reiches, von der ersten bis zur letzten in sich vereinigte.

Er wußte sofort, daß er hier ein unschätzbares Vermögen vor sich hatte und stellte das Buch wieder an die alte Stelle zurück.

Instinktiv suchte er die zweitoberste Reihe ab und fand dort eine Sammlung europäischer und geschichtlicher erdkundlicher Werke. Inmitten derselben einen braunledernen Band mit Goldschrift EUROPA und DEUTSCHE KOLONIEN.

Als er das Buch herausnahm, fand er wieder das, was er darin vermutet hatte: Briefmarken.

Auch diesen Band stellte er in die Reihe zurück und rückte die daneben stehenden Bände wieder dicht heran.

Er war eben von der Schiebeleiter heruntergestiegen, als der Oberstleutnant den Raum betrat, an dessen Fensterseite er seinen Arbeitstisch hatte aufstellen lassen.

»Also, Josef, hier ist die Bezahlung für die Kisten. Aber

passen Sie auf. Es sind einige Flaschen dabei und die enthalten kein destilliertes Wasser«, gab sich der Offizier jovial.

»Herr Oberstleutnant, darf ich mir wieder einmal einige Bücher ausleihen?« fragte Grünbeck, bevor er den Raum verließ.

»Suchen Sie sich aus, was Sie lesen wollen und nehmen Sie es mit. Das ganze Zeug ist doch nur uraltes Papier.«

»Ich möchte ein paar Deutschland-Bücher lesen«, meine Grünbeck und deutete nach oben.

»Nehmen Sie sie mit, so lange Sie wollen, Josef«, gestattete der Oberstleutnant großmütig.

Josef Grünbeck holte drei, vier Bücher herunter und zeigte sie dem Ami. Der Offizier warf einen Blick auf die in für ihn kaum lesbarer Schrift gedruckten Werke, als er auch schon abwinkte.

Es gelang Josef noch das Europa-Album hinzuzufügen, und mit diesen Büchern eilte er ins Freie, warf sie auf den Leiterwagen, deckte sie mit der Plane zu und zog damit ab.

Bei seinen Wirtsleuten angekommen, verstaute er die Briefmarkenalben in einen Sack und trug diesen nach oben in seine Kammer unter dem Dach.

Er versteckte die beiden entscheidenden Werke auf dem Boden in einer alten Truhe, die seit Ewigkeiten nicht mehr geöffnet worden war und begrub sie unter anderen Dingen, die er in die Truhe nachstopfte.

Als er mit der nächsten Kistensendung zur Villa Tümler mußte, brachte er alle Bücher bis auf die zwei Alben wieder zurück.

Keiner achtete auf ihn, als er die Bücher wieder einordnete und noch einen weiteren Band mit braunem Lederrücken und einer Goldschrift entdeckte. Die Schrift lautete: ÜBERSEE und STILLER OZEAN. Könnte das etwa auch ein Album sein, fragte er sich. Es waren Briefmarken, und er schmuggelte das Buch auf die gleiche Art und Weise aus der Villa hinaus und praktizierte es in das Truhenversteck.

Er war sicher, daß diese drei Bände ein kaum abschätzbares Vermögen bedeuteten und daß er dafür bei der Familie Tümler einen guten Batzen Finderlohn bekommen werde. Darüber hinaus hatte er den Amis noch ein Schnippchen geschlagen, denn einige Wochen später wurde auch die Bibliothek ausgeräumt und in große Kisten verpackt, welche die Aufschrift USA trugen.

In den Nachkriegsmonaten des Jahres 1945 hatte Josef Grünbeck vergeblich auf ein Lebenszeichen seiner Familie aus der sudetendeutschen Heimat gewartet. Auch von seiner Braut Loni hatte er seit dem letzten Brief, der ihm ins Lazarett nachgeschickt worden war, nichts mehr gehört.

Mitte Dezember 1945 hielt Grünbeck nichts mehr in Seefeld. Er verabschiedete sich von seiner dortigen Freundin und deren Eltern. Der Vater hätte ihn gern als Schwiegersohn und Nachfolger in seiner Schreinerei gesehen, aber der junge Grünbeck machte sich für die Odyssee durch Deutschland fertig, wo er seine Familie zu finden hoffte. Er war ohne Gefangenschaft davongekommen.

Irrfahrt und Familienzusammenführung

Zunächst ging es zu einem Kameraden, der in Dillingen an der Donau wohnte. Monatelang forschte er nach dem Verbleib seiner Familie, nachdem er erfahren hatte, daß sie aus Haan vertrieben worden war. In Dachkammern und Rumpelkammern hausend, galt seine ganze Energie der Auffindung seiner Lieben. Schließlich erfuhr er durch einen Sudetendeutschen, der aus Döbeln in Sachsen kam, daß er die Familie Grünbeck dort gesehen habe.

Josef Grünbeck machte sich sofort auf den Weg. Er fand als ersten seinen Vater wieder, der in Döbeln in Sachsen schwer erkrankt darniederlag. Seine Mutter und seinen jüngsten Bruder fand er unmittelbar danach verzweifelt auf der Straße umherirrend. Bald kamen auch seine Schwester und der ältere Bruder hinzu.

Die Familie war wieder zusammen. Was noch fehlte war ein erstes Lebenszeichen von seiner Verlobten.

Der einzige Gedanke, der sie alle gepackt hielt, war: Nichts wie hinaus aus der damals noch Ostzone bezeichneten, von den Russen beherrschten Zone, und die Flucht nach dem Westen.

Daß dies nicht so einfach war, wie man sich dies heute vorstellt, verstand sich aus dem dort ausgeübten System der Überwachung und Bespitzelung. Und dennoch: Es war damals leichter als später, etwa nach Gründung der Deutschen Demokratischen Republik, die man jahrzehntelang nicht so nennen durfte, ohne das Wörtchen »sogenannte« davor zu setzen. Später, als man sich entgegen dem Grundgesetzanspruch dazu entschloß, die DDR als eigenständigen deutschen Staat anzuerkennen, fiel diese Kennzeichnung dem Verdrängen anheim.

Inzwischen waren auch Josef Grünbecks Großmutter und seine Schwester Elisabeth mit ihrer kleinen Tochter Britta hinzugekommen.

Seine Großmutter war durch den Tod auf dem Transport ihres Mannes in Sachsen in der alten Heimat Witwe geworden. Sie trug ihr Schicksal mit eiserner Energie. Nie sah man sie unverzagt. Nachdem sie in diese Tiefen des Seins hinabgetaucht war, konnte es ihrer Überzeugung nach *nur* noch aufwärts gehen.

In insgesamt sechs Fahrten auf überfüllten Zügen – ganz gleich ob dies Güterzüge oder Personenzüge waren – wurden alle mit dem inzwischen angewachsenen spärlichen Gepäck in Richtung bayerische Grenze geschafft. Nur in dem heillosen Durcheinander der Grenzstationen, und der chaotischen Überwachung derselben, gelang das Wunder, alle hinüberzuschleusen.

Ein besonderes Problem war es, die Großmutter mütterlicherseits unbemerkt über die Grenze zu bekommen. Immerhin konnte sie sich nicht mehr so frei bewegen, wie dies notwendig war. Daß sie dennoch trotz jahrzentelanger Arbeit, fünf Kindern, dem Tod ihrer zwei Männer *und* der Vertreibung so lebensbejahend blieb, erschien Josef Grünbeck als ein Wunder.

Als er sie schließlich in Weimar gefunden hatte, mußte sie sofort in den Westen geschafft werden. Hier der Bericht darüber:

›Zwar hatten wir für sie keinen Passierschein und auch keine Aufenthaltsgenehmigung im Westen. Sie mußte also von uns ›schwarz‹ im Zuge mitgenommen werden. Am Hauptbahnhof in Weimar stand mein Bruder jenseits des abgrenzenden Bretterzaunes, während ich meine Oma, die ein Leichtgewicht geworden war, einfach über den Zaun bugsierte und mein Bruder auf der anderen Seite die alte Dame glücklich auffing.

Als sie nach 24stündiger Fahrt im Güterzug, sie war gerade noch in einem der Bremserhäuschen untergekommen, in Donauwörth etwas irritiert ausstieg, gab es kein Wort der Klage oder des Zornes. Sie sagte nur:

›Ich glaube, mein Hut ist nicht in Ordnung!‹«

Man mußte also nur die entscheidenden Schlupflöcher kennen, um solche Aktionen zu schaffen.

Alle Familienangehörigen landeten in Lauingen, das ihr vorläufiger Stützpunkt war, für den Fall, daß sie sich abermals aus den Augen verlieren sollten.

Dort waren es die Familie Menz und Grünbecks Kamerad aus der Mittenwalder Zeit, die ihnen selbstlose Hilfe und Unterschlupf angedeihen ließen. Hinzu kam die Familie Priller, die sich ebenso rührend und selbstlos um die Flüchtlingsfamilie aus dem Sudetenland kümmerte und ihr den Start im freien Westen ermöglichte.

Es waren auch hier Dachkammern und kleine Zimmer, aber man hatte doch wenigstens ein Dach über dem Kopf.

Mit 20 Jahren war Josef Grünbeck zum verantwortlichen Familienoberhaupt geworden, in der ständig acht bis zehn Personen am Tisch saßen und versorgt werden wollten.

In Döbeln in Sachsen war es Josef Grünbeck gelungen, Herrn Tümler, den Villenbesitzer aus Seefeld zu finden. Er ließ sich bei ihm melden und erklärte ihm, daß er den Briefmarkenschatz aus der Villa gerettet habe und daß dieser sicher in Seefeld lagerte.

Herr Tümler war völlig perplex, daß ein Mensch – und das in dieser Zeit – ihm sein so wertvolles Eigentum zurückerstatten wollte, das er sichergestellt hatte.

Der Fabrikant sorgte sich rührend um die Familie und half wo er konnte, um wenigstens ein wenig von seiner Dankesschuld abzutragen.

Da die Tschechen Grünbecks Mutter das Gebiß abgenommen und zertreten hatten, besorgte Herr Tümler ihr einen Zahnarzt, der ein neues sehr gutes Gebiß anfertigte. Josefs 1932 geborener kleiner Buder Hans, der halbverhungert auf der Straße lag, wurde von Tümler in dessen Gärtnerei angestellt und konnte sich das erstemal wieder richtig sattessen. Grünbecks schwerkranker Vater erhielt einen guten Arzt und einen Krankenhaus-Aufenthalt, so daß er wenigstens noch in den nächsten beiden Jahren miterleben konnte, daß es mit seiner Familie wieder aufwärts ging.

Es war wie ein Wink des Schicksals, daß Josef Grünbeck die Briefmarkenalben gefunden und diese sichergestellt hatte, um nun, da es um alles, selbst um das nackte Überleben ging, dafür belohnt zu werden.

Die Schneiderei Grünbeck – Der erste Betrieb

Im Sommer 1946 war der Familie Grünbeck das Glück hold, als Josefs Bemühungen um eine Chance zum neuen Anfang belohnt wurde. Er erfuhr, daß im benachbarten Höchstädt eine Schneiderei zu pachten sei und eilte sofort dorthin. Er konnte den Pachtvertrag unterzeichnen. Der Schneidermeister, dem die Schneiderei gehörte, befand sich noch in russischer Kriegsgefangenschaft, und dessen Frau war froh, einigen Erlös daraus zu bekommen und auch in anderer Hinsicht, in bezug auf ihre benötigte Kleidung, entschädigt zu werden.

Es war eine wahre Freude, mit einem Schlage eine Nähmaschine, Bügeleisen, einen Ladentisch und einen Zuschneidetisch, sowie einige Puppen, Regale und andere Utensilien zu bekommen.

»Da mein Vater geprüfter Schneidermeister und damit zugleich auch ausbildungsberechtigt war, begannen meine Schwester Elisabeth und mein Bruder Anton, die ebenfalls ihre Gesellenprüfung bereits abgelegt hatten, mit ihren Vorbereitungen zur Meisterprüfung. Damit war dafür gesorgt, daß auch nach dem Tode meines Vaters im Jahre 1947 keine Lücke entstand und der Betrieb weitergeführt werden konnte.

Die Familie Grünbeck hatte wieder ein Dach über dem Kopf. Nun konnte die familiäre Atmosphäre wieder Einzug halten. Die Existenzgrundlagen in der neuen Heimat Schwaben waren geschaffen.

Der Familienvorstand Josef Grünbeck jun. besorgte Nadeln, Zwirne und Zubehörteile, damit die Arbeit nicht ausging.

In den ersten Jahren schliefen die Familienmitglieder immer noch auf Strohsäcken, bevor endlich jeder sein richtiges Bett hatte.

Der Andrang ins Schneideratelier Grünbeck wurde mit jeder Woche größer. Es sprach sich rasch herum, daß hier versierte Könner am Werke waren. So nahm es nicht wunder, daß acht Wochen nach der Betriebseröffnung bereits sechs Beschäftigte am Werke waren.

Es wurde nicht nur nach der Devise »Aus alt mach neu!« gearbeitet, sondern auch neue Kleidung angefertigt, die sich zwar mit auf Bezugscheinen ausgestellten Stoffen begnügen mußte, dennoch aber bereits auf Qualität in der Verarbeitung Wert legte.

So wurde die Qualitätsarbeit der Schneiderei Grünbeck in der Maßschneiderei für Damen ebenso wie für Herren bald über den Raum der engeren neuen Heimat bekannt. Schon stellten sich die ersten Platzsorgen ein.

Daß die Beschaffung der Materialien aller Art nicht der

einzige »Job« für Josef Grünbeck war, sei gleich an dieser Stelle dargelegt. Er mußte darüber hinaus das Notwendigste für den Haushalt organisieren und die Buchführung übernehmen. Seine Schwester erhielt schließlich zwei Dachkammern für sich, ihre Tochter und die Großmutter.

Grünbecks Vater und Mutter waren in einem kleinen Nebenzimmer untergebracht. Dazu gab es eine Küche, so daß auch für das leibliche Wohl gesorgt werden konnte.

Die beiden Brüder und Josef Grünbeck selber wohnten in Einzelzimmern in der Nähe und waren nur des Mittags zu Hause.

Es wurde bei Tag und oftmals auch des Nachts gearbeitet. Besonders wenn die großen Feste wie Ostern, Pfingsten und Fronleichnam heranstanden. Wenn es kalt wurde, galt es für zusätzliche Wintergarderobe zu arbeiten.

Zum Glück für sie gelang es schließlich, ein Einfamilienhaus in der Donauwörther Straße in Höchstädt zu mieten. Nun konnten Werkstatt und Wohnräume für Eltern und Geschwister unter einem Dach eingerichtet werden.

Ende 1946 mußte Josef Grünbeck sen. in das Lauinger Krankenhaus eingeliefert werden. Alle wußten, daß es mit dem Vater der Familie zu Ende ging. Josef Grünbeck starb im Februar 1947. Er wußte seine Familie in den Händen des Sohnes geborgen.

Für die Familie selber aber entstand eine große Leere, denn dieser kleine Mann, der sein Leben lang gerackert und gespart hatte und sein ganzes Vermögen zurücklassen mußte, als er aus seiner angestammten Heimat vertrieben worden war, hatte als Eckpfeiler der Familie gestanden. Nun aber, noch nicht ganz 49 Jahre alt, war er von ihnen gegangen.

In den Herzen seiner Angehörigen aber war er nicht tot. Er blieb immer bei ihnen, wenn auch nur in ihrer aller Herzen.

Dennoch mußte alles weitergehen. Der Aufbauwille der Familie war ungebrochen. Josef Grünbeck war nun auch nominell das Familienoberhaupt. Er hatte seinem Vater auf dessen Sterbebett versprochen, diese ihm übertragene Aufgabe in seinem Sinne weiterzuführen.

Es wurde weitergearbeitet. Als sich eine neue Chance bot, in der Höchstädter Bahnhofstraße das neue Bekleidungshaus Grünbeck zu eröffnen, griff das Familienoberhaupt sofort zu.

Die Lage des Hauses befand sich mitten zwischen Grabsteinen, einem Institut für Grabkultur und einer Werkstatt.

Dieses Haus war nicht eben gut plaziert, jedoch groß genug. Sie hatten bereits zwei Schaufenster sowie eine große Werkstatt, in der zeitweise bis zu 20 Beschäftigte Arbeit gefunden hatten.

Die Familie hatte seit geraumer Zeit bereits ihre alte Tradition der Hausmusik wieder aufgenommen. Selbst in einer der ersten Notunterkünfte, im Hinterhof eines landwirtschaftlichen Betriebes, hatten sie nach ihrer Zusammenführung das erstemal wieder musiziert. Dabei vermochten es die sie umringenden Angehörigen des Vermieters nicht fassen, daß man nach dem Verlust aller Habe und der Heimat so fröhlich sein konnte.

Das war das Geheimnis der Familie Grünbeck gewesen und blieb es auch: Sie konnte bei der Musik entspannen, konnte auftanken, Mut schöpfen und menschliche Bindungen schaffen.

Diese Eigenschaft ließ die gesamte Familie sehr schnell in Höchstädt Fuß fassen. Mutter Grünbeck wurde im katholischen Frauenbund der Stadt bekannt als Unterhalterin und Sängerin. Schwester Elisabeth hatte die gesamte Höchstädter Frauenwelt hinter sich. Sie wußte sehr bald mehr von den modeorientierten Frauen der Stadt, als deren Ehemänner, ohne daß ihr auch nur ein Wort über irgendeine der Kundinnen zu entlocken war.

Die beiden Brüder betätigten sich im Gesangverein, und Josef hatte den Sport. Er spielte zunächst Fußball in der Ramp-Elf, denn Fußball stand zu dieser Zeit hoch im Kurs. Es war für ihn eine tolle Zeit der Kameradschaft. Geld spielte zum Glück damals im Sport noch keine Rolle.

Auf diese Weise gelang es der Familie Grünbeck, sich in diese Stadt voll zu integrieren und als geachtete Bürger zu leben.

Der Währungsschnitt – Die Chemikalienhandlung und Wasseraufbereitung

Mit der Währungsreform im Jahre 1948 begann auch jene Zeit, da es für Josef Grünbeck geraten schien, an seine eigene Existenz zu denken. Für ihn bot die Schneiderei in der Zukunft keine weiteren Entfaltungsmöglichkeiten. Er hatte sie seinen Geschwistern übertragen. Lange überlegte er hin und her, ob er nicht doch noch studieren sollte. Er hatte bereits seine Fühler ausgestreckt und konnte einen Hochschulplatz bekommen.
»Mir war aber, um dies ehrlich zu gestehen, vor dem ›ziegelklopfenden Studenten‹ etwas bange«, bekannte er später.
Dennoch mußte er etwas ganz Neues unternehmen.
Im September 1949 begab sich Josef Grünbeck ins Höchstädter Rathaus, um seine erste Unternehmensgründung anzumelden. Der offizielle Titel dieses Betriebes lautete: »Vertretungen und Handel sowie Herstellen von Wasseraufbereitungsanlagen, Chemikalien und dazugehörige technische Einrichtungen.«
In der Eröffnungsbilanz stand an Barkapital die Summe von DM 40.– (!) zur Verfügung. Hinzu kam ein ungeheurer Optimismus und eine zielstrebige Grundauffassung.
Der ganze Betrieb war zunächst ein Einmann-Unternehmen. Hinzu kam ein kleines Lager für Reinigungs- und Desinfektionsmittel, sowie ein Büro, das der Schneiderei angegliedert wurde, weil sich Josef Grünbeck nach wie vor der kaufmännischen Leitung der Schneiderei widmete. Lassen wir ihn aus dieser ersten Zeit als freier Unternehmer auf dem Sektor der Wasseraufbereitung berichten:
»Ich mußte alle Strecken mit dem Zug, dem Fahrrad

oder zu Fuß bewältigen. Manchmal war ich, um es in Neudeutsch auszudrücken, ›echt down‹. Doch immer wieder erkannte ich an kleinen Hinweisen und den Fortschritten in der Branche, daß der Wasseraufbereitung die Zukunft gehörte. Ich wollte und mußte bei diesem Fach bleiben und dem noch im Hinterkopf spukenden Studium auf immer Valet sagen.«

Der »Mikrophos-Vertrieb Bayern«, wie die neue Anschrift seiner Firma hieß, war vielversprechend. Bereits im Herbst 1950 konnte Josef Grünbeck sich das erste Auto kaufen. Es war ein Auto-Union-Wagen des Baujahres 1928, mit einer Lenkradschaltung. Es hatte immerhin ein abnehmbares Dach, was für den Transport sperriger Güter eine Erleichterung bedeutete. Das Geschäft begann zu wachsen.

Mit dem »Mikrophos-Verfahren« entdeckte Grünbeck eine Marktlücke. In weiten Teilen Bayerns bereiteten Kalkablagerungen in Warmwasserbereitungsanlagen ebenso wie in Boilern und Rohrleitungen, den Menschen Sorgen. Dies war Anlaß zur Entdeckung der »Phosphatimpfung«, mittels derer die Kalkablagerungen und Korrosionsbildungen verhindert werden konnten.

»Der Gedanke, mich mit dem Thema Wasser und Wasseraufbereitung zu befassen, wurde mir von einem guen Freund des Hauses, einem in der Bundesrepublik anerkannten Chemiker, der einen großen Weg gemacht hat, aufgezeigt. In einigen Gesprächen überzeugte er mich von der Wichtigkeit dieses Themas.

Das Wasser und vor allem die Wasseraufbereitung in allen ihren Formen hatte nach seinen Worten eine große Zukunft.

Die Produkte auf diesem Gebiet wurden technisch immer komplizierter und kompakter. Die Wettbewerbsfähigkeit der deutschen Wirtschaft hat seit jeher das Vorhandensein des benötigten Grundstoffes Wasser vorausgesetzt. Wenn aber das Wasser, das man für vielerlei Produktionen benötigte, nicht mehr zur Verfügung stand, dann mußte man eben nicht geeignetes Wasser entsprechend aufbereiten. So einfach war das für die Industrie.

Die technologische Entwicklung auf diesem Sektor war demzufolge enorm; die Verfahrenstechnik, die Analytik, die zur Verfügung stehenden Verfahrenstechnologien, die Werkstoffe, die Steuer- und Regelungstechniken, alles war ständig in der Vorwärtsbewegung begriffen. Auch heute ist dies noch mehr denn je der Fall.

Die physikalische Chemie, die Ultraschalltechnik, die Ultraviolett-Bestrahlung und der Einsatz moderner Werkstoffe, dies alles ist ein weites Feld, das noch lange nicht fest umrissen oder gar als abgeschlossen gelten kann. Hier wird es noch lange kein Ende großer Möglichkeiten aller Art geben.

Im Gegenteil! Daß ich mich seinerzeit für den richtigen Weg entschied, beweist die heutige Situation auf dem Markt des Wassers und der Wasseraufbereitung. Es wurden und werden Kriege geführt nur um Wasser.

Auf der UNO-Konferenz in Rio de Janeiro, an der ich als Mitglied des Umweltausschusses des Deutschen Bundestages teilnahm, war bereits deutlich zu spüren, welche Auseinandersetzungen um das Wasser bereits im Gange sind.

Der erste Sektor, dem ich mich seinerzeit widmete, war der Getränkesektor. Hier war es natürlich insbesondere das Brauwesen, das eine eigenspezifische Wasserart benötigte, um das Pilsner Bier herstellen zu können. Daraus resultierte meine Arbeit zur Brauwasseraufbereitung in den fünfziger Jahren, als ich einen sehr erfolgreichen Marktfeldzug begann und diesen auch bestand.«

In den übrigen Betrieben der Lebensmittelbranche begann das Wasser schließlich eine immer größer werdende Rolle zu spielen. Molkereien wurden nach neuesten Gesichtspunkten errichtet, für die neue Kühl- und Kesselspeisewasser benötigt wurden. Die Azrneimittelindustrie, die Automobilindustrie und viele andere Branchen – insbesondere auch die Kraftwerke – benötigten Aufbereitungsanlagen.

Auch im Haushalt hatte man begonnen, die Wasserrohre und die Wasserbereitungsgeräte vor Korrosion und Kalkablagerungen zu schützen.

Hinzu kam schließlich bei erwachendem Interesse der Bürger des Landes an einer gesunden ökologischen Landschaft die Aufgabe, die Beseitigung der Verschmutzung des Oberflächenwassers in die Wege zu leiten. Die Flüsse mußten sauber gehalten werden. Daraus ergab sich die Reinigung der in diese Flüsse abgeleiteten Abwässer. Damit war ein weiterer Betriebszweig für das Grünbeck-Programm gegeben: die Abwasseraufbereitung.

Die erste wichtige Weiterentwicklung, die dieses aus dem Nichts entstandene Unternehmen verwirklichte, war bei der Phosphatimpfung der Übergang von jener bis dahin *nicht* kontrollierten Phosphatdosierung. Bis dahin war im Haushalt geschmolzenes Phosphatin, das in Blockform gegossen und anschließend zerkleinert wurde, verwandt worden. Über die Oberfläche der kleinen Phosphatkristalle wurde dann beim Wasserdurchfluß stets etwas Phosphat gelöst. Dies geschah in unkontrollierten Mengen, womit sowohl die Wirkungsweise der Phosphatdosierung, die in der Kalkverhinderung und im Korrosionsschutz bestand, als auch die hygienische Seite, die durch eine Überdosierung beeinträchtigt wurde, nicht gelöst wurde.

Gemeinsam mit seinem Freund Helmut Lang, einem großartigen Ingenieur für Dosiertechnik, wurde die neue Dosiertechnik EDADOS – exakt dosieren – entwickelt und auf den Markt gebracht. Dait wurde ein riesiger Erfolg erzielt.

Nachdem bereits vor einiger Zeit das 25jährige Jubiläum dieser Dosiertechnik gefeiert worden war, ist sie auch heute noch ein Renner. Bei EDADOS wurde unabhängig vom Druck der Menge des zufließenden Wassers eine genau bemessene Menge Wirkstoffe zugegeben.

Dieser Erfolg brachte die junge Firma weit nach vorn.

Ebenso aber war auch die Konstruktion eines neuen

Feinfilters ein Dauerbrenner, an dem die Firma eisern festhielt. Von diesen Kerzenfiltern wurde eine Stückzahl von weit über eine Million erzeugt.

Alle diese vorab angezeigten Entwicklungen begannen im Zeitabschnitt der ersten Firmengründung. Doch weiter im Verlauf der Entwicklung derselben.

Dieser Betriebszweig ist auch heute noch – mit entscheidend verbesserten Mitteln und Techniken – die Grundlage eines breiten Kundenfeldes des Sanitär- und Heizungshandwerks. Aber bereits damals war sie ein starkes Standbein.

Im ehemaligen Baugeschäft Lorenz konnte Grünbeck fast gleichzeitig damit ein neues gut geeignetes Quartier beziehen. Es gab dort ein großes Lager, drei Büroräume und einen Raum für die Registratur und Ablage. Neue Mitarbeiter im Außendienst wurden seine Partner. Das Geschäft begann zu wachsen.

Inzwischen hatte sein Bruder Anton die Prüfung als Schneidermeister mit Bravour bestanden und betrieb wenig später eine gut gehende Schneiderei, die er – das sei vorabgeschickt – bis zum Rentenalter erfolgreich führte.

Ebenfalls vorausgeschickt sei in diesem Zusammenhang, daß der jüngste Bruder, der 1932 geborene Hans Grünbeck, nach einer mustergültigen Ausbildung im Betrieb seines Bruders Josef und seiner Mutter und nach seiner weiteren Wanderzeit und Beschäftigung in einigen deutschen Großstädten Süddeutschlands seine Kenntnisse soweit vertieft hatte, daß er die Meisterprüfung für das Damen- und Herrenschneidergewerbe ablegen konnte. Er hat heute noch in Ulm in der Nähe des Münsterplatzes ein Modegeschäft und dort ein Modeatelier aufgebaut, das sehenswert ist. Neben seiner Tätigkeit als Landesinnungsobermeister des Schneiderhandwerks Baden-Württemberg widmet er sich nach wie vor seiner Musik und musiziert mit seinen drei Kindern wie in alten Zeiten im Kreise seiner Familie.

Die Ausbildung seiner drei Kinder betrieb Hans Grünbeck mit Elan und gründlichen Kenntnissen. Seine älteste Tochter, Frau Dr. Elisabeth Grünbeck, lebt in Freiburg. Die zweite Tochter Julia und der Sohn Peter erlangten ebenfalls die Hochschulreife und machten ihren Weg. Zurück zu Josef Grünbeck und seiner Firma.

Die Heirat – Gemeinsam voran!

Im Jahre 1951 gelang es Josef Grünbeck nach vielen Eingaben und Anfragen an das Deutsche Rote Kreuz, seine vielgeliebte Jugendfreundin Loni Püschel aus Ossek wiederzufinden. Er reiste sofort zu ihr. Es war ein Wiederfinden nach sechs Jahren und dennoch: Die alte Liebe zueinander war nicht erkaltet, und Loni Püschel präsentierte sich ihm so fröhlich und unbeschwert wie früher. In seinen Augen war sie noch schöner geworden.

Von ihr erfuhr er, daß ihr Vater, der die Bergbauschule absolviert hatte und Steiger geworden war, und der von allen Arbeitern, seien es Tschechen oder Deutsche, hoch geachtet wurde, einen tragischen Tod erlitten hatte. Obgleich er gerade im Kriege die tschechischen Arbeiter immer wieder mit zusätzlichen Lebensmittelkarten versehen hatte und sie vor manchem Ungemach schützen konnte, wurde er, unmittelbar nachdem in der Tschechoslowakei die »Freiheit ausgebrochen« war, festgenommen. In einen Kerker geworfen wurde er dort wochenlang grausam mißhandelt. Die dortigen Schergen brachten ihn schließlich um. Warum die Tschechen dies taten, ist bis heute noch nicht geklärt. Diese bange Frage des »warum« wird auch wohl von niemandem beantwortet werden können.

Loni Püschel sah sich in der neuen Heimat ihres Verlobten um. Sie gefiel ihr. Die Familie nahm sie als eine der ihren auf, und nachdem sie sich zu Weihnachten 1951 verlobten, heirateten sie im Juni 1952 in Höchstädt. Die kirchliche Trauung fand in der Wieskirche statt.

Fast gleichzeitig damit gelang es ihnen, ihr heutiges

Haus in Höchstädt, im Johann-Schedel-Weg von dem damaligen Nachbarn Seppl Wolf käuflich zu erwerben und sich ein eigenes Heim einzurichten, in dem sie sich heute noch – nach unzähligen Um- und Erweiterungsbauten und der Anlage eines schönen Gartens mit einer gedeckten Loggia – sehr wohl fühlen.

Eine Generalverretung aus Baden-Württemberg kam zum Geschäft hinzu. Diese erweiterte ruckartig die gesamte Geschäftsstruktur. Nunmehr ging es bereits in das sogenannte Anlagengeschäft, wobei nahezu alles erneuert werden mußte, was es an technologischen Einrichtungen in Deutschland gab.

Doch zunächst waren dies nur die Anfänge, und es mußte im alten Stile weitergearbeitet werden.

In einer Garage des Hauses in der Johann-Schedel-Straße 11 wurde der alte Handel weiterbetrieben. Im Winter mußte Loni Grünbeck mit Wollhandschuhen, einem dicken Kopftuch und ebenso dickem Pullover bekleidet, die Versandarbeit erledigen. Sie mußte dann auch – weil die Firma nur ein Fahrzeug hatte – das gesamte verpackte Material mit dem Leiterwagen zur Post oder zur Bahn bringen. Dies waren immerhin von ihrer Straße bis zum Höchstädter Bahnhof zwei Kilometer.

Dennoch gab es bei den Grünbecks nie ein Aufbegehren gegen diese harte Arbeit. Sie hatten beide Freude aneinander und daran, daß es unaufhaltsam aufwärts ging. Sie spürten es: Gemeinsam können wir es schaffen!

Obwohl völlig branchenfremd, setzte Josef Grünbeck auf das richtige Pferd, als er sich der Wasserwirtschaft und den vielverästelten Fragen der Wasseraufbereitung zuwandte.

Binnen kurzer Zeit hatte er sich nicht nur einen ersten festen Kundenstamm geschaffen, sondern auch tiefe Einblicke in die gesamte Problematik der Wasseraufbereitung im gesamten Bereich ihrer Anwendung, sei dies im Haushalt, in Gewerbebetrieben oder in der Industrie, verschafft.

Daß er während dieser Zeit mehrere Herstellerfirmen und Grundstoff-Firmen vertrat, lag in der Natur der Sache. Seine zunächst drei Mitarbeiter waren im Außendienst tätig. Daheim in der Firma wurde ihm seine Frau Loni zur besten Hilfe und Unterstützung. Daß sie neben der bereits genannten Tätigkeit der Verpackung und des Transportes per Handwagen auch noch die Bücher führte, den telefonischen Kundenkontakt aufrecht erhielt, den gesamten Schreibkram wie Angebote, Abrechnungen und Steuererklärungen erledigte und immer zur Hand war, wenn es ein schwieriges Problem zu erledigen galt, war entscheidend.

Beide verkörperten alles das, was man eine ideale Partnerschaft und darüber hinaus eine Lebensgemeinschaft nennt, die unverbrüchlich allen Entwicklungen der Zeit trotzte und Bestand behielt.

Daß Joseph Grünbeck aus dieser häuslichen Atmosphäre jene Kraft schöpfte, die er für seinen Beruf und später auch für seine politische Arbeit benötigte, hat er mehrfach zu verstehen gegeben.

Als sie mit ihrem Auto-Union-Wagen gemeinsam den ersten Wochenendausflug unternahmen, der von Laupheim aus ins Allgäu gehen sollte, waren sie fröhlich und guter Dinge. Im offenen Wagen wurde gesungen und gescherzt. Es ging alles gut.

Erst auf dem Heimweg war es dem braven »Oldtimer« offensichtlich zuviel geworden. Auf der Fahrt von Oberjoch nach Sonthofen ging der Auspuff in die Binsen, und mit einem fürchterlichen Geknatter mußten sie bis zur nächsten Tankstelle fahren. Unterwegs sprangen die Leute vor dem wilden Getöse immer wieder entsetzt zur Seite. An der Tankstelle wurde das Auspuffrohr mühselig wieder zusammengeflickt, damit sie wenigstens die Heimreise antreten konnten.

Das erste Wiedersehen mit der Heimat

Der Weg in die sudetendeutsche Heimat war der Familie Grünbeck lange Jahrzehnte versperrt. Erst im Jahre 1970 konnte Josef Grünbeck ein erstesmal gemeinsam mit seiner Frau und der Schwiegermutter in die Tschechoslowakei fahren und die alte Heimat wiedersehen.

Dieses erste Wiedersehen war ein erschütterndes Ereignis. Vielleicht hatte man die Heimat aufgrund der Jugenderlebnisse und der jahrzehntelangen Trennung auch viel größer und schöner in Erinnerung, als sie es jemals gewesen war? Über allem hatte die Verklärung eines verlorengegangenen Schatzes gelegen. Aber dennoch: Der einfach jämmerliche Zustand der Häuser in Haan und Dux, der zerstörte Wald im Erzgebirge, wo kilometerweit kein einziger gesunder Baum mehr stand, die verkommenen Straßen und die verlotterten Kirchen, der Verfall wertvoller Kunstdenkmäler war erschütternd. Dieser Niedergang einer ganzen Region erfüllte sie mit Trauer und Entsetzen.

»Alles war ein einziger Alptraum, als wir nach 26 Jahren der Trennung unsere Heimat wiedersehen mußten; in *diesem* Zustand!

Auch die Begegnungen mit unseren ehemaligen tschechischen Nachbarn und anderen Tschechen waren eher zwiespältig. Es gab hier Menschen, die auch im Jahre 1970 noch voller Haß waren, obwohl wir persönlich ihnen keinen Grund dazu gegeben hatten. Möglicherweise mag darin auch die böse Ahnung verborgen gewesen sein, daß wir wiederkommen und unseren alten Besitz beanspruchen wollten?

Dennoch gab es auch Menschen, die unglaublich bedauert haben, daß ihre deutschen Freunde und Nachbarn ausgetrieben worden waren. Nicht nur wegen des großen menschlichen Leides, das damit verbunden war, sondern auch wegen des wirtschaftlichen Niedergangs der gesamten Region, die einst als blühende, wirtschaftliche und kulturelle Region Mitteleuropas gegolten hatte.

Es war *nicht* möglich, auch nur das Geringste über die Gefangennahme und den grausamen Tod meines Schwiegervaters zu erfahren. Da waren alle Münder verschlossen und blieben stumm.

Je öfter wir später in die sudetendeutsche Heimat fuhren, um anschließend wieder nach Hause zurückzukehren, um so mehr erfüllten meine Frau und mich das Gefühl, daß wir uns eigentlich mit der Vertreibung ein schicksalhaftes Glück eingehandelt hatten. Auch wenn dies nicht von unseren Vertreibern so gewollt war.

Der zusammengebrochene Kommunismus hatte Schäden ungeheuren Ausmaßes an Menschen, Natur und Gebäuden angerichtet, die sicherlich in Jahrzehnten nicht zu reparieren sind. Zumal den Tschechen nicht – wie der ehemaligen DDR – der wohlhabende, ja reiche westliche Partner zur Vefügung steht.

Wir wurden, das kann und muß ich an dieser Stelle im nachhinein sagen, in die Freiheit vertrieben. Alle Tschechen mußten in der Knechtschaft der Diktatur verbleiben und konnten dies nicht verkraften. Ganz zu schweigen von der Ausbeutung des gesamten Landes durch die allgegenwärtige Besatzungsmacht und die seinerzeitigen ›UdSSR-Freunde‹.

Dies alles merkt man noch heute auf den ersten Blick. Allerdings erkennt man auch die fieberhaften Bemühungen der tschechischen und slowakischen Regierungen, diesen Rückstand aufzuholen, um den Anschluß an die Europäische Gemeinschaft zu erreichen.«

Eine Frage des Wassers

Es war insbesondere auch die Getränkeindustrie – an erster Stelle standen die Brauereien – die als Kunden für Grünbeckanlagen in Frage kamen.

Bereits zu Beginn seiner Planungen, als es darum ging, den Rohstoff Wasser ganz neu anzugehen und seine Möglichkeiten systematisch zu erkunden und auszubauen, bemerkte Josef Grünbeck – nicht zuletzt dank einiger Hinweise seiner Freunde und aus Kreisen der Wissenschaft – daß die Wassertechnologien allgemein veraltet waren und daß die meisten sich abzeichnenden oder bereits schon vorhandenen verfahrenstechnischen Möglichkeiten überhaupt nicht erkannt wurden.

»Ich war mir nach einigem Nachdenken und einiger Nachhilfe sicher, daß Wasser ein entscheidend wichtiger Rohstoff wurde.

Dabei ging es an erster Stelle um die Getränkeindustrie, wie eingangs erwähnt.

Das Pilsener Bier beispielsweise wurde mit einem sehr weichen Wasser gebraut, weil dadurch weniger Malz verwendet werden brauchte und der Hopfen als Würze des Bieres mehr zur Geltung kam. Dies war mit hartem Wasser nicht machbar, weil damit der Hopfen dem Bier einen kratzigen Charakter gab. Aus diesem Grunde begannen wir mit den ersten Anlagen in den vielen bayerischen Brauereien, um dies später bundesweit auszuweiten.

Darüber hinaus kamen wir auch – wie so viele andere – zu der Erkenntnis, daß sich in weiten Teilen Bayerns, wie bereits dargelegt, durch die Kalkablagerungen in Wassersystemen ein weites Feld der Arbeit bot. Damit war die Grundlage zu einer weiteren Expansion gegeben. Zunächst ging es jedoch noch ziemlich zögerlich weiter, denn so kurz nach der Währungsreform war es mit dem Gelde noch nicht so üppig bestellt.

In dieser Zeit entstand der ständig steigende Bedarf an neuen Dampfkesseln mit Höchstleistung und entsprechender Kesselspeisewasseraufbereitung. Sowohl Krankenhäuser als auch Kliniken hatten einen enormen Bedarf an hochqualifiziertem, entmineralisiertem Wasser.

Auch und besonders im Wohnungsbau gab es einen großen Aufschwung, weil Kalk und Rost in den Rohrleitungen verhindert werden mußten.

Daß die Getränkeindustrie nach wie vor Kunde Nummer eins bei uns war, galt als gesichert.

Die Firma Grünbeck expandierte auf diesem Gebiet allmählich über die bayerischen Landesgrenzen hinaus. Das zwang dazu, einen neuen günstigeren und größeren Betriebsstandort zu erkunden und einen Neubau zu planen. Dies geschah im Laimgrubenweg, wo ein großes Bürogebäude entstand, mit angeschlossenen Wohnungen für die alleinstehenden Mütter und ausreichendem Lagerraum.

Die Firma war ab September 1961 im Handelsregister unter der Bezeichnung »Josef Grünbeck, Wasserchemie und Apparatebau« eingetragen.

Im März 1975 wurde der Name in »Josef Grünbeck Wasseraufbereitung« geändert. Diese Firmierung wurde zum 1. 1. 1980 auf »Grünbeck Wasseraufbereitung GmbH« umgesetllt.

Bliebe noch ein Teil der Grünbeckschen Freizeitgestaltung zu erwähnen, der einen breiten Raum einnahm und sowohl Josef als auch vor allem Loni Grünbeck anging: der Sport.

Familie Grünbeck und der Sport

Die sportlichen Ambitionen der beiden Grünbecks verlagerten sich vom Fußball und Skilaufen auf das Tischtennis. Für Josef Grünbeck bedeutete die Gründung des Tischtennisclubs Höchstädt während der ersten Zeit in seiner neuen Heimatstadt eine der liebsten Erinnerungen. Hier konnte er voll aus sich herausgehen und aus dem Nichts einen Verein gründen, der sich im Verlaufe der Jahre zu einem der bekanntesten in dieser Sportart entwickelte.

Es war in den ersten fünfziger Jahren, als es begann. Junge Frauen und Männer, Mädchen und Jungen, hatten sich eingefunden, um diesen rasanten Sport auszuüben.

In den ersten Jahren fanden die Übungsstunden im kleinen Saal des Gasthofs Berg statt. Auf nur zwei Tischen, die für Übungszwecke frei gemacht wurden, begann der Spielbetrieb. Während der Wartezeit kam es zu vielen Gesprächen, lustigen Plaudereien und Musik.

Hier fanden viele Pärchen zueinander und bildeten schließlich Gemeinschaften. Mindestens sieben Familiengründungen fanden vor diesem Hintergrund statt, und die neuen Familien blieben dem Club treu, der sich schließlich nach einer zunächst lockeren Bindung im Sommer 1955 zum Verein entwickelte, der in den Folgejahren weit über die Grenzen der schwäbisch-bayerischen Heimat hinaus bekannt wurde.

Neben Josef Grünbeck, der in der Seniorenmannschaft spielte, war auch seine Frau Loni von Anfang an dabei und bewies, daß sie ein Allroundtalent in Sachen Sport war. Den ersten Titel eroberte die Damenmannschaft des SSV Höchstädt, als sie in der Besetzung Loni Grünbeck, Karin Schaller, Rosa Pokral und Elisabeth Hüttinger in die Landesliga aufstieg und darin über Jahre hinweg eine führende Rolle spielte. Immer wieder trug sich Loni Grünbeck in die Siegerliste ein. Sei es bei Vereinsturnieren oder auf Wettkämpfen, im Einzel wie im Doppel.

Die Jugendmannschaft der Mädchen wuchs noch darüber hinaus und errang den Titel eines bayerischen Jugendmeisters. Ihre Stammbesetzung war Anita Pokral, Rosalinde Seiler, Thea und Trudi Hitzler, die später in die Rolle der Kern-Damenmannschaft hineinwuchs.

Der Tischtennisclub Höchstädt pflegte einen tadellosen Zusammenhalt. Es gab nach harten Trainingsabenden immer wieder lange Nachsitzungen am kleinen Tisch. Manchmal saßen sie an diesem Tisch, der für vier Personen gedacht war, mit bis zu 12 Freunden beisammen, die noch nicht nach Hause finden konnten.

Dieser Verein entwickelte sich, wie bereits angedeutet, zu einer echten Leistungsgemeinschaft. Viele Meisterschaften wurden nach Höchstädt geholt und in immer höhere Spielklassen aufgestiegen.

Daß der Verein auch überregional bekannt wurde, verdankte er seinen großen Sportfesten. So beispielsweise das alljährliche Saison-Eröffnungsturnier. Hier gaben sich bekannte Tischtennisexperten, wie Conny Freundorfer, Martin Ness, Sepp Seitz, Werner Kümmerle und Toni Bräumeir ein Stelldichein und bezauberten die Zuschauer mit ihrem exzellenten Spiel. Bei einem der Turniere spielte Josef Grünbeck im Doppel gemeinsam mit Conny Freundorfer. Sie wurden gute Zweite.

Die Großereignisse gerieten zu einer Werbung für den Sport im allgemeinen und für den Höchstädter Verein zu einem Triumphzug. Neben den Bundesländerkämpfen, so Bayern gegen Niedersachsen, waren es die Länder- und Gastspiele, die Furore machten. Der Länderkampf Deutschland gegen Ungarn ließ Höchstädt aus den Nähten platzen.

Unbestritten *das* Ereignis des Jahres war über Jahrzehnte hinweg der Höchstädter Tischtennis-Ball, als ständiger Höhepunkt des Höchstädter Faschings. Hier hatte Josef Grünbeck die Gelegenheit, mit seinen humorigen Büttenreden alles das wieder aufzurollen, was sich in und um Höchstädt ereignet hatte.

Mitmachen war hier die Devise, und sie wurde dergestalt befolgt, daß bereits um 19.30 Uhr des Ballabends der Bergsaal meistens überfüllt war.

Als der TTC Höchstädt im Jahre 1985 den Tag seines dreißigjährigen Bestehens feierte, stand Höchstädt den ganzen 15. Juni über bis zum Wecken am anderen Morgen kopf.

Einige Details aus der Vereinsgeschichte sollen diesen Abschnitt erfolgreicher Sportaktivitäten Grünbecks beenden.

Bereits im Gründungsjahr des TTC Höchstädt wurde der große Bergsaal an einen Industriebetrieb verpachtet, so daß einem ständig sich vergrößernden Mitgliederstamm nicht genügend Übungsplatten zur Verfügung standen. Erst als der große Bergsaal im Jahre 1960 wieder frei wurde, konnte der TTC Höchstädt durch das liebenswürdige Entgegenkommen der Wirtsleute, Franz und Hedwig Roider, wöchentlich dreimal an sieben Tischen trainieren.

Um diese Zeit zählte der Verein etwa 100 Mitglieder, und die Trainingsabende waren stets von 60 bis 70 derselben besucht. Es gab zehn Mannschaften, und den schwäbischen Tischtennis-Nachrichten war derzeit zu entnehmen:

»Der TTC Höchstädt ist zwar ein junger Verein in Schwaben, aber er ist in den letzten Jahren stark in den Vordergrund getreten. Ohne Zweifel hat er eine große Zukunft.«

Dieser Aussage folgten sehr rasch Bestätigungen aller Art nach. Neben den genannten Siegen der Hausfrauenmannschaft und dem Erfolg der Mädchen- und Jungenmannschaft, die 1963 die schwäbischen Meister im Einzel mit Anita Pokral und Rolf Blessing stellten, wurde auch die schwäbische Mannschaftsmeisterschaft errungen.

Diese Erfolgsserien setzten sich 1965 und 1966 fort. Die beiden folgenden Jahre brachten neue Erfolge. Die Mädchen wurden 1970 Miester in der Landesliga Südwest.

Die Zahl der Veranstaltungen zwischen 1960 und 1970 ist Legion. Daraus ragen die Länderkämpfe um den Deutschlandpokal für Damen und Herren und verschieden Privatturniere hervor, auf denen auch so berühmte Tischtennis-Könner wie die deutsche und englische Jugendmeisterin Heide Dauphin und der mehrmalige deutsche Meister Conny Freundorfer mit von der Partie waren.

In einer Generalversammlung am 22. 4. 1971 entschied sich der TTC für einen Zusammenschluß mit allen übrigen Höchstädter Sportvereinen zum SSV Höchstädt und damit auch für einen von den Höchstädter Sportvereinen geplanten Bau einer Mehrzweck-Sporthalle.

Initiator und treibende Kraft dieses Zusammenschlusses aller Vereine von Höchstädt war Josef Grünbeck. Er war es auch, der den Bau der Mehrzweckhalle forcierte und durchsetzte, daß mit dem Bau derselben begonnen wurde.

Am Montag, den 30. Oktober 1972 war es denn soweit. Die Tischtennisabteilung nahm Abschied von ihrem alten jahrelangen Domizil und zog in die neue Mehrzweckhalle an der Deisenhofer Straße ein. Eine neue Zeit für alle Sportvereine brach an.

In einem Mannschaftsturnier zur Einweihung der Halle waren 40 Mannschaften aus ganz Schwaben zur Stelle. Danach sah die Halle den TT-Länderkampf Deutschland–Italien. Im Jahre 1974 wurde das zehnjährige Bestehen der Damenmannschaft in der Landesliga gefeiert.

Die goldene Verdienstplakette des BLSV wurde in diesem Jahre dem ersten Sportler der Stadt, Josef Grünbeck, verliehen.

Bärbel Veh, die in diesem Jahr die schwäbische Meisterschaft errungen hatte, konnte ihren Erfolg 1975 wiederholen. Die Herren errangen als *ihr* Geschenk zum 50. Geburtstag ihres Vorsitzenden Josef Grünbeck den Sieg im Euro-Pokal.

Daß danach der TTC ein wenig in der Versenkung verschwand und 1975 die Damenmannschaft den Abstieg zur Landesliga antreten mußte und dem allem fünf magere Jahre folgten, schmälerte nicht die Bedeutung dieses Vereins. Ab 1980 besann sich der TTC wieder auf sich selbst und richtete ein Jahr später, dank seines Vorsitzenden Grünbeck, den Tischtennis-Länderkampf gegen Ungarn aus, der allerdings in Lauingen stattfinden mußte, weil die Halle in Höchstädt zu klein war. Europas Spitzensportler Tibor Klampor und der Publikumsliebling aller, Uschi Kamizuru, begeisterten hier die eineinhalbtausend Zuschauer.

Dies war ein neuer Ansporn für alle, die diesem Sport mit dem kleinen weißen Ball verbunden waren, sich weiter anzustrengen. So ging es in den folgenden Jahren wieder aufwärts. Meistertitel und Pokalsiege bezeugen dies.

Auch heute noch ist der Tischtennisclub Höchstädt eine Stütze der Höchstädter Sportvereine, und sowohl Josef als auch Loni Grünbeck sind immer noch dabei, wenn es etwas zu feiern und zu regeln gilt.

Auch in den folgenden zehn Jahren haben die Mitglieder und Freunde des TTC Höchstädt die Freude an ihrem

Sport nicht verloren, immer wieder neue Freunde gewonnen, vor allem aber die Geselligkeit nicht vergessen. So wird es auch in Zukunft bleiben. Dutzende Siegerurkunden errang das Team Grünbeck-Grünbeck.

Daß auch die äußeren Ehrungen nicht ausblieben, zeigen viele Erinnerungsurkunden. So wurde Josef Grünbeck am 2. 6. 1994 »in Würdigung seiner langjährigen Verdienste das Verbandszeichen in Gold des Bayerischen Fußballverbandes« verliehen.

Bereits am 30. 1. 1988 hatte er für seine Verdienste in der Jugendarbeit im Turnen das Jugend-Verbands-Ehrenzeichen der Bayerischen Sportjugend im BLSV in Gold erhalten.

Lange Jahre vorher wurde er vom Verband der Heimkehrer mit der Friedland-Gedenkmünze geehrt. In der Laudatio dazu hieß es, daß er sich »hervorragende Verdienste um die Sache der Heimkehrer erworben hat«.

Auch wenn diese Ehrung nur mittelbar mit dem Sport zu tun hat, sei sie an dieser Stelle hinzugefügt, zeigt doch auch sie den Menschen Grünbeck in seiner umfassenden Art.

Josef Grünbeck als Sponsor

Daß Josef Grünbeck auch die Weiterentwicklung guter Sportler am Herzen lag, hat er durch eine Reihe von Beispielen bewiesen. Eines davon sei an dieser Stelle erwähnt: die herausragende Begegnung mit dem internationalen Spitzenschwimmer Michael Groß, den er in seiner Aufbauphase zum Weltklasse-Schwimmer sponserte. Dabei hatte auch Josef Grünbeck viele neue Erkenntnisse gewonnen, die für die Weiterentwicklung der Grünbeckschen Bäder- und Schwimmbadetechnik von Bedeutung waren.

»Michael Groß war ein gradliniger und unglaublich sympathischer Partner, der mir unvergessen bleibt. Er hat

sich immer zur Verfügung gestellt, wenn es zum Beispiel galt, unseren kleinen Schwimmern Grundkenntnisse zu vermitteln und ihnen Mut zum Weitermachen zu geben.«
Unter dem Motto: Grünbeck – Michael Groß – »Wasser – unser gemeinsames Element« haben wir eine Zusamenarbeit über den Deutschen Schwimmverband mit dem mehrmaligen Olympia-Sieger und Weltmeister Michael Groß vereinbart. Inhalt und Ziel ist die Weiterentwicklung der gesamten Schwimmbadetechnik. Die internationale Erfahrung von Michael Groß als Hochleistungsschwimmer ist zweifellos wertvoll; unser gemeinsames Arbeiten ist für den Leistungsschwimmer wie auch für den freizeitorientierten Badegast von hohem Stellenwert.

Für die Weiterentwicklung der gesamten Schwimmbadetechnik, insbesondere im Bereich der Hygiene und Medizin, nützt die Firma Grünbeck die Erfahrungen des Michael Groß.

In einem Vertrag wurde eine langfristige Zusammenarbeit über die weltweite Einführung neuer Technologien vereinbart.

Unsere weiteren Entwicklungen sind vielfältig. Sie reichen vom privaten Schwimmbad bzw. Whirlpool über das Hotelbad bis hin zum öffentlichen Bad, ob nun Lehrschwimmbecken, Bewegungs- und Therapiebecken im medizinischen Bereich, Freibäder oder Freizeitzentren, wie sie neuerdings mit großem Erfolg erstellt werden und mit allen nur erdenklichen Attraktionseinrichtungen die Massen anziehen. Unser Anteil ist die gesamte Filtertechnik, die hydraulischen Einrichtungen für Beckendurchströmung, der gesamte Bereich der Wasserdesinfektion und die chemische Aufbereitung.

Neue Aufgaben stellen sich auch im Bereich der Solebäder. Es handelt sich hier um einen Bädertyp, der nicht nur im Freizeit- und Kurmittelbereich zum Einsatz kommt, sondern in Zukunft sehr stark in der medizinischen Anwendung bis hin zu Arztpraxen den Eingang finden wird.

Dabei ergeben sich vollkommen neue, bislang wenig bekannte Aufgabenfelder, die mit zusätzlichen neuen Verfahrensschritten zu bewältigen sind.

Eine der wichtigsten Aufgaben für die Zukunft wird es sein, die im Beckenwasser befindlichen, den Menschen belastenden Stoffe auf ein absolutes Minimum zu beschränken. In enger Zusammenarbeit mit maßgebenden Wissenschaftlern, Instituten und Behörden sind wir in Forschung und Entwicklung tätig.

Gerade die Erfahrungen von Michael Groß auf diesem Sektor sind für uns alle von großem Nutzen. Immerhin sind Hochleistungsschwimmer bis zu sechs Stunden täglich im Wasser, so daß gesundheitliche Fragen beachtet und Lösungen erarbeitet werden müssen.«

Daß es weitere große Begegnungen im Sport gab, lag nicht zuletzt auch daran, daß Josef und Loni Grünbeck auch auf diesem Gebiet auf einer Wellenlänge lagen. Seit ihrem sechsten Lebensjahr waren beide engagierte Sportler gewesen und sind es immer noch. So gab es denn auch nie die geringsten Differenzen, wenn es darum ging, die gemeinsame Freizeit mit für den Sport zu nutzen.

»Daß unser beider Freund Conny Freundorfer in noch so jungen Jahren durch einen tödlichen Verkehrsunfall ums Leben kam, war für mich unfaßbar. Er war ein listiger junger Mann, zu allen Streichen aufgelegt und in bezug auf die Ausübung seines Sports von einer geradezu märchenhaften Schlitzohrigkeit. Er konnte sich über jeden kleinen Trick, den er an der grünweißen Platte angewandt hatte, riesig freuen.«

Josef Grünbeck als Politiker

Die Voraussetzungen: Eine Übersicht

Neben seinem unternehmerischen Engagement ist Josef Grünbeck auch in verschiedenen Fachgremien und politischen Kreisen tätig.

Als Referent der Harzburger Akademie für Mitarbeiterbeteiligung hat er ein in Deutschland einzigartiges Modell entwickelt, das bereits Gegenstand mehrerer Würdigungen war.

In der Arbeitsgemeinschaft zur Förderung der Partnerschaft in der Wirtschaft ist er ein ebenso engagierter Mitarbeiter, wie als Ausschußmitgleid des Bundesgesundheitsamtes in Berlin.

Daß der Verein für Gas- und Wasserfachleute ihn zu den seinigen zählt, ist selbstverständlich, hat er doch auf diesem Gebiet bahnbrechende Leistungen vollbracht, den Rohstoff Wasser als unverzichtbares Erbe der Menschheit erkannt und sich darum bemüht, aus diesem Rohstoff nicht nur Reinstwasser zu schaffen, sondern auch Trinkwasser für die entlegenen Dürregebiete der Erde, beispielsweise durch Meereswasserentsalzung, zu erwirtschaften.

Dies bedeutet, daß er selbstverständlich *auch* Mitglied in sämtlichen Ausschüssen der technisch-wissenschaftlichen Vereinigung für Badewasser Trink- und Abwasser ist und in dieser Eigenschaft zum Segen für diesen und für die Erhaltung des unverzichtbaren Lebenselexiers Wasser gesorgt hat.

Dies alles bedeutet, daß er sich neben seinem Betrieb für Wasserwirtschaft *auch* auf der politischen Ebene für das Wasser und seine pflegliche Behandlung einsetzt.

Sein kommunalpolitisches Wirken zeigte ihn vor allem als Vorsitzender der Freien Unabhängigen Wähler- und Stadtratsfraktion in Höchstädt, deren Kreistagsvorsitzender er in der Anfangszeit seines politischen Einsatzes war. Daß er sich als Mitglied der verschiedensten Ausschüsse im Stadt- und Kreisgebiet sowie in seiner ehrenamtlichen Tätigkeit in den verschiedensten Sportgremien immer wieder voll für die Belange der von ihm vertretenen Menschen einsetzte, war für diesen nur mittelgroßen Mann mit der zähen Energie einer – die Seinen und die ihm Anvertrauten schützenden – »Bulldogge« eine Selbstverständlichkeit.

Wie man zur Politik kommt

»Mein Eintritt in die Politik war eigentlich mehr oder weniger eine Zufallsangelegenheit«, gestand Josef Grünbeck in einem Gespräch. Er, der durch seine Tätigkeit in der Hitlerjugend und durch die ihn überrollenden Ereignisse als Gebirgsjäger im Kriege, mit vier schweren Verwundungen, nach Existenzvernichtung und Vertreibung, jener Vielzahl von Menschen angehörte, die ein »nie wieder!« auf ihre Fahnen geschrieben hatten, wurde erst nach und nach »geläutert«.

Bevor seine politische Tätigkeit begann, galt es erst einmal die tägliche Existenznot und die Frage des Überlebens, aus dem Nichts heraus, zu bewältigen. Dies mußte Vorrang vor allen anderen Überlegungen haben, denn nur so konnte er mit wenig mehr als 24 Jahren als Oberhaupt einer Familie, sich und die Seinen durchbringen und eine neue Existenz aufbauen.

Die ersten Wahlveranstaltungen, die er nach Ende des Zweiten Weltkrieges besuchte, waren darüber hinaus nicht dazu angetan, ihn für die Politik zu erwärmen, im Gegenteil: sie stießen ihn ab, weil immer wieder durch die hohlen Phrasen der Volksbeglücker der Sinn nach Eigennutz durchschielte.

So lautete denn sein Wahlspruch, den er mehrfach äußerte: »Nie mehr Politik! Jetzt geht es um den Aufbau der Existenz unserer Familie und später meiner eigenen. Dies erfordert meine ganze Kraft.« Daß daneben der Sport und die gesellschaftlichen Kontakte nicht zu kurz kamen, ist an anderer Stelle dargelegt.

Als im Jahre 1952 in Höchstädt eine packende Auseinandersetzung um die Bürgermeisterwahl anstand und der aus Amerika heimgekehrte Journalist Alfred Reiser sich als Parteiloser um das Amt des Bürgermeisters bewarb und den noch amtierenden CSU-Bürgermeister Josef Dietrich aus dem Sattel heben wollte, geriet dieses Duell zu einem spannenden Wahlkampf, der – wenn auch nicht immer sehr fair geführt – den jungen Firmeninhaber Grünbeck ansprach.

Nicht zuletzt durch die Tatsache, daß Alfred Reiser ihm als ehemaliger Sportjournalist sehr verbunden war, interessierte sich Grünbeck erstmalig mehr als nur locker für die kommunalpolitische Landschaft, in der er lebte.

Die parallel dazu verlaufende Landratswahl, »eine Wahl, wie ich sie in dieser Dynamik und Schärfe nie wieder erlebt habe« – so Grünbeck – sah als Kandidaten auch Karl Gartner von der Freien Wählervereinigung aus Gundelfingen. Dieser hatte bereits zuvor Dr. Martin Schweiger von der seinerzeitigen Bayernpartei in Augsburg geholt und als Landrats-Kandidaten eingesetzt.

Es verging kaum ein Tag dieses Wahlkampfes ohne neue Behauptungen, Widerrufe und großartige Reden. Alles dies entwickelte sich zu einer Art sportlichen Auseinandersetzungen, bei denen ja auch hin und wieder kleine Fouls passierten, wie dies auch in diesem sportlichen Wahlkampf manchmal zu verzeichnen war.

Die Entscheidung fiel mit einem unwahrscheinlich engen Ergebnis aus. Mit knapp einer Handvoll Stimmenmehrheit errang Alfred Reiser das Bürgermeisteramt, während Dr. Schweiger den CSU-Kandidaten als Landrat ablöste.

Der seinerzeitige Stadtrat war durch eine Mehrzahl an CSU-Mitgliedern favorisiert. Günstig für den neuen Bürgermeister Reiser von der FUW war die Tatsache, daß seine politischen Gegner in vielen Dingen unterschiedlicher Auffassung waren. Alfred Reiser und der 2. Bürgermeister, Franz Grimminger, waren faire Partner, wenn es um das Wohl und Wehe der Stadt ging, auch wenn sie in der Sache hart miteinander rangen.

Grimminger war nicht nur Landwirt, sondern auch Aufsichtsratsvorsitzender der hiesigen Molkerei und einiger Banken. Von daher war er vor allem ökonomisch geprägt. Auf der anderen Seite war er stets ansprechbar, wenn es auf der Ausgabenseite darum ging, zu sparen.

In dieser Zeit begann die politische Arbeit Grünbecks, also zunächst auf kommunalpolitischer Ebene. Der Anlaß dazu war folgender:

Da die Sportanlage in Höchstädt nicht nur primitiv, sondern zugleich auch unhygienisch war und sich auf Dauer keine Lösung für diese Mängel anbot, kam es bei einem Gespräch anläßlich einer Sportplatzbesichtigung am Rande des Spielfeldes zu einem Disput zwischen Josef Grünbeck und Bürgermeister Reiser. Grünbeck warf dem Bürgermeister vor, daß endlich etwas geschehen müsse, weil sonst zwar das Schlachtfeld von Höchstädt in die Geschichte eingehen, aber der Sportplatz im wahrsten Sinne des Wortes untergehen würde.

Alfred Reiser meinte dazu in einem raschen Impuls: »Du mußt in den Stadtrat, denn mit der bestehenden konservativen Mehrheit bekommen wir solche Beschlüsse nicht durch.«

Grünbecks kurze und entschlossene Antwort lautete: »Dann schreibe mich für den nächsten Wahlkampf auf.«

Eines Tages schleppte dann Alfred Reiser den jungen Unternehmer zu einer Vorstandssitzung der Freiwilligen Unabhängigen Wählervereinigung, die gerade unter der Leitung von Karl Kappner tagte. In einem Gespräch unter sechs Augen sagte Grünbeck zu, für den Stadtrat und gleichzeitig auch für die FUW zu kandidieren.

Nach seiner Wahl in den Stadtrat konnte Grünbeck von Anfang an seine Ziele in den Mittelpunkt rücken, die

Sportanlagen auszubauen. Das neue große Sportgelände an der Deisenhofer Straße entstand. Der Bergsaal, der damals noch aushilfsweise für industrielle Übergangslösungen genutzt wurde, kam wieder frei, und eine Mehrzweckhalle als Sportstätte wurde in Angriff genommen.

In dieser ersten Pionierzeit entstanden neben dem Fußballplatz Übungsstätten für Turnen, für das Eiskegeln und später für das Gewichtheben.

1955 gründete Josef Grünbeck den Tischtennisclub Höchstädt, der später mit unglaublichen Bravourleistungen insbesondere der Damenmannschaft aufwarten konnte. (Siehe dazu auch das Kapitel Sportereignisse in Höchstädt.) So errang die Höchstädter Damenmannschaft die bayerische Jugendmeisterschaft der weiblichen Jugend, ein anderes Mal die schwäbische Mannschaftsmeisterschaft der Frauen. Eine der Stützen der Damenmannschaft war Frau Loni Grünbeck.

Zurück zur Stadtratswahl:

Grünbeck war einer der fünf Abgeordneten der FUW, die in den 16köpfigen Stadtrat einzogen. Mit seiner Gruppe betrieb er einen über die Politik der Parteien hinweg auf das Wohl der Stadt gerichteten Einsatz.

In den ersten Jahren seiner Tätigkeit in diesem Gremium ging es neben dem Bau der Sportanlagen um die notwendige Gemeindegebietsreform, die nicht nur auf die Stadt Höchstädt, sondern auch auf die eingemeindeten Dörfer Deisenhofen, Oberglauheim und Sonderheim große Auswirkungen hatte. Es galt zum einen, die Bewohner der genannten Dörfer zu integrieren und zum anderen, die Grenzen für das Machbare aufzuzeigen, die respektiert werden mußten.

Die aufmerksame Beobachtung der Szene ließ Grünbeck immer wieder neue Facetten der Politik im Kleinen, die sich unmittelbar an den Menschen zu orientieren hatte, erkennen.

Seinen ersten Erfolg konnte Grünbeck beim Neubau des Schulgeländes – die heutige Verbandsschule – verzeichnen. Er verhinderte durch sein Veto und die fundierten Angaben dazu, daß diese Aufgabe an einen Generalbauunternehmer vergeben wurde und setzte Einzelaufträge durch. Durch diese Haltung gelang es ihm nicht nur, die kleinen Handwerker der Stadt und der näheren Umgebung in dieses große Vorhaben einzuschleusen, sondern auch – als Folge davon – das Geld »im Lande zu lassen«.

Daß darüber hinaus diese Einzelvergabe sich finanziell auszahlte, zeigte die Tatsache, daß das zu gleicher Zeit im benachbarten Dillingen erstellte Schulprojekt in etwa gleicher Größe und Ausstattung 40 % teurer wurde als jenes in Höchstädt.

Daß ihn die Verwaltungsgemeinschaft *sehr* ansprach, zeigte sein Einsatz als ordentlich gewähltes Mitglied derselben. Er zeigte die Fehler der seiner Meinung nach mißlungenen Gemeindegebietsreform auf und daß dadurch die Gemeindekosten enorm in die Höhe schnellten und vor allem, daß die Bürgernähe verloren ging.

Als der Ausschuß für die Verbandsschule gegründet wurde, in welchem alle Bürgermeister der Verwaltungsgemeinschaft vertreten waren, hatte sich Josef Grünbeck bereits durch seine konsequente Sparpolitik einen bedeutenden Namen gemacht und ein gutes Vertrauensverhältnis zu den Bürgermeistern und den Menschen von Höchstädt geschaffen.

Daß nicht alles spannungslos ablaufen konnte, lag in der Natur der Sache. So gab es wegen des Neubaues des Höchstädter Hallenschwimmbades eine enorme Differenz zwischen dem bayerischen Kultusministerium und Grünbeck.

In dem vom Kultusministerium vorgegebenen Bauplan war lediglich ein Lehrschwimmbecken vorgesehen. Grünbeck plädierte von Anfang an dafür, ein öffentliches Hallenschwimmbad zu errichten. Daß diese Vorstellung, vor allem in bezug auf die Kostenanteile der Gemeinden, bei den ländlichen Bürgermeistern nicht ankam, war vorprogrammiert. Dennoch konnte Grünbeck sich durchsetzen, weil er die stärkeren Argumente hatte.

Heute würde kein Mensch mehr daran zweifeln, daß dies die *einzig richtige* Entscheidung war. Das Höchstädter Hallenbad ist nicht nur für die Schule, sondern für die Öffentlichkeit vor allem für die Schwimmsportler des Kreises, die dadurch einen großen Aufschwung erlebten, klar geworden. Daß das Hallenbad auch für die Versehrtensportler – die ansonsten keine Übungschance gehabt hätten – zu einer vielgenutzten Einrichtung wurde, zeigt auch einen der speziellen Aspekte dieses des Grünbeckschen Durchsetzungsvermögens auf.

Eines der wichtigsten Anliegen für Josef Grünbeck war auch die Ansiedlung weiterer Betriebe in und um Höchstädt. Diese Forderung erhob er nicht nur mit Worten sondern unterstützte alle Betriebe nach Kräften, die sich in und um Höchstädt ansiedeln wollten. Daß es gar nicht so einfach war, hier die entsprechende Unterstützung durch den Stadtrat zu finden, lag nahe, weil sie einmal eine Stadt im Grünen erhalten, zum anderen aber *auch* Geld verdienen wollten. Beides ging nicht zusammen.

Hier war es immer wieder der Zweite Bürgermeister Grimminger, der darüber voll im Bilde war, was allein die Umwandlung von einigen Teilen bisher landwirtschaftlich genutzter Grundstücke in Betriebsgrundstücke für die Stadtkasse bedeutete.

Er war es, der die Anträge Grünbecks stets unterstützte. Im Verein mit der Weltoffenheit von Bürgermeister Reiser und dem gesamten Stadtrat, der schließlich diese Entwicklung akzeptierte – weil sie notwendig war – gelang jenes Kunststück, das zwischen Ulm und Regensburg kein Beispiel hatte. Aus der ursprünglich rein landwirtschaftlich strukturierten Kleinstadt wurde ein gemischtes Gewerbe-, Handels- und Industriegebiet, das den Menschen der Region Arbeit und eine gesicherte Existenz gab, so daß weitere Aufgaben in Angriff genommen werden konnten.

Daß dennoch Höchstädt über weite Flächen agrarisch genutzten Landes und ein gutes Naherholungsgebiet verfügte, war der sorgfältigen Planung und Anlage der Gewerbegebiete zu verdanken, die nichts veroder zubauten, sondern sich in die Landschaft einfügten.

Daß auch der geschichtliche Ruf der Stadt Höchstädt neu aufpoliert wurde, war Alfred Reisers Verdienst, der als ehemaliger Pressemann die Notwendigkeit einer sorgsamen Imagepflege erkannte.

Sowohl die staufische Zeit am nördlichen Donauufer, gegenüber dem mehrfach in der Öffentlichkeit eine Rolle spielenden Donauried des anderen Ufers, als auch die wittelsbachische Entwicklung und jene während der Regierungszeit des Pfalzgrafen von Neuburg, der im 16. Jahrhundert in Höchstädt das prächtige Renaissance-Schloß errichten ließ, waren Beispiele einer guten Werbearbeit.

Die spätgotische Pfarrkirche aus dem 15. und 16. Jahrhundert gehörte ebenso dazu wie die Tatsache, daß in der Schlacht bei Höchstädt im spanischen Erbfolgekrieg am 20. September 1703 Bayern und Franzosen über die Kaiserlichen siegten.

Am 13. 8. 1704 kam es dann zu einer Revanche, während derer John Churchill, der Herzog von Marlborough, Führer der Koalition des spanischen Erbfolgekrieges, mit Hilfe des Prinzen Eugen über Franzosen und Bayern den Sieg errang. Dieser Kampf fand in Blindheim, jener bei Höchstädt gelegenen kleinen Ortschaft statt, die in den englischen Geschichtsannalen Blenheim genannt wurde.

Die Zeitschrift »Die Brücke«, die Reiser leitete und redigierte, nahm sich dieser und anderer Ereignisse im Raum Höchstädt und ganz Bayern an. Ihr Niveau wies Reiser über seine engere Heimat hinaus als anerkannten Historiker aus.

Daß sich Josef Grünbeck, selber ein guter Sportsmann, immer wieder für die Höchstädter Vereine politisch einsetzte, war durch zweierlei Fakten für ihn besonders wichtig. Zum einen war er der Überzeugung, daß die Vereine ein besonderer Rückhalt für die Bürger in den ländlichen Räumen waren und zum anderen, weil seine Frau eine großartige Sportlerin war und ihn nicht unwesentlich in diesem Bemühen beflügelte. Neben dem Sport hatten die Naturschutzgemeinde und die Kulturarbeit in ihm einen herzlichen und generösen Fürsprecher.

Der Weg mit der FUW

Durch den liberalen Bundespräsidenten Theodor Heuss angeregt, beschäftigte sich Josef Grünbeck zum Ende seiner Zeit der Stadtratspolitik mehr und mehr mit diesem Manne und der Partei, die er vertrat. Die sensible Art wie Heuss agierte, wie behutsam er versuchte, die einzelnen deutschen Länder wieder zusammenzuführen und andererseits *auch* und *vor allem* im Ausland immer neue Freunde gewann und damit für Deutschland positiv wirksam wurde, faszinierten ihn.
So wie Heuss es verstand, die geschichtlichen Ereignisse in seine Politik einzubeziehen und stets neue Freunde zu gewinnen, war Grünbeck bei anderen Politikern noch nicht untergekommen. Wie der erste Bundespräsident es verstand, alle Begegnungen mit Freunden *und auch* Gegnern human zu gestalten, fand seine größte Anerkennung, ja Bewunderung.
Josef Grünbeck schloß sich der liberalen Wählerinitiative an und bewarb sich um einen Sitz im Stadtrat von Höchstädt. Seine Freunde von der Freien Wählervereinigung billigten seinen Entschluß.
Josef Grünbeck war klar, daß es für ihn nicht bei der Stadtratspolitik bleiben würde. So kandidierte er im Jahre 1964 für den Kreistag Dillingen. Er wurde gewählt und führte als Fraktionsvorsitzender die FUW im Kreistag Dillingen.
Der damalige Landrat Dr. Martin Schweiger war ein ausgezeichneter bürgernaher und bürgerfreundlicher Kommunalpolitiker, der in seiner Urbanität manchmal unübertroffen wirkte.
In dieser neuen »Arena der Politik« bedeutete die Zu-

sammenlegung der Landkreise Wertingen und Dillingen im Zuge der Kreisreform eine entscheidende Wende in der Geschichte der nordschwäbischen Region. Es verstand sich von selber, daß für Wertingen Ausgleichsmaßnahmen geschaffen werden mußten, die viel Geld verschlangen. Dazu der Politiker Grünbeck:

»Im Grunde genommen würde ich heute noch die Integration des ehemaligen Landkreises Wertingen mit dem heutigen Landkreis Dillingen als nicht voll gelungen bezeichnen. Wertingen war vorher stark nach Augsburg orientiert. Dies hat sich nach der Integration noch verstärkt.

Durch ein gut ausgebautes Schulsystem und durch verschiedene Behörden, vor allen Dingen durch den Erhalt des dortigen Krankenhauses, hat die Stadt Wertingen ihren hohen strukturellen Wert behalten. Die Wege von Butterwiesen nach Lauingen in die dortige Berufsschule und zurück, der Weg von Höchstädt (*ohne* Krankenhaus) ins Wertinger Krankenhaus sind verkehrstechnisch heute noch nicht gelungen.

Von Anfang an hatte ich mir einen Schwerpunkt gesetzt: die Erhaltung des Kreiskrankenhauses in Höchstädt! Dessen Schließung war für meine neue Heimatstadt ein *entscheidender* Rückschritt, denn damit war zugleich auch die medizinische Nahversorgung zu Ende gegangen.«

Die Schließung des Höchstädter Kreiskrankenhauses schlug große Wellen, denn alle wußten, daß ihnen damit ein gutes Stück Lebensqualität und vor allem Sicherung der Gesundheit ihrer Kinder genommen wurde. So wurde denn auch in einer Protestkundgebung am Freitag, dem 1. Juni 1979, an der Josef Grünbeck selbstverständlich teilnahm, in drastischen Formulierungen diese unverständliche Maßnahme bekämpft und der »Krankenhausklau« Dr. Dietrich auf die Schippe genommen. Neben so harmlosen Slogans wie: »Das Jahr des Kindes ist passé – in Höchstädt heißt es Storch ade!« folgten andere wie: »Laßt uns unser Krankenhaus, sonst schmeißen wir den Landrat raus!«

Das durfte durchaus als ernste Warnung aufgefaßt werden, denn für ein bürgernahes Krankenhaus und gegen bürokratische Diktatur waren auch Bürgermeister Kronmann und Josef Grünbeck auf dieser Demonstration angetreten.

An dieser Demonstration beteiligten sich auch eine starke Gruppe Ärzte, Schwestern und Patienten des Krankenhauses.

Als Landrat Dr. Anton Dietrich über Megaphon zu den Menschen sprach, und um Verständnis bat, erntete er bissige Zwischenrufe und gellende Pfiffe. Beifall gab es dagegen für Grünbeck, der erklärte, daß zu dieser Demonstration nicht nur Bürger aus Höchstädt, sondern auch solche aus dem Umland gekommen seien, um ihr Unverständnis für diesen Schritt zum Ausdruck zu bringen.

»Der einzige Glücksfall in dieser unglücklichen Entwicklung war die Tatsache, daß wir in Höchstädt gute Ärzte hatten, die diese Lücke einigermaßen überbrückten. Aber die generelle medizinische Lücke (nach der Schließung des Höchstädter Kreiskrankenhauses) in der medizinischen Versorgung ist für unsere Stadt *bis heute* noch nicht geschlossen worden. Hier bleibt eine gewaltige Aufgabe für die Menschen dieser Stadt offen, die möglicherweise im Zuge der Privatisierung der Krankenhäuser geschlossen werden könnte.

In dieser für jeden Höchstädter Bürger entscheidenden Sache hat, für meine Begriffe, die CSU einen Kraftakt durchgesetzt, den sie nicht verantworten konnte, zumal sich immer mehr herausstellte, daß die kleinen Krankenhäuser nicht nur bürgernäher, sondern zugleich auch patienten- und besucherfreundlicher sind. Ganz abgesehen davon, daß sie kostengünstiger betrieben werden können. Ob sich dies noch einmal zu Gunsten der Bürger unserer Stadt ändern wird, steht in den Sternen. Falls sich eine solche Entwicklung anbahnen würde, wäre ich *heute* noch an der Spitze einer Bewegung auf dem Wege dorthin zu finden.«

Mit dieser Aussage zeigt Josef Grünbeck auf, daß es für ihn nicht so sehr auf die *große* Politik angekommen war, sondern auf jene alltägliche kleine Fronarbeit in den Gemeinde- und Kreisgebieten. Dort kam es vor allem darauf an, *direkt* zum Menschen vorzudringen, direkt auf ihn zu wirken, seine Lebensumstände unmittelbar zu verbessern und ihm zu zeigen, daß es Politiker gibt, die sich für jeden einzelnen von ihnen zerreißen.

Daß in den Kreistagen leider nicht nur diese elementare an jeden Politiker zu stellende Forderung erfüllt wird, ist traurige Tatsache. Ein besonderes Unglück sind die ständigen Querelen um die sogenannten »freiwilligen Leistungen«. Hier stellte sich *auch* für Dillingen und Höchstädt in den Haushaltsgesprächen die Gretchenfrage, an welcher Stelle gespart werden mußte. Es galt einzugreifen, wo das Sparen in dem Maße konsequent durchgeführt wurde, wie es Josef Grünbeck vorschwebte. Das Sparen hatte insbesondere der Nachfolger von Dr. Martin Schweiger, Landrat Dr. Dietrich, nicht auf sein Panier geschrieben.

Gerade die repräsentativen Aufwendungen waren einfach zu hoch. »Daß man eine gute Leistung auch honorieren muß, bedeutete jedoch nicht, mit dem knappen Etat blindlings um sich zu schmeißen.«

So zum Beispiel gab es einen Punkt, der für die kopflastigen Repräsentanten Dillingens nicht eben gravierend war, dessen sich aber der Kreistagsabgeordnete Grünbeck annahm. Er setzte beispielsweise durch, daß die Krankenhauswäscherei, die einfach horrende Zuwendungen verlangt hatte, privatisiert wurde. Damit gelang es ihm gleichzeitig auch für die »Lebenshilfegruppe« in Dillingen, die diese Aufgabe übernahm, ein Dauerarbeitsverhältnis zu schaffen *und* gleichzeitig eine kostensparende, zugleich großartige soziale Leistung entstehen zu lassen.

Daß das Schulsystem weltfremd weiterentwickelt wird, wurde immer wieder von Josef Grünbeck angesprochen. Doch darauf hatten er und seine Kollegen in den bayerischen Kreistagen keinen Einfluß, da dieses vom bayerischen Kultusministerium gesteuert und vorgegeben wird.

»Die Abfallentsorgung, einer der wichtigsten Punkte, denen sich der Kommunalpolitiker Grünbeck verschrieben hatte, nahm im Landkreis Dillingen eine katastrophale Entwicklung. Hier wurden parteipolitische Interessen und strategische Überlegungen den *wirklichen* Erfordernissen vorangestellt, was in jedem Falle kontraproduktiv ist. Darüber hinaus war die Kungelei zwischen den etablierten Parteien zu groß, um das einzig Richtige zu betreiben: beispielsweise eine thermische Restmüllentsorgung mit Gas- und Stromerzeugung, wie sie anderenorts bereits verwirklicht ist und heutzutage auch technisch nicht mehr problematisiert werden kann.«

In dieser Zeit seines politischen Aufschwungs war das Stadt- und Kreistagsmitglied Grünbeck, das schließlich Fraktions- und Kreisvorsitzender wurde, an der Aufbauphase seines Kreises beteiligt. Die ersten großen politischen Auseinandersetzungen bahnten sich an, zumal die CSU in Bayern überall die absolute Mehrheit anstrebte und sich vor allem mit ihren entschiedensten Gegnern, den Sozialdemokraten, erbitterte Redeschlachten lieferte.

Noch konnte eine so starke Persönlichkeit wie Franz Josef Strauß von keinem Vertreter der SPD als Gegenpol gestellt werden. Allerdings hatten die Freien Demokraten mit Thomas Dehler eine überragende Persönlichkeit, die, zum Leidwesen der jungen FDP in Bayern, in Bonn tätig war und von dort aus zu wenig nach Bayern hineinwirken konnte.

Es war schließlich Josef Ertl, der der bayerischen FDP sichtbare und große Impulse gab, ohne daß es ihm möglich gewesen wäre, intensiver in die Landesgeschichte einzugreifen. Schließlich war er ja als Bundeslandwirtschaftsminister sehr stark in die Zukunft der europäischen Land- und Forstwirtschaft eingebunden. Dennoch verdankte ihm die bayerische FDP sehr viel.

»In dieser Situation war mir klar, daß ich mit meiner kommunalpolitischen Arbeit bei den Freien Wählern meinen politischen Wirkungskreis zu eng gesteckt hatte. Die Freie Wählervereinigung lehnte eine überregionale Tätigkeit stets ab, wie dies auch – gemäß ihrem Anspruch, für die engere Heimat zu stehen – korrekt war.«

Damit war Josef Grünbeck auch klar, daß er – wenn er weiter ins Land hinein wirken wollte – in die größere Politik einsteigen mußte. Als liberaler Mensch, der den ersten Bundespräsidenten Theodor Heuss verehrte und bewunderte und immer wieder auch die F.D.P. durch Wählerinitiativen unterstützt hatte, kam nun die harte Entscheidung, seine alte Wählerinitiative zu verlassen oder ganz von der politischen Bühne abzutreten. Er hatte erkannt, daß die CSU im Stadt- und Landkreis ihre Mehrheit nicht immer sauber in Anspruch genommen hatte.

Obgleich sich Alfred Reiser als neutraler Bürgermeister alle Mühe gegeben hatte, sein Amt sachgerecht und bürgerfreundlich auszuüben, hatte er doch immer wieder mit einigen Grundstücksgeschäften, Kiesausbeuten, Wasser- und Abwasser-Manipulationen und anderen nicht einwandfreien Aktionen ein schlüpfriges Parkett betreten.

Mit seinen Freunden von der FUW hatte Grünbeck von der ersten Stunde an ein sachbezogenes Programm vertreten und dies auch durchgesetzt. Dabei hatte die FUW immer der einen oder anderen Partei, welche die nach ihrer Überzeugung richtigere Politik vertrat, ihre Stimme gegeben und so oftmals den Ausschlag herbeigeführt.

Daß Höchstädt eine wahnsinnig schwere Aufgabe zu bewältigen hatte, war Grünbeck von Anfang an klar gewesen. Diese nach Kriegsende beinahe lupenreine Agrar- und Kleingeschäftsstadt, benötigte nach dem Zuzug weiterer Bürger und Flüchtlinge dringend neue Arbeitsplätze, die bei der vorhandenen Struktur nicht zu erreichen waren. Es galt industrielle und gewerbliche Arbeitsplätze zu schaffen. Dazu waren, wie eingangs bereits erwähnt, Gewerbeflächen mit industrieller Nutzung notwendig. Dazu gehörte vor allem auch die Verbesserung der Verkehrssituation und vieles mehr.

Dem allem widmete sich Josef Grünbeck mit nie nachlassender Energie. Sein besonderes Augenmerk aber legte er auch auf die soziale Lage der Menschen in seinem Wahlkreis, wobei die gesundheitliche Situation vor allem der Jugendlichen seine besondere Aufmerksamkeit fand.

Es war die Zeit des Fernsehens, der Autos und Motorräder, welche Dinge zusammen genommen die Bewegungslosigkeit vor allem auch junger Menschen herbeiführte. Dieser Entwicklung durch ein geeignetes und vor allem umfassendes Sportprogramm vorzubeugen, sprang er in die Bresche, wenn es darum ging, eine sinnvolle Freizeitgestaltung durch bestimmte Angebote zu forcieren.

So wurde er der »Turnvater von Höchstädt«.

Sport und Freizeit in Höchstädt

Zu allen Höchstädter Sportvereinen, seien dies der Turnverein oder der Fußballclub, die beiden Gewichtheber-Vereine, der Tennis- und Tischtennisklub, oder die Eisstockschützen, war Josef Grünbeck zu Hause. Dabei wurde er vor allem von seiner Gattin, einer erfolgreichen Sportlerin, unterstützt, die sich der Frauenriegen annahm. Der von ihm zusammengeführte Höchstädter Großverein, der alle genannten Initiativen in sich vereinigte, konnte nun auch durch seine Größe und eine sinnvolle Freizeitgestaltung der Bewegungslosigkeit entgegenwirken.

Daß dies auch eine eminent wichtige politische Aufgabe war, zeigte sich vor allem in den Großvorhaben für den Sport.

So entstand unter der tatkräftigen Mitarbeit des Politikers Grünbeck, der sich in der gesamten Sportszene auskannte, die Nordschwabenhalle und das große Sportgelände an der Deisenhofer Straße.

Neue Tennisplätze wurden geschaffen und die jahrelange Nutzung des Berg-Saales für sportliche Zwecke gesichert. Das spätere Schulgelände mit seinen Sporteinrichtungen und das Hallenschwimmbad vervollständigen die umfassende Liste der politischen Aktivitäten für den Sport.

Mit der FDP zu neuen Ufern

Im Jahre 1968 entschloß sich Josef Grünbeck, in die FDP einzutreten. Er teilte diesen Entschluß, den er lange Zeit mit seiner Frau diskutiert und beleuchtet hatte, rechtzeitig seinen Freunden von der FUW mit, daß er seine alte politische Heimat verlassen müsse, um an anderer Stelle im größeren Rahmen wirken zu können. Er hatte die Überzeugung gewonnen, daß *gerade* Unternehmer *und* Kommunalpolitiker, die sich von unten heraufgedient hatten und jedes Detail kannten, und wußten, wo den Menschen der Schuh drückte, in der großen Politik fehlten. Dort also, wo sie dem Wohle aller Bürger und dem deutschen Volk dienen konnten, aber nicht genau wußten, was das Volk, was jeder einzelne seiner Wähler, wollte und benötigte.

Es war nicht leicht für Josef Grünbeck, neben den zustimmenden Freunden auch jene Kritiker seines Entschlusses von dessen Richtigkeit zu überzeugen. Er versuchte wenigstens seine Beweggründe auch seinen in der Wolle eingefärbten Gegnern klar zu machen.

So wurde denn Josef Grünbeck Mitglied der Freien Demokratischen Partei. Als er in diese liberale Partei eintrat, bestand sie im Kreise Dillingen aus gerade einmal vier (!) Personen. Heute hat der Landkreis Dillingen über 200 Parteimitglieder.

Der Aufbau dieses Dillinger Kreisverbandes wurde von Grünbeck mitgetragen. Er half seinen Freunden Günter Hiesinger, Martin Schweiger und Karl Geiss aus Nördlingen, sowie Hugo Kraus aus Wertingen den neuen FDP-Kreisverband aufzubauen und rasch neue Mitglieder zu gewinnen. Es war ihnen möglich, bereits im Jahre 1974 erstmals eine eigene Stadtratsliste sowie eine eigene Kreistagsliste zusammenzustellen und damit für die FDP anzutreten.

Auf Anhieb zog die FDP in den Höchstädter Stadtrat und in den Kreistag Dillingen ein. Dort wurde »im Grunde genommen, die sachbezogene Politik der Freien unabhängigen Wählervereinigung fortgesetzt.«

»Aber ich habe dann auch erstmals für den deutschen Bundestag kandidiert und hatte bei der Wahl dazu ein sehr gutes Ergebnis erzielt, das jedoch noch nicht ausreichte, um auch in den Deutschen Bundestag einzuziehen.«

Einzug in den bayerischen Landtag

Die zweite überregionale Bewerbung Grünbecks war die Kanditatur zum bayerischen Landtag im Jahre 1976. Als Bezirksvorsitzender der FDP in Schwaben kam er auf Platz 1 der Bezirksliste und wurde auf Anhieb in den bayerischen Landtag gewählt.

Damit begann für ihn eine völlig neue Zeit der politischen Betätigung, denn gleichzeitig mit ihm hatte auch der Vollblutpolitiker Franz-Josef Strauß von Bonn nach München gewechselt und war bayerischer Ministerpräsident geworden. Alle politischen Auseinandersetzungen mit Franz-Josef Strauß waren getragen von gegenseitigem Respekt, wenngleich gesagt werden muß, daß sich beide Kontrahenten einander nichts schenkten.

Bereits die erste Regierungserklärung des neuen Ministerpräsidenten führte zu einer unglaublich harten Kontroverse. Franz-Josef Strauß warf der seinerzeitigen sozial-liberalen Regierung in Bonn das Versagen bei der friedlichen Nutzung der Kernenergie vor, und insbesondere beklagte er, daß die Festlegung von Gorleben als Endlager nicht zu Stande gekommen war. Dabei wußte er ebenso wie alle anderen Abgeordneten des Landtags, daß die Entscheidung über nukleare Standorte in Deutschland nach dem Atomgesetz in die Zuständigkeit der *Länder* fiel, womit er sich mit seiner Philippika an den falschen Ansprechpartner wandte.

Damals meldete sich Josef Grünbeck in einer seiner ersten Wortmeldungen zum Thema und erklärte sinngemäß:

»Herr Strauß, Sie sind populär, aber Ihr Kollege Albrecht in Niedersachsen hat den Popo voll, weil ihn mit seinen fünf Stimmen Mehrheit der Mut verließ, zum Standort Gorleben ja zu sagen.«

Der erste Heiterkeitserfolg im bayerischen Landtag durch eine Formulierung des Abgeordneten Grünbeck war gelungen. Hunderte weitere sollten in den nächsten Jahren folgen.

Im Verlaufe der Ansprache über dieses Thema kam der Abgeordnete Grünbeck noch einmal zu Wort. Es ging darum, daß Franz Josef Strauß noch niemals ein Kernkraftwerk betreten hatte und daß man ihm nachsagte, er habe Bammel davor, dies zu tun. Grünbeck sagte:

»Ich bewundere Sie an sich, Herr Ministerpräsident, denn Sie können Ihren Zuhörern glaubhaft machen, daß Sie ein starker Mann sind. In Wahrheit aber sind Sie feige!«

Das war ein Stich ins Wespennest, und der im Gefolge desselben ausbrechende Tumult in den »schwarzen Reihen« war enorm, so daß Landtagspräsident Heubel die Glocke schwingen und um Ruhe nachsuchen mußte, bevor er erklärte:

»Dieser Ausdruck paßt nicht in das Hohe Haus.«

Die dazu »passende« Antwort fiel Grünbeck sofort ein:

»Herr Präsident, ich bitte um Entschuldigung, daß ich dies gesagt habe. Aber froh bin ich schon, daß es geschehen ist.« Erneut wurde im Landtagsprotokoll »Heiterkeit« vermerkt.

In seiner Begründung dafür, daß er den Ministerpräsidenten auch der Irreführung des Parlaments bezichtigt hatte, führte Grünbeck aus, daß Strauß ja allerorten *für* die Kernenergie gesprochen, aber selber kein einziges Kraftwerk jemals besucht habe und daß er als früherer Atomminister in der Bundesregierung natürlich über die einzelnen Zusammenhänge genau Bescheid gewußt habe.

In der Erwiderung der Rednerbeiträge der Opposition erwähnte Franz-Josef-Strauß den Namen des Hauptopponenten mit keinem Wort. Als sich beide Kontrahenten am Ende der Sitzung zufällig am Ausgang des Plenarsaales trafen, warf Grünbeck dem Ministerpräsidenten vor:

»Herr Strauß, es war nicht korrekt, daß Sie die FDP und mich selber in Ihrer Schlußrede mit keinem Wort erwähnt haben.«

Strauß antwortete dem Kritiker in seiner unnachahmlichen Art: »Sie waren heute gut, Herr Grünbeck. Aber soll ich Sie auch noch besser machen?«

Daß Franz-Josef Strauß anschließend Gundremmingen besuchte, ein Kernkraftwerk ausgerechnet in Grünbecks Wahlkreis, deutete darauf hin, daß dieser Vorwurf gesessen hatte und er sich davon freiwaschen wollte.

Strauß hielt dort eine großartige Rede über die Bedeutung der friedlichen Nutzung der Kernenergie und versicherte dem natürlich anwesenden Abgeordneten Grünbeck bei einer anschließenden Brotzeit mit einer Maß Bier, daß sie beide eigentlich an einem Strang zögen und daß mehr Leute als nur sie zwei an einem Strang ziehen müßten, um eine ausreichende und durch Ölmultis nicht erpreßbare Energieversorgung der Bundesrepublik Deutschland sicherzustellen.

Dies war eine angenehme Reminiszenz. Unangenehmer waren die später geführten Debatten, die um den Standort Pfaffenhofen geführt wurden. Die bayerische Regierung hat zwar ihre Pflicht erfüllt und den geforderten Standortsicherungsplan für Wärmekraftwerke herausgegeben, aber die CSU zeigte sich in der Folgezeit zwiespältig. Zwar tauchten erstmalig der geplante Standort Pfaffenhofen im Standortsicherungsplan auf. Ein Standort für ein Wärmekraftwerk konnte nur dort gewählt werden, wo ausreichende Wassermengen zur Kühlung und Dampferzeugung zur Verfügung standen. Sowohl Gundremmingen als auch Pfaffenhofen waren in dieser Hinsicht geeignete Standorte.

In dieser Frage kam es bei einer Anhörung in der völlig überfüllten Turnhalle zu Pfaffenhofen zu einer ernsten Konfrontation. Es war der Abgeordnete Dr. Wörnitz von der SPD, der diesen Standort vehement ablehnte, *obwohl er gemeinsam* mit der sozialliberalen Regierung die Sicherung der Stromversorgung durch den Ausbau der Kohle- und Kernkraftwerke beschlossen hatte. Seine Einrede lautete, wahl- und publikumswirksam: »Jawohl, der Kohle- und Kernkraftwerkbau muß gefördert werden, aber *nicht hier*, in meinem Wahlkreis, sondern anderswo!«

Als sich schließlich auch Landrat Dr. Dietrich zu Wort meldete, einer jener Politiker, die als Landtagsabgeordnete den Standortsicherungsplan mitgetragen, und als solcher auch zum Standort Pfaffenhofen »ja« gerufen hatten, kam es zu einem neuen Umfaller: Es standen Wahlen vor der Tür, und Dr. Dietrich konnte seine ursprüngliche Zusage nicht mehr einhalten.

Auch Josef Grünbeck hielt in Pfaffenhofen eine Rede. Er beharrte dort auf *seiner* Auffassung, daß auf die friedliche Nutzung der Kernenergie *nicht* verzichtet werden könne und die Notwendigkeit zum Kernkraftwerk nach wie vor bestehe. Wenn man, wie in diesem Falle aus durchsichtigen Gründen einen Standort ablehne, so müsse man zumindest den Mut haben, einen anderen Standort zu nennen.

In diese Phase der Landtagssitzungen fiel auch der gemeinsame Plan der bayerischen Staatsregierung mit der Bundesregierung, im Donauried zunächst einmal einen *Bombenabwurfplatz* einzurichten.

Es war Josef Grünbeck, der zu den ersten gehörte, der seinen eisernen Widerstand gegen diesen hirnrissigen Plan anmeldete. Seiner Überzeugung nach war dies eine einmale Eulenspiegelei, wenn nicht *mehr*, ausgerechnet *dort* einen Bombenabwurfplatz einzurichten wo ein Kernkraftwerk geplant wird. Schildbürgerstreiche waren meistenteils harmlos und forderten Gelächter heraus. Dies aber war eine *tödliche* Bedrohung.

Danach sollte das Donauried laut dem Vorschlag des

Der Mensch
Josef Grünbeck

Die Familie Grünbeck 1938, v. l.: Vater Josef, Josef Grünbeck, Bruder Hans, Schwester Elisabeth, Bruder Anton und Mutter Anna.

Josef Grünbeck bei den Gebirgsjägern im Sept. 1944

Die kirchliche Trauung mit Ehefrau Loni 1952 in der Wies-Kirche.

Josef Grünbeck vor seinem Elternhaus in seiner Heimatstadt Haan und Loni Grünbeck vor der Kapelle in Ossegg.

Mit Josef Grünbecks Hilfe wurde das Denkmal von Walther von der Vogelweide in Dux wiederhergestellt.

1994 erhielt Josef Grünbeck die Ehrenbürgerwürde von Dux (Duchcov).

Mit Walter Scheel - Einweihung des deutschsprachigen Theaters in Prag.

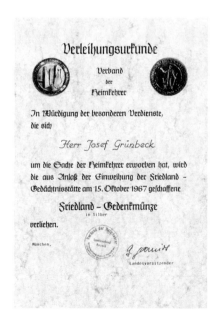

Josef Grünbeck wurde die "Friedland-Gedenkmünze" von den Heimkehrern verliehen und außerdem für Verdienste um den Aufbau unserer Wirtschaft von der "Sudetendeutschen Landsmannschaft" geehrt.

Anläßlich der Höchstädter 900-Jahr-Feier 1981 u. a. mit Wirtschaftsminister Anton Jaumann (am Mikrofon) auf der Prominenten-Tribüne ...

... beim Stadtfest als "Abseiler" vom Kirchturm und nach dem Bieranstich mit Josef Konle, Bürgermeister Gerhard Kornmann und Stadtrat Fritz Glaser.

Josef Grünbeck - mit Sicherheit kein Faschingsmuffel.

Portraits im Wandel der Zeit ...

Verleihung des Bayerischen Verdienstordens 1989 durch Ministerpräsident Max Streibl.

Weitere Ehrungen:
1992 Medaille für besondere Verdienste um die kommunale Selbstverwaltung und 1997 Ehrenring in Gold durch den Landkreis Dillingen.

Josef Grünbeck und der Sport ... TSV Höchstädt 1950.

1. Herrenmannschaft des TTC Höchstädt aus der Gründerzeit (1955). Von links: Josef Grünbeck, Dieter Musselmann, Josef Swoboda, Alfred Pokral, Willi Köllner und Franz Hüttinger.

Josef Grünbeck, Michael Groß und die SSV-Jugend.

Ehrung durch den BLSV-Präsidenten Sedlmayer.

Sommer 1979.

Bei der Ehrung der Sportler des Jahres 1990.

Die Verleihung des Bundesverdienstkreuzes durch die Präsidentin des Deutschen Bundestages, Frau Prof. Dr. Rita Süssmuth.

VERLEIHUNGSURKUNDE

IN ANERKENNUNG DER UM VOLK UND STAAT ERWORBENEN
BESONDEREN VERDIENSTE
VERLEIHE ICH

DEM MITGLIED DES DEUTSCHEN BUNDESTAGES
HERRN JOSEF GRÜNBECK
BONN

DAS VERDIENSTKREUZ
I. KLASSE

DES VERDIENSTORDENS DER BUNDESREPUBLIK DEUTSCHLAND

BONN, DEN 23. MÄRZ 1993

DER BUNDESPRÄSIDENT

Josef Grünbeck, der Musiker, sorgte bei allen Anlässen für hervorragende Stimmung.

1997 wurde Josef Grünbeck durch Bürgermeister Gerhard Kornmann zum Ehrenbürger der Stadt Höchstädt ernannt.

Seit über 30 Jahren das Winter-Urlaubsziel der Grünbecks – Zermatt.

CSU-Abgeordneten Lemmrich als Versuchsstrecke für die geplante Teststreckenanlage der Magnetschwebebahn mit Höchstgeschwindigkeiten bis zu 500 Stundenkilometern genutzt werden. Der Region wurden unglaubliche Versprechungen für ihren Aufstieg zur künftigen Wirtschaftswunder-Region gemacht. Aber dieses Thema wurde nicht zuletzt auch durch Bürgerinitiativen vom Tisch geweht.

Dazu Josef Grünbeck: »Ich habe mich seinerzeit gründlich mit diesem Thema befaßt und muß dies heute leider immer noch tun. Dieses überzüchtete Schnellbahnsystem hat keine Zukunft und bringt auch keinen Synergieeffekt für die deutsche Verkehrsindustrie.

Ich hatte mich auch in Frankreich sachkundig gemacht, wo in der Zwischenzeit die Rad-Schiene-Technik auch auf schnellen Strecken längst realisiert worden ist. Hinzu kommt, daß diese Magnetschnellbahn im gesamten eurpäischen Verkehrssystem heutzutage nicht mehr akzeptiert wird, weil allerorten andere Rad-Schiene-Schnellbahnsysteme entstanden sind.«

Im Landtag und Kreistag

»Der Reiz, im bayerischen Landtag tätig zu sein und gleichzeitig *auch* Kommunalpolitik zu betreiben, war enorm. Als wirtschaftspolitischer Sprecher im bayerischen Landtag stellte ich immer wieder fest, daß die großkopferten Politiker im Landtag und später auch im Bundestag inzwischen so hoch abgehoben hatten, daß sie jede Tuchfühlung mit den Bürgern verloren hatten. Dies ging so weit, daß man schließlich sogar von einem Beamtenstaatsapparat sprechen mußte, der sich zuerst für sich und erst lange danach für das Volk einsetzte und damit der Aufgabe eines jeden Politikers, vor allem für das Volk zu sorgen, nicht mehr gerecht wurde.«

Im bayerischen Landtag stand er neben seinen Parteifreunden Hans-Jürgen Jäger, Fritz Flad, Kurt Sieber, Peter Jakobi, Gerhard Zech, Rolf Dietrich Grosser und Frau Ursel Redepennig in einer verschworenen Gemeinschaft, in der jeder den anderen unterstützte und die demzufolge auch eine gute Politik betrieb, wie ihnen selbst von Seiten ihrer politischen Gegner immer wieder bestätigt wurde.

Im Jahre 1978 gründete Josef Grünbeck die Vereinigung für liberale Mittelstandspolitik und wurde deren Vorsitzender. In dieser Vereinigung wurde sehr viel auf den Weg gebracht, neue Impulse gegeben und insbesondere in Sachen Steuersenkungen, Entbürokratisierung und Privatisierung gearbeitet. Die Liberalisierung von viel zu vielen Reglementierungen war eines der angestrebten Ziele.

Auch heute noch, dies sei in diesem Zusammenhang vorausgeschickt – nach seinem Ausscheiden aus der aktiven Bundespolitik im Herbst 1994 – ist Josef Grünbeck Ehrenvorsitzender dieses Gremiums.

Über seine Tätigkeit im Landesparlament sagte der Abgeordnete Grünbeck: »Je länger ich diesem Landtag angehörte, um so mehr wurde mir bewußt, daß eine ausgewogene Strukturpolitik – wie sie die bayerische Verfassung vorschrieb – hier nicht stattfand. Die Landeshauptstadt München selbst hat zum großen Teil *mehr* Fördermittel erhalten als das gesamte übrige Land Bayern!

Diese Bevorzugung hat sowohl den öffentlichen Personennahverkehr als auch die kulturellen Einrichtungen und viele weitere Infrastrukturmaßnahmen betroffen.

Es gab ausgesprochen schwache Regionen in Bayern, wie etwa das westliche Mittelfranken, das östliche Oberfranken oder gar die nördliche Oberpfalz, die einen nur sehr geringen Anteil der Münchner Mehraufwendungen zu ihrer Sanierung dringend benötigten. Aber dies geschah nicht, und die Folgen waren später schmerzhaft und spürbar und konnten zum größten Teil nicht mehr ausgeglichen werden.«

Während der gesamten Zeit seiner Zugehörigkeit zum bayerischen Landtag, blieb Grünbeck auch im Kreisrat von Dillingen tätig. Daß gerade dieses doppelte Engagement immer wieder zu originellen Verwicklungen führte, konnte nicht ausbleiben. Dazu ein Beispiel aus der Praxis.

Als im Landtag lange über die Möglichkeiten der Privatisierung kommunaler Aufgaben geredet wurde, *ohne* daß irgend etwas dabei herausgekommen wäre, haben die schwarzen Landräte mit den »roten« Bürgermeistern oftmals in entscheidenden Fragen nicht zum Wohle der Bürger an einem Strang gezogen.

Vor allem galt dies in bezug auf die Zurückführung der möglichst großen Aufblähung der Verwaltungen mit dem riesigen Potential der an Parteifreunde zu vergebenden Posten und Pöstchen. Hinzu kam zugleich die Suche nach immer neuen Quellen, aus denen Abgaben und Steuern erhoben werden konnten, um damit die Personalausweitung zu finanzieren.

Im Stadtrat von Höchstädt ergab sich dazu folgende interessante Entwicklung: Es mußte ein neuer Friedhofsreferent gefunden werden. Niemand meldete sich, dieses Amt zu übernehmen, dessen Attraktivität eher bei Null anzusetzen war. Damals brachte sich Josef Grünbeck selbst in Vorschlag für dieses Amt. In der Diskussion warf man ihm »mangelnde Frömmigkeit« vor und sogar »Unberechenbarkeit«, ohne dies begründen zu können.

Der hohe Schuldenanteil aus der Friedhofsgestaltung aber zwang zu einer Entscheidung, und so wurde dem Industriellen Grünbeck dieses Referat übertragen. Dieser ging sofort scharf an die Sparmaßnahmen heran und trug mit einer Teilprivatisierung zum Sinken des Etatpostens »Friedhof« wesentlich bei. Er erreichte schließlich, daß dieser Etat erstmals ausgeglichen war.

Zu zwei glorreichen Glanzleistungen des Bayerischen Landtags nahm Josef Grünbeck auch in der Presse Stellung, als er am 2. August 1974 zu den Berichten über »Wissenschaftliche Ausbildung auch für die Volksschullehrer« und: »Bayerns Beamte können studieren«, Front machte:
»Zu diesen zwei grandiosen Glanzleistungen des Baye-

rischen Landtags, über die in Ihrer Zeitung berichtet wurde, möchte ich einige Erklärungen abgeben.

Zum einen wurde ein Reformgesetz über die wissenschaftliche Ausbildung der Volksschullehrer verabschiedet. Am selben Tag erfolgte noch die Verabschiedung des Bayerischen Beamtenfachhochschulgesetzes, das den Staatsdienern auf *Staatskosten* den Weg zur Hochschule öffnet.

Beide Gesetze werden zunächst in der ersten Stufe etwa 400 Millionen Mark an Steuergeldern verschlingen. Ab 1981/82 werden weitere Besoldungs- und Pensionsansprüche hinzu kommen.

Wir wählen immer *mehr* Lehrer und Beamte in die Parlamente, die sich dann selber *und* ihrem eigenen Berufsstand eine attraktive finanzielle Ausstattung genehmigen, die der Steuerzahler schlicht und einfach zu bezahlen hat.

Ich habe mit Sicherheit *nichts* gegen eine qualifizierte Lehrerschaft, welche die Verantwortung für die Ausbildung unserer Kinder übernimmt. Darüber hinaus bin ich ebenfalls für jegliche Art leistungsbezogener Förderungen für Staatsdiener. Aber wir brauchen in der Gesellschaftspolitik auch und vor allem eine gewisse Partnerschaft. *Hier* wird finanzielle Attraktivität gleichzeitig mit einer beruflichen Sicherung gepaart, dies sowohl während des aktiven Dienstes als auch zum gesicherten Lebensabend.

Dem steht das Risiko der Arbeitgeber und mehr noch der Arbeitnehmer in der freien Wirtschaft gegenüber. Diese werden mehr und mehr über die Steuerbehörde zum Griff in die Brieftasche gezwungen. Hinzu kommt dort noch das Risiko des Arbeitsplatz-Erhalts und die Sorge um die Erhaltung der Betriebe.

Die bayerische Bevölkerung erträgt all dies offenbar mit einer Bombenruhe. Im Lande der Bierzelte, der Maßkrüge und der Radis schimpft man zwar zuweilen heftig, aber wenn wir eines Tages in den Himmel kommen, wählen wir wieder dieselben Leute. – Oder etwa nicht?«

Trauriges Zwischenspiel

Nach dem plötzlichen Rücktritt des bayerischen F.D.P.-Landesvorsitzenden Manfred Brunner, der duch seinen Umzug nach Brüssel zum Europakommissar Martin Bangemann sein Mandat aufgeben mußte, stand die bayerische FDP plötzlich ohne Führungsperson da.
Daß drei Wahlen bevorstanden, machte diese Sache noch drängender und drohender. Es waren dies: die Kommunalwahlen, die Landtagswahlen sowie die Bundestagswahl.
Nach einer Reihe innerparteilicher Diskussionen bewarben sich für die freigewordene Position im bayerischen Landtag drei Spitzenpolitiker der FDP. Es waren dies: Dr. Eberhard Punsch, Historiker und Schriftsteller aus Herrsching. Hermann Rind, der bisherige stellvertretende Landesvorsitzende, und Josef Grünbeck, Vorsitzender der Vereinigung für liberale Mittelstandspolitik.
In einem Wettbewerb, der wochenlang und mit großer Fairneß geführt wurde, und durch alle Kreis- und Bezirksverbände ging, stellten sich alle drei Kandidaten dem Wähler. Ihren Freunden bewiesen sie teilweise auf einer Veranstaltung miteinander in energisch geführten Diskussionen, daß sie würdige Nachfolger waren. Vor den Delegierten der genannten Gremien traten sie geschlossen auf, andererseits aber auch als »Einzelkämpfer«. In allen Fällen wurde die politische Kultur gepflegt und keinerlei »linke Touren« gefahren.
Als es endlich soweit war und der Landesparteitag die Entscheidung über den nächsten Landesvorsitzenden zu fällen hatte, kam es in letzter Stunde doch noch zu einer unfairen Handlung eines der Beweber. Es war Hermann Rind, der am Abend vor der Wahl seine Bewerbung zurückzog. Darin lag nichts, was hätte erschrecken können. Erschreckend war lediglich seine Bemerkung, daß er *nur* »zu Gunsten von Dr. Punsch« zurücktreten werde. Darin war ein flagranter Eingriff in den Ablauf des Wahltages gegeben, denn die Delegierten sahen – und dies mit einigem

Recht – darin einen Eingriff in die endgültige Entscheidung.

Diese unfaire Aussage eines Parteifreundes war eine große Enttäuschung für Josef Grünbeck. Eine solche Maßnahme zu seinen Ungunsten, und damit eine schwerwiegende Verletzung der Neutralität, hätte er dem langjährigen Gefährten vieler Redeschlachten im Bayerischen Landtag nicht zugetraut. Auf dem Landesparteitag, in der Nibelungenhalle in Passau stellten sich alle drei Kandidaten den Delegierten.

Durch das Los wurde entschieden, daß sich Dr. Puntsch zuerst vorstellen mußte. Als Philosoph und Schriftsteller hielt er eine exzellente Rede, die von einem sehr starken Applaus der Delegierten begleitet wurde.

Als der Applaus verklang, sagte der seinerzeitige Kreisvorsitzende der FDP Dillingens zu seinem Freund Grünbeck:

»Josef, ich sehe schwarz für deine Wahl. Was willst du jetzt als Redner noch sagen?«

»Wenn ich erst dort oben stehe, wird mir schon etwas einfallen« lautete Grünbecks gelassene Antwort, obwohl er gar nicht so selbstsicher war, wie er sich nach außen hin gab. Als er schließlich mit aufgekrempelten Hemdsärmeln hinter dem Rednerpult stand, begann er mit einer kleinen Remininszenz, die er am Vorabend mit einer Parteifreundin erlebt hatte.

»Meine Damen und Herren, liebe Parteifreunde!

Eine liebenswerte Parteifreundin hat gestern abend zu mir gesagt: ›Ich kann Sie nicht wählen, weil Sie zu hemdsärmlig sind.‹

Deshalb habe ich mir auch die Hemdärmel jetzt und hier aufgekrempelt, um alle heißen Eisen der nächsten Zeit anzupacken. Wir brauchen mehr kommunale Mandate, weil eine Demokratie, vor allem eine liberale Demokratie, von unten nach oben leben muß.

Darüber hinaus müssen wir den Wiedereingang in den Landtag schaffen. Daß dies schwer ist, brauche ich

Ihnen nicht zu sagen, denn schließlich haben wir bereits zweimal diesen Versuch vergebens unternommen.

Darüber hinaus müssen wir stärker in den Bundestag einziehen. Beiden Forderungen will ich nachzukommen versuchen. Aus diesem Grund habe ich einer mir vorgeschlagenen Doppelkandidatur zugestimmt. Als Landesvorsitzender halte ich damit die Frage offen, ob wir im Landtag meine Führung brauchen, oder ob ich wieder in den Bundestag einziehen werde.«

Nach diesen Kernsätzen folgten die übliche Vorausschau auf die zu treffende Politik und zum Schluß eine Aufforderung an alle versammelten Delegierten, Fairneß walten zu lassen und demjenigen aus ihrer Mitte ihre Stimme zu geben, der sie nach ihrer Meinung am besten vertreten könne. Das eine sei wichtig: Nur der Beste solle an der Spitze stehen und das Bestmögliche für die FDP erreichen.

Das Wahlergebnis war überwältigend. Dem »hemdsärmligen« Mittelstandsvertreter, dem Unternehmer und Praktiker Josef Grünbeck, wurde von Zweidritteln der Delegierten das Vertrauens ausgesprochen.

Daß dies ein stolzer Tag für Josef Grünbeck und eine Bestätigung der Richtigkeit seiner Aktivitäten war, verstand sich. Zugleich aber war es auch eine weitere Bürde, mehr eine Bürde, denn eine Würde. Nunmehr galt es nicht nur, sich dieses Vertrauen würdig zu erweisen, sondern auch in dem darauffolgenden Wahlkampf alles zu geben.

Dies geschah mit einem ebenfalls phänomenalen Ergebnis. Die FDP gewann auf kommunaler Ebene 17 % Mandate hinzu. Sie zog mit 5,2 % wieder in den bayerischen Landtag ein. Sie konnte ihr Kontingent von sechs Abgeordneten im Deutschen Bundestag auf neun aufstocken.

Alles schien gelaufen, und die Freude darüber war bei fast allen Angehörigen der oftmals gebeutelten FDP groß. Alles schien in schönster Ordnung, als eine Katastrophe eintrat, die das Gefüge der Partei zumindest in Bayern erschütterte und eine gewaltige Belastungsprobe für sie, insbesondere für Josef Grünbeck, darstellte.

Bei der ersten Sitzung im Bayerischen Landtag zur Konstituierung der FDP-Fraktion gaben die vier Gewählten Doeblin, Gumppenberg, Spatz und Frau Hiersemenzel deutlich zu verstehen, daß sie Josef Grünbeck nicht als Fraktionsvorsitzenden akzeptieren würden. Es wäre besser, so argumentierten sie, wenn er wieder in den Bundestag gehe und sie hier ohne ihn wirken ließen.

Dieser Affront war derartig, daß Josef Grünbeck auf der Rückreise nach Bonn an die Innenseite seiner Schlafzimmertür das Schild heftete: »Morgen zurücktreten!«

Geben wir dem Politiker-Unternehmer zu jenen Gedanken das Wort, die ihn in dieser Nacht im Schlafwagen bewegten:

»Ich war wirklich nahe daran, aufzustecken! Einige sofort geführte Telefonate mit meinen besten Freunden in Bayern und vor allem mit der Führung der FDP in Bonn brachten mich dazu, nicht aufzustecken. Ich durfte – trotz dieses Vertrauensbruches – meine Partei nicht im Stich lassen, sondern mußte ihr, *zumindest* noch bis Ende des Bundestagswahlkampfes am 10. 12. 1982 die Treue halten.

Daraus entstand schließlich der Kompromiß, daß ich in München – durch das Eingreifen der obersten Parteiführung erzwungen – mit einer Frist bis Mitte Januar 1983 zum Fraktionsvorsitzenden gewählt wurde.

Nach reiflicher Überlegung habe ich dann Mitte Januar 1983 dieses Mandat abgegeben, damit meine Bezirksvorsitzende, Frau Bock, in den Landtag einziehen konnte.«

Daß dieser Riß schmerzte, war dem Vollblutpolitiker Grünbeck zwar nicht anzumerken, doch im Gespräch mit Freunden klang durch, daß er von dieser Machenschaft verletzt wurde, und daß Narben zurückgeblieben waren. Auch wenn er während einer Fraktionssitzung in Berlin eine humorvolle Erklärung für seine Entscheidung abgab:

»Die Frauen in unserer Bonner Fraktion waren froh, mich wieder zu haben. Die Frauen im Bayerischen Landtag hingegen waren froh, daß ich nach Bonn zurückging.

Meine Frau aber wäre glücklich gewesen, wenn ich endlich für immer nach Hause gekommen wäre!«

Das war ein echtes Grünbecksches Bonmot, mit dem er alle Verwunderung überspielte und damit seinen Neidern den Wind aus den Segeln nahm.

Daß diese Entscheidung aber nicht lupenmäßig rein war und weite Schatten warf, hat die FDP-Fraktion in Bayern am eigenen Leibe erfahren. Sie wurde nicht wiedergewählt. Es war die einhellige Überzeugung vieler Parteifreunde, in und auch außerhalb von Bayern, daß diese Malaise nicht hätte passieren können, wenn »der Grünbeck Seppl geblieben wäre.«

Daß sich in diesen entscheidenden Wochen und Monaten einige Hinterhältigkeiten mehr abgespielt haben, als sie hier angedeutet wurden, »war das Unschönste, was ich in dieser liberalen Partei erlebte.« Doch darüber sei der dichte Mantel des Vergessens gebreitet.

Als Landesvorsitzender der bayerischen FDP wurde Josef Grünbeck auf dem Landesparteitag derselben im Jahr 1990 in Passau gegen zwei Konkurrenten mit einer fast Zweidrittelmehrheit zum neuen Landesvorsitzenden gewählt. Das war ein großer persönlicher Erfolg.

Noch größer war dann der Erfolg im nächsten Jahr. Bei den Wahlen gab es in Bayern das größte Votum für die FDP seit ihrer Gründung.

Erstens: Die FDP zog mit »Uli« wieder in das Europaparlament ein.

Zweitens: Die FDP erhielt die meisten Mandate ihrer Geschichte in Bayern, die je in Städten, Gemeinden und Landkreisen Bayerns erreicht wurden.

Drittens: Die FDP erreichte mit 10 000 Mitgliedern in Bayern ihren höchsten Stand.

Viertens: Sie zog mit sieben (!) Abgeordneten wieder in den bayerischen Landtag ein und konnte neun Abgeordnete der FDP Bayerns in den Deutschen Bundestag entsenden.

Das hatte es noch niemals vorher gegeben. Während dieser Zeit der Wahlkämpfe nahm Josef Grünbeck an etwa 280 Wahlveranstaltungen im Jahr teil, denn praktisch war während seiner gesamten Amtszeit als Landesvorsitzender immer Wahlkampf.

Auf dem Landesparteitag in Höchstädt im Jahr 1992 kandidierte Josef Grünbeck nicht mehr. Er schlug Dr. Max Stadler als einen Nachfolger im Amt vor.

Als Josef Grünbeck aus dem Bayerischen Landtag verabschiedet wurde und nach der letzten Sitzung von seinem Fraktionsvorsitzenden Gustl Lang angerufen und zu einem Gespräch mit Franz-Josef Strauß zugezogen wurde, stellte Lang seinen Freund mit folgenden Worten vor:

»Lieber Franz-Josef, dies ist der Grünbeck Seppl, eines der größten politischen Schlitzohren in Bayern.«

Strauß stutzte und meinte dann im Brustton der Überzeugung:

»Lieber Gustl, das stimmt so nicht, denn diesen Titel beanspruche ich für mich selber.«

Eine sehr versöhnliche Geste, die mit einem Händedruck und der Versicherung gegenseitiger Hochachtung endete.

Im Bundesparlament

Seine Jungfernrede hielt der Unternehmer und Politiker Grünbeck im Deutschen Bundestag zu Ende des Jahres 1982 in seiner Eigenschaft als wohnungspolitischer Sprecher. Er erinnert sich noch heute gern an diesen Tag, als er jene Regel aussprach, die gerade heute mehr denn je Gültigkeit hat und neu beschworen wird:

»Wir müssen einfacher bauen und die Baubürokratie beweglicher machen. Wir brauchen keine Luxushäuser sondern solide ausgestattete Sozialwohnungen.«

Daß diese Forderung heute – ein Dutzend Jahre später – wieder voll aufgegriffen wurde, ist beredtes Zeichen für den vorausdenkenden Verstand dieses Mannes. Er setzte noch einen drauf, als er fortfuhr: »Je mehr Sozialwohnungen wir bauen *und* auch mit Berechtigten belegen, um so geringer wird sich die Fehlbelegungsabgabe für die sozial Schwachen im Haushalt niederschlagen.«

Die Förderung des Eigenheimes sah der Politiker nicht von der bauwirtschaftlichen, sondern vor allem von der familienpolitischen Seite. »Es ist ein Stück Zuhause, das man damit seiner Familie geben kann.« Daß auch die Sanierung *und* Modernisierung von Häusern und Wohnungen in die Bausparförderung einbezogen wurde, ist mit sein Verdienst.

Neben dieser wichtigen Tätigkeit war er auch Mitglied im Wirtschaftsausschuß. Im Jahre 1986 wurde er Mitglied im Umweltausschuß und stellvertretendes Mitglied im Forschungsausschuß.

Eine kleine Blütenauslese aus vier Jahren Landtagsarbeit

Wenn im vorangegangenen Abschnitt in nicht chronologischer Folge das Leben des Politikers Josef Grünbeck Revue passierte, sei an dieser Stelle einmal eine kleine Auswahl an Reden und Rededuellen eingeblendet, die Josef Grünbeck im Bayerischen Landtag hielt.

Immer für eine Überraschung gut, stets hundertprozentig orientiert und infolge seiner Tätigkeit in der Kommunalpolitik *und* in der Industrie auch mehr als die übrigen Landtagsabgeordneten auf der Höhe der Kenntnisse und Erkenntnisse, sowie der Erfordernisse der Zeit, gelang es ihm stets, eine besondere Note in seine Redebeiträge zu bringen.

Aus einer Auflistung seiner Landtagszeit zwischen den Jahren 1978 und 1982 geht hervor, daß er jedes Jahr Dutzende und mehr Reden vor dem Plenum des Hohen Hauses gehalten hat.

Die weite Skala der Grünbeck-Themen im Bundestag

sind ebenfalls Legion. Allein für das Jahr 1983 verzeichnet die stenographische Aufzeichnung der Beiträge 33 Reden und größere Wortmeldungen. Diese deckten ein breites Spektrum, von der Wohnungsbaupolitik über die Lage der Handwerksbetriebe in Bayern bis zum neuen Mietrecht ab. Er griff das Baurecht und die überhandnehmende Schwarzarbeit bereits 12 Jahre vor jenen heutigen Maßnahmen auf, und forderte Maßnahmen zu ergreifen, die heute getroffen werden *sollen*.

Von der Vermögensbildung in Arbeitnehmerhand über die Forschungspolitik, bis hin zum Bundesbaugesetz wußte er fundiert und couragiert zu berichten. Er bezeichnete den damaligen Sozialplan am 22. 9. 1983 als »tickende Zeitbombe«, als die er sich heute in der Tat kurz vor der Detonation darstellt.

Alle seine Redebeiträge zur Mittelstandspolitik waren von Sachkenntnis und absoluter Echtheit geprägt. Er warnte vor den Folgen einer nicht kostenneutralen Arbeitszeitverkürzungspolitik, und blieb in vielen dieser überlebensentscheidenden Sachzwänge der einsame Rufer in der Wüste, der sich heute hundertprozentig bestätigt sieht.

Ob er als vielfacher Patenthalter auf seinem Spezialgebiet für den Austausch internationaler patentamtlicher Veröffentlichungen plädierte, oder die Verabschiedung des Vermögensbildungsgesetzes forderte, weil dies für den Fortbestand der Unternehmen wichtig war, er wußte wovon er sprach! Deshalb plädierte er auch für eine verstärkte Nutzung des Sozialkapitals zum Fortbestand der Unternehmen, durch Umwandlung in Gesellschaftskapital. Darüber hinaus erklärte er: »Der durch eine Beamtenanreicherung in allen diesen Fragen schimmerlose Landtag war ein einziger riesiger Hemmschuh.«

Grünbeck widersprach den Mittelstands-Theoretikern in seiner Rede am 2. Tag des Jahres 1984 und stellte die vorgelegte Studie des Instituts für Mittelstandsforschung als inkompetent heraus.

Von der Raumordnung zur Wohnungsbauförderung, von der grassierenden Schwarzarbeit, deren Bekämpfung man an allerhöchster Stelle im Jahre 1984 noch für vernachlässigenswert hielt, bis hin zur Intensivierung der Handwerksförderung und der Schaffung von möglichst vielen Lehrstellen im Handwerk, um die aufgetretenen Engpässe an Facharbeitern zu beseitigen, war Grünbeck ein unermüdlicher Mahner.

Er war es, der den Verlust von Arbeitsplätzen in der exportorientierten mittelständischen Wirtschaft voraussah, der nach Einführung der 35-Stunden-Woche begann. Er verlangte die Entbürokratisierung und Regulierung der Wirtschaft.

Zur Existenzgründung und -sicherung mahnte er mehr Selbstständigkeit und weniger Bürokratie an und erklärte am 4. 7. 1984:

»Der Mittelstand kann Millionen Arbeitsplätze schaffen, wenn seine Belange mehr berücksichtigt werden.«

Das waren für ihn keine leeren Worte, denn er selber baute als Unternehmer seinen Betrieb von Jahr zu Jahr weiter aus und stellte mehr und mehr Arbeitskräfte ein.

Dazu merkte er an, daß vor allem der Mittelstand das betriebliche Vorschlagswesen besser ausbauen müsse, um im Existenzkampf vorn zu bleiben und auch in bezug auf Innovation und neue Techniken gegenüber dem Ausland die besseren Karten zu haben.

Neben seiner Tätigkeit im Deutschen Bundestag sprach Josef Grünbeck auch auf vielen Veranstaltungen zu diesem Thema. So bemerkte er anläßlich der Eröffnung des 16. deutschen Kupferschmiedetages in Nürnberg am 28. 9. 1984, daß der Mittelstand die Hauptverantwortung für die Arbeits- und Ausbildungsplätze zu tragen habe und diese auch übernehme.

Als er am 24. 10. 1984 neuer Vorsitzender der Arbeitsgemeinschaft Mittelstand der FDP-Bundestagsfraktion wurde, hatte man damit in der Partei seine enorme Arbeitsleistung und seine Durchschlagskraft anerkannt und honoriert. In dieser Eigenschaft forderte er am 15. 11. 1984 die Beseitigung der Exporthemmnisse für die mittelständische Wirtschaft und warnte vor dem Phänomen, daß alljährlich 90 000 Lehrlinge ihre Ausbildung abbrechen und daß daraus Konsequenzen dergestalt gezogen werden müßten, daß man diesen jungen Menschen Entscheidungshilfen und attraktivere Angebote machen müsse. Dazu gehöre vor allem die Zusicherung der Weiterbeschäftigung nach erfolgreicher Beendigung der Lehre.

Daß der Mittelstand eine volle Unterstützung brauche, vor allem auch durch eine leistungsfähige Bundespost als Partner, die den Strukturwandel in der mittelständischen Wirtschaft in allen ihren Bereichen unterstützend zu begleiten habe, zeigt auf, daß Grünbeck auch die nicht sofort einsichtigen Probleme erkannte und sie aufspießte.

Eines stand ja schließlich fest. *Nur* der Mittelstand konnte *mehr* Ausbildungs- und Arbeitsplätze schaffen, in einer Zeit, da durch Rationalisierung und Technisierung die Großindustrie mit immer weniger Arbeitskräften immer höhere Ausstöße an Erzeugnissen erzielte.

Daß eine gute Ausbildung nach wie vor die beste Voraussetzung zur Sicherung des Arbeitsplatzes ist, betonte er auch auf der Freisprechungsfeier des Bayerischen Einzelhandelverbandes in Bad Kissingen am 24. 7. 1985. Nur so könnten nach der Ausbildung *alle* Chancen von den jungen Facharbeitern genutzt werden.

Daß der Umwelt und dem Schutz derselben sein besonderes Augenmerk galt, hat er in einer Reihe fundierter und zugleich provokativer Reden unter Beweis gestellt. Diese seine Überzeugung hat er auch in seiner Firma in der praktischen Ausführung vertreten, was zeigen soll, daß es ihm nicht ums Reden, sondern auch um das Vorkämpfen ging.

Vor allem die Abstimmung beispielsweise von Sportstättenbauten und -anlagen mit den Umweltbelangen hat er in seinen Anträgen zum Thema »Sport und Umwelt« immer wieder angemahnt. Er war es auch, der die bisher immer »außen vor« gelassenen im Bundesbesitz befindlichen Gebäude in die Notwendigkeit des Emissionsschutzes eingezog, als es darum ging, die Emissionen aus Heizanlagen gewerblicher Betriebe, größerer Behörden und Krankenhäuser aufs Korn zu nehmen. Sehr zur Überraschung der Abgeordneten, die offenbar zu glauben schienen, daß ihre Häuser diesen Bestimmungen nicht unterworfen werden könnten.

Daß das Unwesen der Generalbauunternehmer zum Wohle der öffentlichen Kassen beseitigt werden müsse, hat er Jahre vorher bereits beim Bau des Schwimmbades in Höchstädt unter Beweis gestellt. Damals hatte er die Einzelvergabe der Bauaufgaben durchgesetzt, wodurch der Bau um 40 % kostengünstiger erstellt werden konnte. In seiner Rede vor dem Berufsverband der Architekten und Ingenieure zu diesem Thema, aber auch im Bundestag, wies er darauf hin, daß der Generalbauunternehmer für die Übernahme und Weiterleistung des Großauftrages an die Einzelunternehmer zwischen 30 und 40 % der Bausumme kassierte, *ohne* einen einzigen Handschlag am Bau selber zu tun. *Das* sei nicht hinnehmbar!

Wenn immer wieder in den achtziger Jahren von ihm die Schwarzarbeit aufs Korn genommen und seine Anträge dazu stets abgeschmettert wurden, so werden heute die Ergebnisse derselben deutlich.

Die Stunde der Berufsberatung schlug nach seiner Rede am 2. 2. 1987. Nun wurde es nach seinen Worten höchste Zeit, diese und die Berufsvermittlung mit Energie anzugehen. Er forderte am 16. 9. 1987 die Einführung eines Sozialversicherungsausweises zur Bekämpfung der Schwarzarbeit und verlangte die Bestrafung jener Unternehmer und *auch* Behörden, die Schwarzarbeiter *ohne* Sozialversicherungskarte einstellten.

Als zu Beginn des Jahres 1988 die Arbeitslosigkeit nach einigen Jahren der Hochkonjunktur zunahm, war er der erste Mahner, diesen Umstand ernster zu nehmen, und brandmarkte gleichzeitig die fehlende Solidarität mit den Arbeitslosen. Als schließlich beim Neubau des Flughafens

München II illegale Arbeitsverhältnisse aufgedeckt wurden, war es damals Grünbeck, der eine restlose Aufklärung forderte.

In dieser Art und vor allem auf dem Sektor Umweltschutz hat sich Josef Grünbeck in der Zeit seiner Zugehörigkeit zum Deutschen Bundestag unablässig eingesetzt. Am 28. 6. 1989 wurde ihm der Bayerische Verdienstorden verliehen. Damit fand ein Mann seine Ehrung, der sich um Volk und Staat verdient gemacht hat. Knapp vier Jahre darauf verlieh ihm der amtierende Bundespräsident Richard von Weizsäcker das Verdienstkreuz 1. Klasse des Verdienstordens der Bundesrepublik Deutschland, »in Anerkennung der um Volk und Staat erworbenen besonderen Verdienste.«

Viele weitere Auszeichnungen und öffentliche Anerkennungen kamen hinzu. Über eine ganz besondere sei hier noch berichtet: Am 24. Juni 1992 verlieh der Bayerische Staatsminister des Innern Dr. Edmund Stoiber Josef Grünbeck die Medaille in Silber für besondere Verdienste um die kommunale Selbstverwaltung. Eine weitere Auszeichnung hängt zusammen mit Grünbecks Initiativen zur Pflege deutscher Denkmäler und Gräber, zu deren Pflege und Erhaltung im ehemaligen Sudentenland, der heutigen CSFR, Josef Grünbeck in einer vielbeachteten Rede vom 14. 6. 1989 die Initiative ergriff. Darüber jedoch später mehr.

Josef Grünbeck war einer der wenigen Politiker, die offen und ohne Schnörkel auch das Versagen der Gewerkschaften als Arbeitgeber brandmarkte. Während die Gewerkschaften jeden noch so begründeten Entlassungsvorgang in der Industrie und im Mittelstand mit Vehemenz bekämpften, haben sie in allen ihren Unternehmungen, bis hin zu den diversen Gewerkschaftszeitschriften, nicht nur Arbeitskräfte entlassen, sondern sogar ganze Betriebe stillgelegt und die Leute auf die Straße gesetzt und dies mit finanziellen Zwängen begründet. Als ob alle anderen Entlassungen reine Willkür der Arbeitgeber gewesen wären.

Ob es der Bundeshaus-Bauskandal war oder die Planung zur Errichtung eines deutschen Sportmuseums, ob die drängende Frage der DDR-Übersiedler oder die Nachbarschaftpflege zur Tschechoslowakei, Josef Grünbeck hatte Wichtiges dazu zu sagen.

Als die Frage auftauchte, das ungenutzte Schloß zu Höchstädt als Museum auszubauen, plädierte er für die Einrichtung eines Technologiezentrums im Schloß. Der Umbau freigewordener Kasernen als Studentenwohnheime, der immer noch grassierende Mangel an Baufacharbeitern und die Forderung, den Sudetendeutschen die Firmengründung in der neuen CSFR zu ermöglichen, fanden in ihm einen Fürsprecher, der nicht mit hochtrabenden Worten sondern mit viel Sachverstand alle diese Dinge anging.

Als er zu den Verhandlungen mit der CSFR über einen Vertrag zur Förderung und dem gegenseitigen Schutz von Kapitalanlagen am 6. 7. 1990 in der Sudetendeutschen Zeitung das Wort ergriff, hatte er eine bis dahin stumme Frage aufgeworfen und darauf eine Antwort eingefordert. Anläßlich des 40. Jahrestages der Verabschiedung der Charta der deutschen Heimatvertriebenen am 3. 8. 1990 erinnerte Grünbeck daran, daß die Vertriebenen bereits vor 40 Jahren die Aussöhnung wollten und nicht die dauernden Revanchisten waren, als die sie im In- und Ausland hingestellt wurden.

Am 33. 8. 1990 wurde Josef Grünbeck in den Bundesvorstand der FDP gewählt. Damit hatte er den Zenit seiner Politikerkarriere erreicht, ohne in seinem Bemühen »den Nutzen des deutschen Volkes zu mehren und Schaden von ihm abzuwenden« auch nur eine Sekunde aus den Augen gelassen zu haben, oder gar in seinem Bemühen nachzulassen, bestehende verkrustete Strukturen zu ändern. Er war auch angetreten, nicht nur die Politik, sondern das gesamte Leben in Deutschland transparenter zu machen.

Nachdem sich Josef Grünbeck dazu entschlossen hatte, dem Institut für reines Bier beizutreten und er dort zum

Vizepräsidenten ernannt wurde, hatte er sich auf der politischen Bühne ebenfalls mit dem Reinheitsgebot für deutsches Bier und dessen Einhaltung auseinanderzusetzen.

Es kam zu einigen verbalen Auseinandersetzungen, die zum Ziel hatten, das *deutsche* Reinheitsgebot für Bier in Europa zu verteidigen.

Es ging darum, die in Europa zugelassene Reis- und Maisbeimengungen anstelle von Gerste zumindest für Deutschland, wenn eben möglich auch für den ganzen Raum der EU, zu verhindern.

Eine in diesem Zusammenhang weitere strittige Frage galt es in bezug auf die Wasserreinheit beim Bier einer eindeutigen Klärung zuzuführen. Auch auf diesem Gebiet war man in der übrigen EU-Gemeinschaft nicht »pingelig«.

Als keine einvernehmliche Klärung mehr möglich war, mußte der Europäische Gerichtshof sich mit diesen Fragen befassen. Dort hatte man zunächst einen Verstoß Deutschlands *darin* gesehen, daß die Bundesregierung bezüglich des Reinheitsgebots beim Bier strenge Einfuhrvorschriften erlassen hatte, die gegen die EU-Wettbewerbsordnung verstießen.

Dadurch, so wurde argumentiert, habe das ausländische Bier einen Wettbewerbsnachteil.

Daß diese Frage auch vor den deutschen Bundestag kam, war vorprogrammiert. Als Beauftragter seiner Fraktion erklärte Josef Grünbeck, daß Bier nach wie vor ein Nahrungsmittel sei und man strengste Maßstäbe an seine Reinheit anlegen müsse. Der Abgeordnete führte aus:

»Unsere westlichen Nachbarn verwenden zum Teil Formaldehyd, um die Haltbarkeit des Bieres zu verbessern. Bei uns in Bayern aber wird dieses Gift zur Konservierung von Leichen verwandt, aber nie und *nimmer* zur Haltbarmachung unseres Nationalgetränkes, des herrlichen bayerischen Bieres.«

Es konnte schließlich ein Erfolg verbucht werden. Vor dem Europäischen Gerichtshof kam es zu einem Vergleich, nach welchem reines deutsches Bier besonders gekennzeichnet werden durfte. Allerdings mußten auch Exportbiere, selbst wenn sie nicht dem deutschen Reinheitsgebot entsprachen, zugelassen werden.

Die Importquote ausländischen Bieres ging nach diesem Spruch des Gerichtes stark zurück, während der Export deutschen Bieres um 10 Prozent stieg, was darauf hinwies, daß auch die Biertrinker in der übrigen EU lieber deutsches reines Bier tranken.

Dazu Josef Grünbeck:
»Europa ist ein Schritt in Richtung Qualität. Wir müssen dafür sorgen, daß die Präambel der EU mehr und mehr realisiert wird, die da heißt:
»Für die Sicherheit der Bevölkerung!
Für die Gesundheit der Bevölkerung!
Für die Umweltverträglichkeit!«

Auf dem Wege dahin wurde durch den Einsatz für das deutsche Reinheitsgebot für Bier ein wenn auch kleiner, aber sichtbarer Schritt

Daß parallel dazu seine unternehmerische Tätigkeit einen nie geahnten Aufschwung nahm, er seine Bemühungen um den »Rohstoff Wasser« als Lebenselixier für die Erde mehr und mehr forcierte und dabei mit sensationellen Entwicklungen aufwartete, die ihn selbst Riesensummen an Entwicklungsarbeit kosteten, sei hier nur angemerkt. Im Abschnitt über seine Tätigkeit in der Freien Wirtschaft wird an anderer Stelle darüber zu berichten sein.

Josef Grünbeck war es, der als erster am 27. 12. 1990 Hans Dietrich Genscher zum neuen Bundespräsidenten vorschlug. Er mahnte am 14. 2. 1991 die »Besinnung der FDP an, damit sie aus einer Friedenspartei nicht zu einer Kriegspartei werde, wie dies im Golfkrieg den Anschein hatte«.

Als er am 4. 3. 1991 den FDP-Vorsitz in Bayern abgeben wollte, wurde er von seinen Parteifreunden zum Bleiben gebeten.

Als Solidarbeitrag der Mandatsträger gegenüber der deutschen Arbeiterschaft forderte er am 11. 3. 1991 den Verzicht aller Politiker auf eine Diätenerhöhung. Am 23. 5. 1991 verabschiedete er sich dann als Landesvorsitzender der FDP Bayerns.

Mit einer »Bombe« wartete er am 8. 6. 1991 auf, als er vor dem Plenum des Bundestages die Forderung erhob, *alle* Dienstwagen der Bediensteten der Gemeinden, Länder und des Bundes abzuschaffen. Dies – so belegte er zwingend – würde eine Einsparung von 20 Milliarden DM bedeuten.

Daß er damit keine offenen Türen einrannte, sondern gegen Betonwände stieß, verstand sich von selber.

»Dennoch«, so Grünbeck, »mußte dies doch einmal gesagt werden, wenn man immer von Sparmaßnahmen spricht und nur sich selber als Gesetzgeber davon ausnimmt. Das ist schlechter politischer Stil.«

Am 26. 7. 1991 gab er sein klares »ja« zur Versöhnung der Sudetendeutschen mit der CSFR.

Als er am 14. 8. 1991 sich um »weniger Krankmachen« bemühte und vorschlug, zwei Karenztage einzuführen, an denen die Arbeitsbezüge von den Arbeitgebern nicht an den Krankfeiernden, sondern an die jeweiligen Krankenkassen abzuführen seien, wurde er niedergeschrien. Heutzutage erweist sich diese weise Voraussicht als lebenserhaltend für das gesamte Krankenkassen- und Sozialsystem.

Um auch ja kein »Fettnäpfchen« auszulassen, wies Grünbeck während einer Fragestunde mit dem Titel Hochkonjunktur für Schwarzarbeit erneut darauf hin, daß die Einführung der 35-Stunden-Woche im Handwerk und die Mehrwertsteuer dieses »Kavaliersdelikt« zur Seuche habe verkommen lassen.

Da er immer wieder auf den Freundschaftsvertrag mit der CSFR auch bei seinem seinerzeitigen Staatsbesuch hinwies, kam dieser schließlich – auch durch seine Mitarbeit – am 4. Oktober 1991 in Prag zur Unterzeichnung.

Den Maßnahmen zur Sanierung der Ostsee als eines der verschmutztesten Binnengewässer der Erde galt seine ganze Sorge. Ebenso der Trinkwassersanierung, die ihm zu langsam voranging, und die vor allem in den neuen Bundesländern sehr zu wünschen übrig ließ. Dazu stellte er am 3. 6. 1992 einen besonderen Antrag.

Es war ebenfalls Josef Grünbeck, der vorschlug, daß die Bürger *aller* 12 EG-Mitgliedsstaaten *gemeinsam* in einer Volksbefragung über Maastricht abstimmen sollten, wie dies bei der Europawahl bereits einmal praktiziert worden war.

Seine Forderung nach einer Energiepolitik, die gemeinsam und geschlossen vom Atlantik bis zum Ural koordiniert werden müsse, war noch Zukunftsmusik. Er besiegte Waigel vor Gericht in Sachen der Steuervorteile für 100 000 Gesellschaften mit beschränkter Haftung, unterlag aber in der Frage der Tariferhöhung der Deutschen Bundespost, die er einen Skandal nannte, wobei er auf die verdeckten Erhöhungen hinwies, die in keiner Zeitung publiziert worden waren.

In seinem Beitrag »Vorrang für die Natur« und gegen die geplante Einrichtung eines Truppenübungsplatzes im Naturschutzgebiet der Colbitz–Letzlinger Heide obsiegte er.

Als ihm am 2. 11. 1992 die Kommunale Verdienstmedaille Bayerns des Bayerischen Staatsministeriums durch Innenminister Stoiber verliehen wurde, sah er seine unermüdliche Arbeit auf diesem Gebiet von öffentlicher Stelle als gewürdigt an.

Zum zweitenmal forderte er mit anderen Politikern am 21. 11. 1992 eine Nullrunde für die Abgeordnetendiäten.

Das Trinkwasser als Lebensmittel hat Josef Grünbeck zu seinem Hauptanliegen gemacht, wobei sich in ihm seine unternehmerische Tätigkeit mit allen Sparten der Wasserbehandlung und sein politisches Engagement auf das vortrefflichste ergänzten.

Während einer Veranstaltung mit Vertretern der Wirtschaft am 2. 12. 1992 rief er alle Unternehmer und deren Mitarbeiter dazu auf, sich mit ihrer Fachkompetenz verstärkt für die politischen Parteien einzusetzen und dazu beizutragen, ihren berechtigten Wünschen und Forderungen Geltung zu verschaffen.

In der »Gemeinschaftsinitiative neue Länder« versuchte er mehrfach den Aufschwung Ost anzukurbeln und mahnte in dieser entscheidenden Sache für Deutschland Einigkeit zu.

Als Josef Grünbeck am 6. 1. 1993 in einer Sitzung der FDP-Fraktion neben einigen seiner Kollegen als möglicher neuer Wirtschaftsminister genannt wurde, wehrte er entschieden ab. Diese Position hätte seine ganze Kraft gekostet und keinen Raum mehr für seine Firma und die ihm anvertrauten Mitarbeiter gelassen. Am 22. 1. 1993 verzichtete er auf eine neue Bundestagskandidatur für die nächste Legislaturperiode. Dennoch blieb er am Ball, als es um die Fortsetzung der am 11. 12. des Vorjahres geführte Debatte um die Überlassung der Colbitz-Letzlinger Heide als Übungsplatz für die britischen NATO-Verbände in Deutschland ging. Er lehnte diese zweckentfremdete Nutzung des Naturschutzgebietes ab.

Der 3. April 1993 sah ihn wieder »Gegen die Verbeamtung der Parlamente« auf den »Barrikaden«.

Vor Beginn seiner Chinareise als technischer Fachmann mit Wirtschaftsminister Rexrodt forderte er am Vortage, dem 1. April, auch China in die neue umweltverträgliche globale Energiepolitik einzubinden und das sich daraus ergebende Finanzierungsproblem zu lösen.

Ob es nun die Frage der Wasserwirtschaft mit Polen, der Ausbildungsnotstand oder die Frage der Aussöhnung mit der CSFR war, zu welcher Grünbeck am 4. 6. 1993 in den Gesamtvorstand der Deutsch-Tschechischen und der Deutsch-Slowakischen Gesellschaft berufen wurde, oder um eine Reihe weiterer brennender Probleme, Josef Grünbeck war zur Stelle.

Am 2. 8. 1993 ging er in den Fragen der falschen Kompetenzen einzelner Ministerien zur Sache. Er bescheinigte der Bundesregierung, daß sie auf dem falschen Wege sei und forderte die Auflösung des Bundesministeriums für Technik und dessen Integrierung in das Bundesministerium für Wirtschaft. Die Abteilung Geld und Kredite müsse aus dem BMF und in das BMWi. zurückgeführt werden. Auch das Patentamt sei im Bundesjustizministerium zweckentfremdet untergebracht. Es gehöre in das Bundesministerum für Wirtschaft.

Daß er darüber hinaus, nur acht Tage später, die Forderung erhob, die Preistreiberei der öffentlichen Hand sofort zu stoppen, gehörte in die leichte Kategorie, ebenso auch die Privatisierung kommunaler Aufgaben und die Standortsicherung durch Innovationen.

Die Förderung der Wasser- und Abfall-Technologien waren wieder auf dem Programm, als er auf der Jahresversammlung des Ingenieurverbandes Wasser- und Abfallwirtschaft referierte.

Grünbeck wurde im Januar 1994 in dem Werk »Wege aus der Politikverdrossenheit« als Politker bezeichnet der *nicht*verdrossen machte. Dem darf nach der Lektüre dieser kleinen Auszüge ohne Hemmung zugestimmt werden. Als er am 15. 3. 1994 in einem Pressebeitrag den Wunsch äußerte, daß die Medien seinen Freund Hans-Dietrich Genscher wieder mehr in die Öffentlichkeit rücken würden, erhielt er viele zustimmende Äußerungen. Er war es auch, der sich am 18. 3. 1994 für eine Beendigung der Koalition einsetzte, falls sich die FDP mit ihren eigenen Grundvorstellungen nicht durchsetzen könne.

Ende April 1994 kamen dann die weiteren Gutachten zur Frage der Colbitz-Letzlinger Heide zur Sprache. Grünbeck plädierte aufgrund der einander widersprechenden Gutachten dafür, daß der Trinkwasserschutz allemal vorgehe und deshalb das Thema Truppenübungsplatz beendet werden müsse.

Am 3. 8. 1994 entschied der Bundesminister für Verteidigung, Volker Rühe, daß die Colbitz-Letzlinger Heide endgültig als Truppenübungsplatz auszubauen sei. In einem schriftlichen Widerspruch wandte sich Grünbeck erneut an das Plenum.

Dieses Thema paßte nahtlos in die am 7. 9. 1994 verhandelte Thematik des vorsorgenden Gewässer- und Trinkwasserschutzes in der EG, dem acht Tage darauf die Trinkwasserversorgung und die Abwasser-Versorgung in den Kommunen folgten.

Den letzten Redebeitrag lieferte Grünbeck am 21. 9. 1994, als er den SPD-Wahlkampf auf Kosten des Mittelstandes anprangerte.

Streiflichter zu brennenden Problemen
der letzten 15 Jahre

In einer Fülle von Reden und Eingaben hat Josef Grünbeck immer wieder fundiert zu eminent wichtigen Fragen gesprochen. So auch, als im Bayerischen Landtag am 24. 1. 1980 die Frage des sozialen Wohnungsbaues auf dem Programm stand.

Als Staatsminister Tandler in bezug auf den sozialen Wohnungsbau durch gezielten Einsatz der vorhandenen Mittel, die verstärkte Förderung von Mietwohnungen und die gezielte Förderung von Wohneigentum, sowie von der Verbesserung der Wohnumwelt und vor allem von der Stärkung der Privatinitiative gefordert hatte, und: daß man dies alles gemeinsam anpacken müsse, meldete sich Grünbeck zu Wort, der die Interpellatio dazu einbrachte. Er stimmte zu, daß das Feld der Wohnungspolitik nicht als Feld der ideologischen Spekulationen und parteipolitischen Auseinandersetzungen mißbraucht werden dürfe und daß die FDP auf dem Felde der Wohnungspolitik Gemeinsamkeiten herzustellen wünsche.

Er äußerte sich anschließend zu den locker eingestreuten Gemeinplätzen Tandlers und meinte:

»Man kann in der Wohnungspolitik nicht *alles* haben.

Und wenn ich Ihre Rede bilanziere, so ist die eigentlich ein Wunschkatalog für alles. Für freie Marktwirtschaft, für sozial gesicherte Wohnungswirtschaft und so weiter. Daß Sie sich um den Bereich der Bodenpolitik herumgemogelt haben, ist allseits erkannt worden. Nicht nur die Ballungsgebiete München und Nürnberg sind Problemgebiete, sondern solche sind über ganz Bayern verteilt.

Wir haben Probleme in Augsburg, Kempten, Rosenheim und Würzburg, und ich möchte nicht, daß der bei uns bestehende Zentralismus, der ja fast ausschließlich auf München ausgerichtet ist, sich auch noch im Sektor des Wohnungsmarktes auf den Raum München begrenzt. Wir haben nämlich in *ganz* Bayern Wohnungsprobleme, die der Lösung harren ...

Was mich besonders bewegt sind Ihre Ausführungen über die Baupreise. Das Zinsproblem, das unsere Baupreise in die Höhe getrieben hat, liegt auf einem Sektor, der sehr bedenklich stimmt.

Während die Inflationsrate in den letzten Jahren bei drei bis fünf Prozent lag und die Baupreissteigerungen im selben Zeitraum um 10 bis 15 Prozent betrugen, fanden Bauland-Preissteigerungen zwischen 50 und 100 Prozent statt. *Hier* liegt die Wurzel des Übels!

Auch Ihre unbekümmerte Aussage, daß ein ausreichendes Baulandangebot zu angemessenen Preisen zur Verfügung stehe, ist nicht haltbar, Herr Staatsminister.«

Daß eine Reihe weiterer Aspekte dieses umfassenden Themas ebenso kritisch unter die Lupe genommen wurden, dafür bürgte die Akkuratesse Grünbecks, der einige der in sieben Punkten zusammengefaßten Ausführungen des Bundestagsabgeordneten Prof. Biedenkopf zum Thema sozialer Wohnungsbau nannte: Schrittweiser Abbau der Objektförderung, Überführung des sozialen Wohnungsbaus in privates Eigentum und – Ende des Bausparens. Er wies diese Thesen als »marktwirtschaftliche Romantik« zurück und erklärte:

»Mit solchen Vorschlägen bringt man die Marktwirtschaft in einen schlechten Ruf«, und beendete seinen Schlagabtausch mit einer Reihe von Abgeordneten, die um Fragen baten, mit den Worten:

»Meine Damen und Herren! Soziale Wohnungsbaupolitik kann nicht durch die Gunst der öffentlichen Hand die Brieftaschen einiger Reicher füllen und sieben Millionen Sozialberechtigte im Stich lassen! *Das* kann und darf nicht unsere soziale Wohnungspolitik sein.«

Anschließend ging der Abgeordnete Grünbeck noch auf die Forderung des Abgeordneten Wengenmeier ein, der folgenden »haushaltspolitischen Zauberspruch« verkündet hatte:

»Baut die Staatsverschuldung ab, nehmt weniger Steuern ein, beschließt Steuererleichterungen und gebt mehr Geld in die öffentlichen Haushalte.«

»Der Kollege Wengenmeier«, so Grünbecks Antwort, »hat uns nur nicht gesagt, *wie* dieser Weihnachts-Wunschzettel realisiert werden soll.

Wenn man der Bundesregierung immer neue Aufgaben zuordnet, und gleichzeitig von ihr immer mehr neue Finanzmittel fordert, dann muß ich den Herrn Ministerpräsidenten Strauß bitten, endlich einmal die Kraftsprüche im Land zu unterlassen, die darauf hinauslaufen, die Staatsverschuldung abzubauen.

Ich kann nicht alle drei Säulen haben!

Ich kann keine Steuererleichterung haben.

Ich kann nicht mehr vom Bund fordern, und

kann nicht gleichzeitig die Staatsverschuldung verringern.

Das ist *nicht* machbar!

Ich hoffe, wir sind uns alle darin einig, daß der Eckpfeiler der Marktwirtschaft *nicht* etwa ein Steuerungsinstrument der Bundesregierung ist, sondern daß sich dieser Eckpfeiler noch immer aus Angebot und Nachfrage ergibt.«

Daß der Freistaat Bayern für die Städtebauförderungsmaßnahmen, und damit für die Stadtentwicklung, für 1980

4,5 Millionen DM zur Verfügung stellte, während zum Beispiel Baden-Württembergs Förderungssumme 526 Millionen DM betrug, ließ Grünbeck eine Anpassung auf diesem Gebiet fordern. Er schloß mit den Worten:
»Wenn es auf dem Felde der Wohnungsbaupolitik Gemeinsamkeiten gibt, dann sollten wir die vorhandenen Differenzen ausräumen und wirklich, wie Sie Herr Staatsminister es sagten, ›alle gemeinsam von parteipolitischen Akzenten weg und zu Gemeinsamkeiten hinkommen, welche die Lebensqualität der Bürger in unserem Lande verbessern‹.« (Siehe: Bayr. Landtag: Stenographischer Bericht 9/46 v. 24. 1. 80).

Der Sport und die Sportförderung
auf dem Prüfstand

Ebensolche Redeschlachten lieferte sich Josef Grünbeck auch mit dem Kultusminister Dr. Maier in Sachen Sport. Daraus eine kritische Anmerkung Grünbecks zu einer Grundsatzrede des Ministers:
»Sie fangen mit dem Satz an: ›Der Sport muß Vergnügen machen!‹ Ich höre beispielsweise Ihrem Orgelspiel mit Vergnügen zu. Aber Vergnügen kann *nicht* die sportliche Motivation sein. Ich glaube, daß wir Freude am Sport und die Neigung zum Sport mehr fördern sollten. Aber ein 10 000-Meter-Läufer zu werden, der Leistungen erbringt, ist *kein* Vergnügen. Es ist die Freude, eine sportliche Leistung zu erbringen, die Freude am Training, die Freude am Fortschritt der Leistung. Diese Ausführungen habe ich in Ihrer Rede vermißt.
Wir wollen keine Gängelung der sportlichen Betätigung durch die staatliche Förderung, sondern wollen in den Förderung des Sportes durch den Staat eine Verantwortung erkennen, die dem Staat bei der gesundheits- und gesellschaftspolitischen Bedeutung des Sports zukommt. In dieser Hinsicht habe ich nicht den Eindruck, daß Ihre

Rede, Herr Minister, ein Beitrag dazu war, manche Skepsis zu beseitigen. Und daß Sie zu jener wesentlichen Bedeutung des Sports als Gesundheitsvorsorge nicht ein einziges Wort gefunden haben, ist blamabel.

Ihre Ausführungen zum Sportstättenentwicklungsplan waren eine schallende Ohrfeige auf die Wangen des Bayerischen Landessportverbandes. Ich weise Ihre Ausführungen dazu im Interesse des Bayerischen Landessportverbandes zurück. Ich fordere eine konzentrierte Aktion mit allen Fachverbänden des Bayerischen Landessportverbandes *und* vor allem der kommunalen Sportverbände.

Wenn der Deutsche Sportbund durch seine Vereine in einem Jahr 2,7 Milliarden DM an sportlichen Investitionen aufgebracht hat und ihm an öffentlichen Fördermitteln 170 Millionen zur Verfügung standen, dann spricht dies nicht für das Land Bayern.

Es kommt auch nicht auf eine luxuriöse Ausstattung einzelner Turnhallen in Schulen an, über die Sie, Herr Minister, berichteten. *Wichtiger* wäre, daß man die 30 bis 36 Prozent ausgefallener Sportstunden vermeidet und die Lücke von 18 Prozent Sportlehrer, die es zu wenig gibt, abbaut und vor allem jene 16 Prozent fehlender Sportstätten an Schulen verringert.

Wir haben in einem einzigen Landkreis 10 Schulen gefunden, die überhaupt *keine* Turnhalle haben. Hier wäre auch die vorgeschlagene rationelle Fertigung von Kleinturnhallen nicht nur der Sache dienlich, sondern auch rentabel zu gestalten.«

Über Technologie und Technologiefeindlichkeit

Solche Duelle und jene beispielsweise über Steuerpolitik, die Kernenergie und die Wettbewerbsfähigkeit der deutschen Wirtschaft, dem Abbau der Technologiefeindlichkeit, Aufklärung über die Notwendigkeit derselben, sowie Technologie und ihre Entwicklung, waren jene Steckenpferde, die Grünbeck aus Überzeugung ritt. Dazu prägte er Worte, die manchem der »Bürokraten im bayerischen Landtag« etwas völlig Neues ja exotisches zu sein schienen und ihnen oftmals unter die Haut gingen. Er wies in diesem Zusammenhang darauf hin, daß das Biologiestudium, das Studium der Chemie, der Elektrotechnik und anderer technischer Sparten rapide zurückgingen und daß binnen zweier Jahre – um bei einem Beispiel für viele zu bleiben – 1200 Bewerber weniger Maschinenbau studieren wollten.

»Das sind Zahlen, die einfach schockieren. Gerade die Bundesrepublik Deutschland hat als Industrienation in den vergangenen 100 Jahren eine gewaltige Entwicklung durchlaufen, die es dem Lande ermöglichte, einen Sozialstaat *ohne Beispiel* in der Welt zu schaffen. Wir alle müssen uns endlich darüber im klaren sein, daß ein Rückgang der industriellen Weiterentwicklung gleichbedeutend ist mit einem Rückgang unseres Sozialstaates.

Dabei muß geprüft werden, ob es möglich ist, im Bereich von Bildung und Wissenschaft das Problem der besseren Zusammenarbeit der Hochschulen und Universitäten *mit* der Wirtschaft – insbesondere den mittelständischen Betrieben – einer optimalen Lösung zuzuführen.«

In der Folge dieser Diskussion zitierte Josef Grünbeck auch den Professor für Informatik Kurt Steinbuch von der Universität Karlsruhe, der beeindruckend genug diese angeprangerte Technologiefeindlichkeit untermauerte:

»Wir haben im letzten Jahrzehnt sehr viel über die Zukunft gesprochen. Diese Diskussion wurde beherrscht von solchen Fragen wie: Emanzipation, Modernität, Leistungsverzicht und andere mehr.

Für *jene* Probleme aber, die jetzt *tatsächlich* auf uns zukommen, sind wir überhaupt nicht gewappnet. Ich möchte das vergleichen mit der Situation des ›Hans-guck-in-die-Luft‹, der ständig an phantastische Dinge denkt und plötzlich ins kalte Wasser fällt.«

Was Josef Grünbeck damit beweisen wollte, ist die Tatsache, daß alle drängenden Probleme *nur mit* der Technik gelöst werden können. Es sei denn, wir wollten wieder ein Agrarstaat werden, mit dem Kienspan als Lichtquelle und der Handhacke als Ernteinstrument. *Damit* wäre natürlich auch die gewaltige Leistung Deutschlands in bezug auf Asylgewährung, Hilfen für notleidende Dritteweltstaaten und vieles andere mehr *nicht mehr möglich.* Dann würde jenes geflügelte Wort wieder Geltung erlangen, das wir längst überwunden wähnten:

»Jeder für sich und Gott für uns alle!«

Dazu noch einmal Josef Grünbeck in dieser Landtagssitzung vom 14. 7. 1981:

»Wenn wir die Vollbeschäftigung sicherstellen wollen, – das weiß auch der Ministerpräsident, will ich hoffen – dann werden wir die Quote hochqualifizierter technischer Produkte im Export *wesentlich*erweitern müssen, da sich aus Lohnkostengründen der Anteil an Konsumgüterware, die einfach zu produzieren ist, im konstanten Rückgang befindet.

Wir brauchen also *mehr* technisch vorgebildetes ja hochqualifiziertes Personal, um dieser Herausforderung gewappnet gegenüberstehen zu können, um ihr gerecht zu werden und die Vollbeschäftigung über das Jahr 2000 hinaus sicher hinüberretten zu können.

Dazu müssen wir den ›Bürokratenramsch‹ aus der Landschaft wegräumen, und Sie wissen es ebenso wie ich, daß sich Wissenschaft und Forschung vor Formularen, Formularen und wieder Formularen nicht mehr weiter entfalten können.

In der Technologie brauchen wir wieder Phantasie. Dazu muß die Präzisierung des Denkens und Handelns kommen. Erfindungen macht man nicht nur mit mathematischen Formeln. Man macht sie aus der Beobachtung der Lebensbedingungen und den *daraus* zu ziehenden Folgerungen.

Forschung und Technologie bleiben für uns und die Weiterentwicklung unserer Erzeugnisse in bezug auf Qualität, sowie der sich daraus ergebenden Qualität der

Lebensbedingungen unserer Bürger, entscheidend wichtig. Wir alle sollten die Möglichkeit zu einem besseren und flüssigeren Transfer der Erkenntnisse der Forschung bis hin zur wirtschaftlichen Auswertung nutzen.

Dies alles bedeutet auch, daß wir uns den Herausforderungen aus den übrigen Industriestaaten der Welt stellen und uns sowie unsere Wirtschaft nicht von ausländischen Patenten abhängig machen, weil diese einmal mehr Defizite in unserer Leistungsbilanz, zum anderen auch Abhängigkeit in der Arbeitsmarktpolitik bedeuten würden.«

Lassen wir es mit diesen Kostproben eines Kenners bewenden. Gestehen wir uns ein, daß Politiker wie Josef Grünbeck mit Sachverstand und technischem know how nötig sind und daß leider – diese Art politischen Urgesteins im Hinschwinden begriffen ist.

Warum Politiker unglaubwürdig werden

Josef Grünbeck scheute auch nicht davor zurück, die Glaubwürdigkeitskrise der Politker und deren Ursachen offenzulegen. Sie hängt nach seiner Überzeugung damit zusammen, »daß zu *viele* Politiker von Vereinen, Verbänden und von der Wirtschaft abhängig sind.« Hinzu komme fehlendes Fachwissen, so daß sie oftmals »Seifenblasen« produzieren.

Daß sie auch immer wieder Zivilcourage vermissen lassen und oftmals pure Heuchelei das Verhalten der handelnden Politiker in Bonn bestimmt, kommt erschwerend hinzu.

»Die Menschen im Lande glauben uns einfach nicht mehr, weil wir uns alle *zu oft* um Offenheit und Klarheit in drängenden Fragen herumgedrückt haben. Einige meiner Kollegen lassen sich auch zu sehr von Verbänden gleich welcher Art gängeln. Dies wiederum führt zu Sonntagsreden, die den Wählern zum Halse heraushängen. Wir alle müssen mit dem Gefasel aufhören und statt dessen besseren Umgang mit der Wahrheit pflegen, dann wird der Bürger uns auch wieder vertrauen.«

Im Zusammenhang damit warf er aber auch den Kirchen beider großen Konfessionen Rechthaberei und Heuchelei vor. Dies beispielsweise im Zusammenhang mit der Pflegeversicherung:

»Die Kirche wettert gegen die Streichung des Pfingstmontags, obwohl dieser in der Liturgie gar nicht vorkommt. Dann habe ich vorgeschlagen, sowohl den Fronleichnam als auch Christi Himmelfahrt auf einen Freitag zu verlegen, was die Finanzierung des Pflege der Alten, Kranken und Schwachen voll finanziert hätte, worauf man mich als ›Antichrist‹ beschimpfte.

Hätte nicht gerade die Kirche für die Verlegung dieser Feiertage eintreten müssen, um ihrer Verpflichtung gegenüber den Alten und Pflegebedürftigen nachzukommen? Wo bleibt hier ihr soziales Gewissen?

Politiker, das sei noch einmal einem jeden von uns ins Stammbuch geschrieben, dürfen nicht bei dem geringsten Gegenwind umfallen. Gerade die jungen Mandatsträger möchte ich ermahnen, für ihre Überzeugung zu stehen. Dies aber schließt auch Toleranz gegenüber Andersdenkenden und die Fähigkeit ein, der Meinung der anderen zu folgen, falls sie sich als richtig erweisen sollte.

Nicht die Kulissenschieber, die nur nach Ministerämtern schielen, dürfen die Politik bestimmen, nicht die Postenjäger und Karrieristen. Wir brauchen Persönlichkeiten mit Charakter und Rückgrat, die auch der *eigenen* Partei widersprechen und nicht gleich aus Ehrfurcht vor einem Prominenten das große Fracksausen kriegen und Bücklinge machen, weil sie hoffen, daß diese Privilegierten ihnen auf dem Wege nach oben helfen könnten.«

Daß solche Umfallerkritik und Servilitätsgebaren auch einmal von Franz-Josef Strauß geäußert wurde, veranlaßte Josef Grünbeck zu einer gepfefferten Antwort, um die er nie verlegen war und die er aussprach, ohne Rücksicht auf eigene Verluste:

»Strauß hat uns früher ›Steigbügelhalter der Sozialisten‹ genannt. Heute verlangt er, daß wir die Kleiderbügel für konservative Ladenhüter werden.«
Das waren harte Worte. Ein Politiker, der sie ausspricht, kann, darf, ja *soll* einmal die ganze Misere, unter der nicht nur die Politiker selber, sondern vor allem ihre Wähler leiden, anprangern.

Weitere Auszeichnungen für Josef Grünbeck

Daß Josef Grünbeck auch für eine der höchsten Auszeichnungen heranstand, welche die Bundesrepublik Deutschland zu vergeben hatte, geht aus dem Schreiben hervor, das Manfred Richter, der Parlamentarische Geschäftsführer der FDP-Fraktion im Bundestag, am 14. 10. 1992 an die für Ordensverleihungen zuständige Präsidentin des Deutschen Bundestages, Frau Prof. Dr. Rita Süssmuth, richtete. Darin hieß es:
»Zur Verleihung des Bundesverdienstkreuzes am Bande schlage ich den Kollegen Josef Grünbeck vor . . .
Ausgezeichnet wurde er bereits mit der Goldenen Verdienstmedaille des Bayerischen Landessportverbandes, mit dem Partnerschaftspreis der Stiftung ›sozialer Wandel in der unternehmerischen Wirtschaft‹ und dem Europapreis für unternehmerische Kreativität beim zweiten europäischen Innovations- und Technologiekongreß der mittelständischen Wirtschaft.
Josef Grünbeck ist Mitglied der FDP seit 1975. Von 1976 bis 1984 war er Bezirksvorsitzender in Schwaben, von 1989 bis 1991 Landesvorsitzender der FDP in Bayern.
Von 1966 bis 1987 war er Mitglied im Stadtrat Höchstädt und im Kreistag Dillingen, vom 1978 bis 1982 Mitglied des Bayerischen Landtages.
Seit 1983 ist er Mitglied des Deutschen Bundestages. In der 10. Legislaturperiode war er Obmann der FDP-Bundestagsfraktion im Ausschuß für Raumordnung, Bauwe-

sen und Städtebau. Seit der 11. Legislaturperiode ist er Obmann im Ausschuß für Wirtschaft und mittelstandspolitischer Sprecher der FDP-Bundestagsfraktion.

Josef Grünbreck hat sich in seiner politischen Arbeit durch selbständige, auszeichnungswürdige Leistungen für das Gemeinwesen besonders verdient gemacht. Sein besonderes Engagement gilt der Verbesserung der deutschtschechoslowakischen Beziehungen im Geist der Versöhnung und des Vertrauens. Leiten läßt er sich dabei vom obersten Ziel der Charta der Vertriebenen, der dauerhaften Sicherung des Friedens in Europa.

Als mittelstandspolitischer Sprecher der FDP-Bundestagsfraktion hat er sich maßgeblich für Maßnahmen zur Deregulierung und Entbürokratisierung eingesetzt, um Freiräume für die unternehmerische Entwicklung von kleinen und mittleren Betrieben zu schaffen. Dabei konnte er insbesondere auf seine Erfahrungen aus dem Aufbau seines eigenen Unternehmens mit heute 560 Mitarbeitern zurückgreifen. Die Stärkung des Mittelstandes zum Erhalt der internationalen Wettbewerbsfähigkeit und zur Verbesserung des Wirtschaftsstandortes Bundesrepublik Deutschland insgesamt, und der Aufbau marktwirtschaftlicher Strukturen in den neuen Bundesländern, steht im Mittelpunkt seines parlamentarischen Wirkens. Zahlreiche parlamentarische Initiativen, unter anderem zum Städtebauförderungsgesetz zur Anregung privater Investitionen im Städtebau,

zum Wohnrechtsvereinfachungsgesetz,

zum Baugesetzbuch,

zum Arbeitsförderungsgesetz zur Konsolidierung von Ausgaben der Bundesanstalt für Arbeit, zur Sicherung der Arbeits- und Bildungsförderung und zum Wohnungsbauerleichterungsgesetz zur Bewältigung der erhöhten Wohnungsnachfrage durch Schaffung zeitlich befristeter Erleichterungen des Planungs- und Baurechts im Baugesetzbuch zur zügigen Ausweisung von Wohnbauland

gehen auf seine Anregung zurück.«

Versöhnung über Gräbern

Allgemeine Bemerkungen und Hinweise.

Als Josef Grünbeck von der »PZ/Wir in Europa« des Universum-Verlages aufgefordert wurde, einen Beitrag zum Thema »Die tschechischen Nachbarn« zu schreiben, sagte er spontan zu.

Daß dies nicht etwas Selbstverständliches ist, geht aus der Leidensgeschichte der Familien Grünbeck und seiner Ehefrau Loni hervor. Beide Familien stammen aus dem ehemaligen Sudetenland und wurden nach Kriegsschluß ausgetrieben.

Als »Grenzgänger des guten Willens«, wie er einmal bezeichnet wurde, lag Josef Grünbeck daran, aus der gesprochenen und vielfach in politischen Sonntagsreden als notwendig gepriesenen Versöhnung eine echte, praktizierende Versöhnung werden zu lassen. Dies hat er in einer Fülle von Aktivitäten und nachbarschaftlicher Hilfeleistung seit vielen Jahren unter Beweis gestellt.

»Wir müssen alle Wege der Versöhnung gehen!«

Diese Maxime hatte sich Josef Grünbeck gesetzt, als er versuchte, den wohl schwersten Weg zu gehen, den er als Politiker ins Visier genommen hatte. Daß er zunächst nicht nur bei den Nachbarn jenseits der Grenze auf Mißtrauen stieß, sondern auch einige Unruhestifter auf deutscher Seite ihm in die Parade fuhren, hinderte ihn nicht daran, dieses Vorhaben in die Tat umzusetzen.

Wegen seiner spontanen Einfälle, aber auch aufgrund seiner unkonventionellen Denkweise, galt er bei Freund und Feind – je nach Standort – als hochgeachteter oder gefürchteter FDP-Bundestagsabgeordneter.

Er war seit langem bemüht, seiner ehemaligen Heimatstadt Dux, die heute Duchcov heißt, nach besten Kräften zu helfen. Es gelangen ihm eine Reihe optimaler Hilfsaktionen, die von den Stadtvätern von Dux voll anerkannt wurden. Sie revanchierten sich damit, daß sie dem ehemaligen Vertriebenen die Ehrenbürgerwürde zuerkannten. Es dürfte wohl der einzige Fall in der deutsch-tschechischen Geschichte sein, daß so etwas passierte.

Wie entschlossen der gesamte Stadtrat diesem Vorschlag seines Bürgermeisters zustimmte, zeigt die Tatsache, daß 30 der 33 Stimmberechtigten ihm diese Ehrenbürgerwürde zuerkannten. Eine Gegenstimme und zwei Enthaltungen zeigten die Minimalität der Gegner auf.

Es war im Jahre 1972, als Josef Grünbeck das erstemal wieder in seine alte Heimat reiste. Bereits zu dieser Zeit stand für ihn ein Satz ehern fest:

»Wir müssen aufeinander zugehen und nicht aufeinander losgehen!«

Nach dieser Devise hat er immer gehandelt. Damit erreichte er über die Sudetendeutsche Landsmannschaft, daß in seiner alten Heimat die deutschen Gräber wieder gepflegt werden können. Es war ihm zu verdanken, daß die Bronzestatue des deutschen Minnesängers Walther von der Vogelweide im Jahre 1991 in Dux wieder aufgestellt wurde. Aber nicht nur diese kulturellen und Krankenhilfen waren sein Thema.

Er sprach sich nachdrücklich dafür aus, dem Nachbarn, mit dem Deutschland mit über 700 Kilometern die längste Grenze hat, auch beim Umweltschutz mit deutscher Technik zu helfen und die Wüstenei, das aus Abraumhalden und Waldsterben entstellte Gebiet des Erzgebirges und das Nordböhmische Braunkohlebecken wieder zu rekultivieren und zu sanieren.

In einigen Ausführungen vor dem Deutschen Bundestag war Grünbeck der Fürsprecher für die Entsendung von mehr Deutschlehrern an die tschechischen Schulen. Die von ihm gegründete »Aktion Sudetenhilfe« konnte binnen kurzer Zeit bei der deutschen Wirtschaft 500 000 DM an Spenden »lockermachen«, um damit eine neue Sauerstoffanlage für das Duxer Krankenhaus zu installieren und damit der hohen Säuglingssterblichkeit ein Ende zu bereiten.

Hier die Meinung von Josef Grünbeck zu diesen Aktionen:
»Verzeihen braucht Kraft, zumal viele Ereignisse in den letzten Jahrzehnten für beide Seiten schmerzhaft waren. Und jedesmal war unendliches Leid damit verbunden. Daß mein Vater an den Folgen der Ausweisung verstarb, daß die Eltern meiner Frau von fanatischen Kommunisten ermordet wurden, und der Großvater den Strapazen der Vertreibung erlag, kann ich nicht dem jetzigen tschechischen Volke ankreiden. Genau so wenig, wie ich eine deutsche Kollektivschuld anerkennen kann, bin ich bereit, eine solche dem tschechischen Volke aufzubürden.«

Im folgenden seien jene wichtigen Aktivitäten aufgezeigt, die hier nur angerissen werden sollen.

Josef Grünbeck über die wirtschaftliche und kulturelle Entwicklung im sudetendeutschen Raum

Als Josef Grünbeck im März 1985 unter dem oben genannten Thema vor einer Vielzahl geladener Gäste sprach, erfaßten die aufmerksamen Zuhörer bereits deutlich, um was es ihm ging:

Wurzeln des Deutschtums in dieser Region aufzuzeigen und zugleich Zeichen der Versöhnung zu setzen, und – nicht zuletzt – darauf hinzuweisen, daß Wirtschaft und Kultur auch und vor allem im sudetendeutschen Raum eine partnerschaftliche Einheit gebildet haben.

»In aller Welt, in der seit Jahrtausenden wirtschaftliche Entwicklungen stattgefunden haben, gab es parallel dazu auch eine kulturell-schöpferische Entfaltung. Dabei ist geschichtlich erwiesen, daß Wirtschaft und Kultur einander ergänzt haben und nicht voneinander trennbar waren.

Eine wirtschaftliche Entwicklung – mag sie langsamschleppend oder dynamisch verlaufen – bedarf der sittlichen und moralischen Werte kultureller Einflüsse. Ohne diese entscheidenden Impulse müßte *jede* wirtschaftliche Entwicklung in unfruchtbaren Materialismus ausufern.

Daß im umgekehrten Falle jede Kultur zu ihrer Empörung eine gesunde wirtschaftliche Entwicklung benötigt, um den Finanzrahmen zur optimalen Ausgestaltung aller kreativ-schöpferischen Kräfte zu gewährleisten, ist eine Binsenweisheit. Dieser Finanzrahmen und die unbehinderte freie geistig-schöpferische Entfaltung sind Grundvoraussetzungen, Wirtschaft und Kultur optimal zu entwickeln.

Gerade im sudetendeutschen Raum waren Erkenntnisse in vielfacher Form dafür zu finden, daß die kulturelle Entwicklung eines Volkes sich auch aus den wirtschaftlichen Erfolgen speist.

Über diese vielfach verzweigten Berührungspunkte von Wirtschaft und Kultur im sudetendeutschen Raum zu berichten, ist schon aus der Vielfalt der Möglichkeiten schwierig. Jede Spezialisierung wäre mit Sicherheit für den einen oder anderen Bereich von Nachteil.

Ich hoffe auf Ihre Zustimmung, daß wir in der nächsten Stunde gemeinsam eine Wanderung zurück in die Welt der Erinnerung unternehmen dürfen, die jeder von uns mit und in sich selbst trägt.

Vielleicht kann ich an einigen Beispielen aufzeigen, welche Dynamik in der wirtschaftlichen Entwicklung des sudetendeutschen Raumes bis zum Beginn des Zweiten Weltkrieges vorhanden war und welche liebenswürdige, aber dennoch mit kräftigen Impulsen aufwartende kulturelle Entwicklung damit einherging.

In der zweiten Hälfte des 12. Jahrhunderts waren es vor allen Dingen die neuen christlichen Orden der Prämonstratenser und der Zisterzienser, die als Pioniere im Raume Böhmen und Mähren auftauchten und Stifte und Klöster gründeten.

So das im Jahre 1193 gegründete Kloster Tepl mit seiner ursprünglichen romanischen Basilika. Ebenso Prämonstratenserkloster Strahov in Prag, zwischen Hradschin und Laurenziberg gelegen, das im Jahre 1140 geweiht wurde und 1950 sein Ende erlebte.

Das Zisterzienserkloster Hohenfurt mit der ersten geschichtlich faßbaren Künstlerpersönlichkeit, dem böhmischen Meister von Hohenfurt, der Mitte des 14. Jahrhunderts in Prag tätig war, ist ein weiteres Beispiel. Der Meister von Hohenfurt schuf den einmaligen Bilderzyklus mit Szenen aus dem Leben Christi. Das Kloster Emmaus und das Zisterzienserstift zu Ossegg, (heute Osek) dessen romanische Basilika zu Beginn des 18. Jahrhunderts von Broggio umgestaltet wurde, sind weitere Beweise. Sein Gründungsdatum fällt in das Jahr 1198. Aus der Nähe grüßt hier die Ruine Riesenburg. Diese Burg entstand im 13. Jahrhundert.

Nach dieser kleinen Abschweifung zurück zu den beiden Orden, die neben ihrer reichen Bautätigkeit vor allem auch Handwerker und Bauern ins Land holten.

Es waren die Premysliden, die 1198 in Böhmen die erbliche Königswürde erlangten, mit Wenzel dem Heiligen und seinen Nachfolgern, die böhmische Geschichte gestalteten und zugleich feste Verbindungen zu den deutschen Ansiedlungen pflegten. Sie waren es, die zu einer Nutzung der riesigen Bodenschätze in Böhmen und Mähren drängten.

Erkundet und zum geringen Teil abgebaut waren bis dahin Silber, Zink, Kupfer und Blei. Aber auch Gold wurde gefunden.

In dieser Epoche entstanden die ersten Siedlungen der Bergarbeiter. Kuttenberg, Mies, Iglau, Klostergrab und andere. Vor allem auf herrschaftlichem Grund wurden Bergarbeiter-Zentren eingerichtet. So in Joachimstal, wo die Grafen von Schlick den »Joachimstaler« prägen ließen.

Nach diesen kleinen Anfängen steigerte sich die Industrialisierung unter den Habsburgern ab dem 16. Jahrhundert, um nach dem Siebenjährigen Krieg zu ihrer Blütezeit mit wirtschaftlicher und zugleich kultureller Entfaltung zu gelangen, die bis in die Zeit kurz vor dem Ersten Weltkrieg anhielt.

Unter den Habsburgern fiel jene später geprägte Etikettierung in tschechisch, deutsch und slowakisch fort. Das Reich Habsburg verstand sich als Vielvölkerstaat, in dem jeder seinen Standort hatte.

Nach Ende des Ersten Weltkrieges und der Gründung der Tschechoslowakei, löste Prag Wien als Hauptstadt und kulturellen Mittelpunkt ab.

Daraus entstand ein Wettbewerb zwischen der deutschen und tschechischen Kultur, der sich auf beiden Seiten positiv auswirkte.

In der wirtschaftlichen Entwicklung war dies allerdings nicht der Fall. Oftmals wurde die dynamische deutsche Wirtschaftsentwicklung staatlicherseits gebremst. Arbeitsplätze wurden nach der Zugehörigkeit zu dem einen oder anderen Volk und nicht nach Können vergeben. Deutsche Facharbeiter wurden zur Kurzarbeit oder gar Erwerbslosigkeit gezwungen. So entstanden viele soziale Härten für deutsche Familien, die das gesamtwirtschaftliche Klima belasteten.

Dennoch wurden auch zu dieser Zeit sudetendeutsche Schwerpunkte in der Wirtschaft gesetzt. So die Gablonzer Schmuckindustrie und die böhmische Glas- und Porzellanindustrie. Das Trautenauer Leinen und die Reichenberger Tuche mögen als Beispiele gelten.

Hinzu kam die ständig steigende Bedeutung der Grundstoff-Industrie. Die Braunkohlenreviere von Falkenau, Dux und Brünn, die Steinkohlevorräte von Pilsen und Kladno waren Exportgütererzeuger von Rang. Außerdem noch Graphit aus dem Raume Schwarzbach in Südböhmen, Steine und Erze aus Witkowitz, Edelmetalle wie Gold aus Borkowitz, Silber aus Bribram, Quecksilber, Kupfer, Blei und Zink vervollständigten die breite Palette der Bodenschätze.

Was die geistig-kulturelle Seite angeht, so waren die sudetendeutschen Bäderstädte Zentren dieser Entwicklung. So im Bäderdreieck Karlsbad-Franzensbad-Marienbad und – nicht weit davon entfernt – in Teplitz, das durch seine Schwefel, Jod und anderen Salze über Jahrhunderte in der ganzen Welt als Bad von größtem Ruf bekannt war.

Diese Bäder und einige weitere wurden zu Treffpunkten einer internationalen Gesellschaft. Künstler und Wissenschaftler kamen ebenso wie Politiker und Wirtschaftler. Insbesondere gab sich hier der Hochadel die Ehre.

Von den russischen Großfürsten bis zu Fürst Otto von Bismarck reicht die politische Palette, von Dostojewski über Tolstoi, Goethe und Lessing jene der Geistesgrößen. Von den Musikern der ersten Reihe sind Brahms, Liszt, Dvorác und Smetana zu nennen.

Diese glanzvolle Schar erlauchter Geister war zugleich auch das Parkett, auf dem sich geheimdiplomatische Dinge abspielten. Auch der »Heiratsmarkt« florierte.

Aus dem Glanz der großen Tage dieser Region ist auch eine Anekdote über den Fürsten Bismarck bekannt. Bei seinen regelmäßigen Aufenthalten in Karlsbad ließ er keinen Tag vergehen, ohne im »Blauen Stern« einzukehren um »eins druffzusetzen« – also ein gutes Pilsener Bier zu trinken – ehe er zum Helenenhof, seinem Stammquartier, hinaufstieg.

Den entscheidenden Rückschlag erlebten diese Bäder nach Gründung der Tschechoslowakei. Die tschechische Führung schaffte als eine ihrer ersten Amtshandlungen den Adelstitel ab. Die Privatinitiative erlahmte, der Glanz der alten Bäderstädte erlosch.

Die wirtschaftliche Entwicklung im sudetendeutschen Raum hatte auch in der Holzverarbeitung besondere Bedeutung. Holz wurde in der Möbelindustrie verarbeitet. Hinzu kam die Faßdaubenproduktion, die Parkettbodenherstellung, der Wagen- und Waggonbau und – die Holzschuh-Produktion, die also keine alleinige holländische Spezialität ist. Die Gesamtbilanz der Holzverarbeitung aber war negativ, weil der ungeheure Waldreichtum nicht sorgfältig bewirtschaftet, sondern ausgeschlagen wurde.

Die Spielwarenindustrie war eine besondere Spezialität der Holzbearbeitung. Puppen und schöne Schnitzereien kamen hinzu. Schwerpunkt dieser Industrie war Klingenthal am Keilberg.

Unzweifelhaft der Glanzpunkt aber war die Musikinstrumenten-Herstellung aus Holz. So am Fuße des Elstergebirges in Schönbach. Der ganze Ort lebte vom Bau vorzüglicher Saiteninstrumente, die weltweit – auch heute noch, aber nun aus den ausgelagerten Produktionsstätten in Bubenreuth bei Erlangen – ihre alte Tradition fortsetzen.

Dieser Instrumentenbau wurde überwiegend in Graslitz in der Heimindustrie hergestellt. So entstanden Geigen, Cellos, Gitarren und Klampfen. Später kamen Holzblasinstrumente hinzu und bald auch die Blechblasinstrumente.

Von beiden Zentren aus wurde das Konservatorium in Petschau gegründet. Hier wurde später der Nachwuchs für die Prager Symphoniker ausgebildet. Aus ihnen gingen nach dem Zweiten Weltkrieg die Bamberger Symphoniker, das Kechert-Quartett in München und andere symphonische Gruppen und Persönlichkeiten hervor.«

Was die Buchdruckerei- und Verlagsarbeit anlangt, sei nur der Name Wilhelm von Stiebel genannt. Aus Reichenberg stammend, gründete er eine Verlagsgesellschaft mit über 700 Mitarbeitern. Robert Lerche hatte in Prag seinen großen Verlag aufgebaut.«

Abkürzend genannt seien hier nur noch die Lederwarenherstellung in Prag, Brünn und Münchengrätz. Die Gummi- und Kautschukindustrie mit ihrem Nestor Johann Nepomuk Reitthofer, die Textilindustrie über die Josef Grünbeck in diesem wissensreichen Vortrag berichtete. Allein in der Leinenindustrie mit den Mittelpunkten Trautenau und Hohenelbe, als auch die Seidenwebereien in Nordmähren, in Mährisch-Trübau Schönberg, Römerstadt und Hohenstadt waren 20 000 Menschen in leistungsfähigen Betrieben tätig. Grünbeck weiter:

»Einer der Pioniere der Seidenweberei war Herr Schäfter, den ich vor kurzem in Oberstaufen traf. Er hatte einst in seinem eigenen Unternehmen weit über 2000 Menschen beschäftigt. Da er überwiegend deutsches Personal hatte, war der Raum seiner Fabrik um Hohenstadt eine deutschsprechende Diaspora. Die Gesetze verpflichteten die Tschechoslowaken zur Zweisprachigkeit, sofern mindestens 25 Prozent der Bevölkerung Deutsche waren. Dies war in Hohenstadt der Fall. So hat Herr Schäfter für die völkischen Belange einen mutigen Beitrag geleistet. Dafür mußte er nach Ende des Zweiten Weltkrieges eine 12jährige Haftstrafe antreten.«

Zurück zur summarischen Darstellung, weil der gesamte Wortlaut dieses Vortrages, der das Sudetenland vorstellt, den Rahmen dieses Werkes bei weitem sprengen würde.

Es gab eine Vielzahl bekannter Unternehmen, so der »Strumpf-Kunert« aus dem Wartenberger Land, die »kleinen Buddenbrocks«, wie die Familie Greipl aus dem Markt Friedberg genannt wird. Ihre Tochter Fanny war Adalbert Stifters Muse. Die Greipls belieferten mit ihrem Leinenhandel den ganzen europäischen Raum.

All diese Parallelitäten zwischen der wirtschaftlichen und kulturellen Entwicklung zeigen nach den Worten von Prof. Dr. Otto Kemenich »die leidenschaftliche Behauptung der Sudetendeutschen hin zu ihrer völkischen Entfaltung«. Professor Kemenich, Träger des großen Kulturpreises der Sudetendeutschen von 1981 hat dieses Bestreben in die Worte »die Macht der Ethik ist das Fundament des Rechts und des Friedens« zusammengefaßt. Der in Niklasdorf, Kreis Freiwaldau geborene Wissenschaftler hat des weiteren »die moralische Kraft eines Volkes in den Mittelpunkt geistig-schöpferischer und kultureller Entfaltungen« gestellt.

Dazu Josef Grünbeck: »Er trennt dabei nicht die Erlebnis- von der Bekenntnisgeneration sondern vertraut der Zukunft. Dies erscheint mir wichtig und der Wiederholung in der heutigen Festversammlung würdig: ›Ist nicht das Begreifen der Wesensmerkmale der sudetendeutschen Volksgruppe und ihres Schicksals auch für denjenigen, der nicht mehr in der alten Heimat geboren wurde, *auch* ein Erlebnis?‹«

Josef Grünbeck wies in diesem Zusammenhang auf jene künstlerischen Impulse hin, die das Sudetenland aussenden konnte. Er deutete das Beispiel der Theaterbühnen an und verwies in diesem Zusammenhang auf den jungen Leo Slezak, der das Brünner Theater für viele Jahre geprägt hatte, er nannte auch Attila Hörbiger und Willy Forst, die in Brünn auf den Brettern gestanden haben, die für sie die Welt bedeuteten.

Kirchenbauten und die sakrale Kunst dürfen in der Betrachtung der sudetendeutschen Aktivitäten nicht fehlen. Die feinen Landestrachten und die Kerzenherstellung gehören ebenfalls dazu.

Daß im Sudetenland die ersten bedeutenden Uranvorräte entdeckt wurden und in Joachimstal, Erzgebirge, die Urangruben bis zum Ersten Weltkrieg den Weltmarkt mit Radium versorgten, sei angemerkt. Das Uran wurde zur Herstellung von druck- und temperaturbeständigem Uranglas verarbeitet, oder in der Radium-Therapie verwandt, mit der große Heilerfolge erzielt wurden. Es wären noch eine Vielfalt weiterer Fakten zu nennen, welche die Bedeutung des Sudetenlandes ins rechte Licht rückten, doch geben wir Josef Grünbeck das Wort zum letzten Abschnitt seines Vortrages, der fundiert und fesselnd zugleich alle Zuhörer zu begeistern verstand.

»Der sudetendeutsche Raum gehörte zum deutschen Sprachraum. Somit war für uns zunächst der Anschluß des Sudetenlandes an das Deutsche Reich die Heimkehr in einen deutschen Kulturraum, der uns alle von den seit Ende des Ersten Weltkrieges in der Tschechoslowakei vorhandenen Diskriminierungen und Benachteiligungen freistellte und neue Entfaltungsmöglichkeiten bot.

Die schrecklichen Ereignisse des Zweiten Weltkrieges haben dann alle Hoffnungen und Träume zunichte gemacht.

Die Vertreibung aus der sudetendeutschen Heimat hat uns zunächst von allen historisch gewachsenen Entwicklungen getrennt, dann aber vor völlig neue Aufgaben gestellt.

Es wäre sicher eines Gefühls der Dankbarkeit wert, wenn wir uns daran erinnern, daß wir in ein Land der Freiheit vertrieben wurden. Vergessen wir im Blick zurück auch nicht, daß jene, die uns vertrieben haben, in bescheidensten Lebensverhältnissen, vielfach in Armut, zurückgeblieben sind und daß ihnen die Freiheit lange Jahrzehnte nicht vergönnt war.

Nach dem Zweiten Weltkrieg wurden insgesamt 20 Millionen Menschen aus ihrer Heimat vertrieben und befanden sich auf der Flucht vor Grausamkeiten und politischer Gewalt.

Die Geschichte hat es geschrieben: Die Sudetendeutschen waren ein Teil dieser Opfer! Sie haben in ihrer Heimat selbst die Herausforderungen immer bestanden, und sie haben sie auch in ihrer neuen Heimat – Deutschland – begriffen und verwirklicht.

Man sollte sich stets zu seiner Heimat bekennen. Man sollte sich seiner Tränen um ihren Verlust nicht schämen. Aber man soll auch unter der geschichtlichen Entwicklung einen Schlußstrich ziehen und versuchen, das Kulturgut unserer Ahnen zu erhalten und den kommenden Generationen zu überliefern.«

Dies alles hat Josef Grünbeck mit seinem Vortrag beabsichtigt, und es darf gesagt werden, daß es ihm gelungen ist.

Ein historisches Jahr für die Aussöhnung

Als Josef Grünbeck im Jahre 1990 seine Grenzlandreise durch Oberfranken und die Oberpfalz machte, erklärte er:
»Das Jahr 1990 scheint ein Meilenstein in der Aussöhnung zwischen Tschechen und Deutschen zu werden. Dank der unermüdlichen Bemühungen von Außenminister Hans-Dietrich Genscher sind in vielen Bereichen Fortschritte in den gutnachbarlichen Beziehungen entstanden, die noch wenige Monate vorher niemand erwartet hätte.
Vom 14. bis 17. Juni 1990 fand bereits die erste Sitzung

der Historikerkommission statt, die von den beiden Regierungen eingesetzt worden war, um die deutsch-tschechische Geschichte des 20. Jahrhunderts aufzuarbeiten. Namen wie Prof. Vierhaus aus Göttingen, Professor Seibt aus München, Professor Mommsen aus Köln und Professor Lemberg aus Marburg auf deutscher Seite, sowie Professor Kren aus Prag – ein exzellenter Deutschlandkenner – gewährleisteten die exaktesten Ergebnisse.

Unabhängig von beiden Regierungen arbeitet die Kommission nach ihren eigenen Erkenntnissen. Es wird ihr sicher gelingen, die vorhandenen Lücken und Differenzen in der Geschichtsdarstellung beider Länder zu schließen.«

Für die Denkmal- und Friedshofspflege hat man ebenfalls in einer Sonderarbeitsgruppe gute Fortschritte erzielt. Ein leitender Beamter des Auswärtigen Amtes erklärte dazu:

»Hier ist ein neuer Geist eingekehrt!«

»Noch in diesem Jahr kommt die Aufhebung der Sichtvermerke und die Aufhebung der Visumspflicht für Touristen. Zahllose Grenzübergänge werden noch in diesem Jahr geöffnet. Der Ausbau der Verkehrsbedingungen steht unmittelbar bevor.

Für den Ausbau der Wirtschaftsbeziehungen zwischen der BRD und der CSFR ist der Abschluß eines Vertrages über die Förderung und den gegenseitigen Schutz von Kapitalanlagen ein Schlüsselinstrument. Er trägt wesentlich dazu bei, günstige Rahmenbedingungen für Kapitalinvestitionen des einen Staates im Gebiet des anderen zu schaffen. Deshalb ist es zu begrüßen, daß die Verhandlungen über diesen Vertrag praktisch erfolgreich beendet werden konnten. Die Feinabstimmung sollte flexibel erfolgen. Es liegt im Interesse beider Vertragspartner, daß dieses Dokument so bald wie möglich in Kraft treten kann.

Nach meiner Meinung sollten sich vor allem die sudetendeutschen Unternehmer dadurch eingeladen fühlen, am Wiederaufbau der Wirtschaft in der CSFR mitzuwirken. Die Rahmenbedingungen geben den Investoren entsprechende Sicherheiten, so daß eine beachtliche Innovationskraft mobilisiert werden kann. Ich selbst werde in meiner nordböhmischen sudetendeutschen Heimat gemeinsam mit Fachleuten aus der Umwelt-Technologie in der CSFR ein Unternehmen gründen und damit einen Beitrag zu neuem gegenseitigem Vertrauen zu leisten.

Besonders erfreulich ist schließlich der Abschluß des Abkommens über die Sicherheit bei Kernkraftwerken. Es betrifft gleichzeitig Kernanlagen und Entsorgungsmaßnahmen und bedeutet im Kern einen regelmäßigen Informations- und Erfahrungsaustausch zum Beispiel über die Meßergebnisse, die Sicherheitssysteme und den Strahlenschutz. Bei Unfällen muß jeder Betreiber die andere Seite benachrichtigen. Regelmäßige Konsultationen sind ebenfalls zwingend vorgeschrieben.

In kürzester Zeit ist ein Abkommen getroffen worden, das für die Sicherheit der Kernkraftwerke und damit zugleich für die Sicherheit der Bevölkerung beider Länder eine wichtige Weichenstellung vornimmt.

Es gilt als sicher, daß bei der aktiven Nachbarschaftspolitik beider Staaten insbesondere die kulturellen Begegnungen ausgebaut werden und auf beiden Seiten des Zaunes ein Bekenntnis friedlicher Nachbarschaft stattfindet, und damit auch der Zaun selber niedergerissen werden kann.«

Bei der Begegnung der beiden Bundesaußenminister Dienstbier für die Tschechoslowakei und Genscher für Deutschland, die bereits am 2. 12. 1989 an der deutsch-tschechischen Grenze bei Waidhaus stattfand, waren die Weichen zu den vorabgeschilderten Abkommen gestellt worden, als die beiden Politiker in einem symbolischen Akt die Grenzen beider Länder zueinander öffneten. Hier wurde auch die folgende Begegnung besprochen, zu der sich am 2. 1. 1990 Bundespräsident von Weizsäcker, Bundeskanzler Kohl und Außenminister Genscher mit dem tschechischen Staatspräsidenten Havel, Ministerpräsident Calfa und Außenminister Dienstbier trafen.

Eine Zwischenbilanz

Wenn alle Beteuerungen und einseitigen Bekenntnisse zur friedlichen Nachbarschaft auch an sich bereits viel sind, so muß doch abschließend gesagt werden, daß von beiden Seiten immer noch schwerwiegende Bedenken herrschen, was die Ziehung eines »dicken Striches unter die gemeinsame Vergangenheit« anlangt.

So berichtete beispielsweise Rudé právo über das Runde-Tischgespräch vom Vortage, an dem auch Walter Scheel teilnahm, am 2. 10. 1993 durch ihren Korrespondenten Vladimir Plesnik, daß sich »unter die Vergangenheit des Zusammenlebens von Tschechen und Deutschen nicht einfach ein dicker Abschlußstrich ziehen lasse. Ohne Selbstreflexion würde dies auch weiterhin die Zukunft belasten.«

Dieses Rundetisch-Gespräch, das unter dem Thema »Deutsche und Tschechen in den neunziger Jahren« von der Friedrich-Naumann-Stiftung im Prager Lichtenstein-Palais veranstaltet wurde, war dennoch ein Erfolg insofern, als beide Seiten ihren Nachholbedarf erkannten.

Der ehemalige tschechische Premier P. Pithart prägte den Satz:

»Unsere deutschen Freunde wissen, daß sich der Prozeß der Aussöhnung nicht übereilen läßt. Die tschechische Seite braucht Zeit dafür, sie muß von selber darauf kommen, daß es *auch* um *ihr* Interesse geht.« Er fügte hinzu: »Es ist erst einmal ein innertschechischer Dialog notwendig, bevor ein Fortschritt in den Beziehungen erwartet werden kann.« Gleichzeitig lehnte er Tendenzen von deutscher und sudetendeutscher Seite ab, die er als Druckausübung bezeichnete.

Demgegenüber erklärte Josef Grünbeck, daß nicht alle Sudetendeutschen der gleichen Meinung seien, wie die Funktionäre der Landsmannschaften. »Es ist eine *absolute* Ausnahme, wenn ich einmal damit konfrontiert werde, daß ein Sudetendeutscher die Heimkehr in die Sudeten oder eine Entschädigung verlangt.«

Die deutsch-tschechischen Beziehungen, wie sie sich zu Beginn des Jahres 1991 darstellten, sahen die Unterzeichnung eines Abkommens über den Austausch von Kulturinstituten, die Unterzeichnung eines Protokolls über Konsultationen der Außenministerien und den Austausch von Generalkonsulaten in Preßburg und München vor. Am 4. Oktober 1990 nahm das deutsche Generalkonsulat in Preßburg seine Arbeit auf.

Die Einsetzung einer gemeinsamen Historiker-Kommission zur Aufarbeitung der deutsch-tschechischen- slowakischen Geschichte, vor allem jene des 20. Jahrhunderts (vorher existierte der Staat Tschechoslowakei nicht) begann ihre Arbeit.

Es handelte sich hierbei um eine unabhängige Expertenkommission, die sich aus Fachhistorikern zusammensetzte. Den deutschen Vorsitz führte Prof. Vorhaus aus Göttingen, während auf der tschechoslowakischen Seite Prof. Kren aus Prag den Vorsitz führte. Zu ihrer ersten Sitzung kam die Kommission vom 14. bis 17. Juni 1990 in Prag zusammen. Die zweite fand vom 26. bis 28. 11. 1990 in Bonn statt.

Dieser Schritt wurde möglich durch die vor allem von Präsident Havel und Außenminister Dienstbier bekundete Bereitschaft, die dunklen Kapitel der Vergangenheit, einschließlich der Vertreibung der Sudetendeutschen aus ihrer angestammten Heimat, mit der deutschen Seite im Geiste der Versöhnung und des Vertrauens, einer kritischen Würdigung zu unterziehen.

Die sudetendeutsche Landsmannschaft nahm die tschechoslowakischen Bekundungen der Versöhnung mit Anerkennung und Respekt auf.

So kam *erstmals* seit Ende des Zweiten Weltkrieges ein umfassender offizieller Dialog mit der tschechoslowakischen Seite zustande.

Allerdings darf an dieser Stelle nicht verschwiegen werden, daß vermögensrechtliche Fragen die beiderseitigen Bemühungen um einen konstruktiven Dialog überschatteten. Die Forderungen der sudetendeutschen Landsmannschaft nach Entschädigung oder Restitution für Vermögensverluste in der CSFR im Zuge der Vertreibung *und* nach einer Gewährung von Rückkehrrechten haben die Führung der CSFR am 16. 10. 1990 zu folgender Feststellung veranlaßt:

»Das nach 1945 beschlagnahmte Vermögen der Sudetendeutschen wird *nicht* zurückgegeben. Die CSFR ist jedoch bereit, auf Regierungsebene über diese Frage zu verhandeln. Die CSFR ist entschlossen, vermögensrechtliche Forderungen deutscherseits mit eigenen möglichen Reparationsforderungen zu verknüpfen.«

Dieses alles war der Grund dafür, daß die Unterredung von Ministerpräsident Calfas am 30. 11. 1990 in München mit dem Sprecher der Sudetendeutschen Landsmannschaft, Neubauer, konfrontativ verlief.

Bereits am Vortage der genannten Besprechung, dem 29. 11. 1990 hatte Ministerpräsident Calfa ein umfangreiches Hilfeersuchen an die Bundesregierung gerichtet, das Kredite in Höhe von 1 Milliarde DM beinhaltete.

Daß diese offiziellen Sondierungen, Gespräche und schließlich Abkommen nicht ein erster Schritt waren, sondern daß es vor allem Privatpersonen gewesen sind, die ihre Hände ausstreckten, um zum gegenseitigen Verständnis und Frieden zu kommen, dafür ist Josef Grünbeck ein leuchtendes Beispiel.

Josef Grünbeck in Aktion

Nachdem der erste Besuch der Familie Grünbeck in ihrer alten Heimat im Jahre 1972 einen niederschmetternden Eindruck hinterlassen hatte, begann Grünbecks Arbeit um die Verbesserung nicht nur der Beziehungen untereinander, sondern vor allem der Lebensbedingungen der Menschen. Er gründete die Aktion »Sudetenhilfe« und war in dieser Sache, die er zu seinem Herzensanliegen machte, ununterbrochen unterwegs, um jene 500000 DM zusammenzukriegen, welche beispielsweise die Sanierung des Duxer Krankenhauses erfordern würden.

Dort hatte er vor allem in der Geburten- und Säuglingsstation einen verheerenden Überblick über die Überlebenschancen für die neugeborenen Kinder erhalten.

Infolge der starken Luftverunreinigung waren die Atemwege der Neugeborenen bereits nach wenigen Tagen derart geschädigt, daß die Säuglinge nur noch eine begrenzte Lebenschance hatten. Es ging darum, vor allem im Krankenhaus selbst neue Lüftungs- und Reinigungsinstallationen durchzuführen, um diesen Kindern zu helfen, und so die Sterblichkeitsrate herabzudrücken.

Es gelang Josef Grünbeck, diese notwendige Summe binnen kurzer Zeit zu sammeln. Das Krankenhaus wurde von Grund auf saniert, und als er einige Jahre später wieder in Dux weilte, standen die Renovierungsarbeiten vor dem Abschluß.

Daß den tschechischen Nachbarn vor allem beim Umweltschutz mit westlicher Technologie geholfen werden müsse, war nach diesem ersten verheerenden Anschauungsunterricht klar. Es galt, etwas gegen die ständig weiter um sich greifende Umweltverseuchung zu tun, die das nordböhmische Braunkohlenbecken befallen hatte.

Dieser gesamte Raum, davon konnte sich der FDP-Politiker durch eigenen Augenschein überzeugen, glich einem Alptraum aus kahlen Wäldern und Abraumhalden. Auch hier trat Grünbeck für schleunige Abhilfe ein und setzte eine Menge vorab in Gang, um sodann, auch gestützt auf Vereinbarungen und Verträge, in dieser Richtung zu helfen.

Inzwischen sind in Tschechien erhebliche deutsche Investitionen getätigt worden, die dazu beitragen, die Luftverschmutzung Zug um Zug zurückzudrängen.

Am Freitag, dem 22. 2. 1991, zog Josef Grünbeck in bezug auf die deutsch-tschechische Aussöhnung eine erste Zwischenbilanz. Er schrieb im HEIMATRUF – der Heimatzeitung für die Kreise Teplitz – Schönau – Dux – Bilin: unter dem Titel »Hoffnungsvolle Entwicklung«:

»Die Beziehungen zwischen der Bundesrepublik Deutschland und der CSFR haben in der jüngsten Vergangenheit eine erfreuliche Entwicklung genommen. Auf politischem, wirtschaftlichem und kulturellem Gebiet wurden Erfolge erzielt.

Diese Verbesserungen der bilateralen Beziehungen sind ganz wesentlich das Verdienst der Präsidenten beider Länder, Vacláv Havel und Dr. Richard Weizsäcker, sowie der beiden Außenminister Hans-Dietrich Genscher und Jiri Dienstbier. Sie waren es, die das Aufeinanderzugehen möglich machten.

Das Ausmaß der Verbesserungen der bilateralen Beziehungen wird an der Situation an der 730 Kilometer langen gemeinsamen Grenze offenkundig.

Bei Waidhaus wurde ein Autobahn-Grenzübergang errichtet. Insgesamt sieben Straßen-Grenzübergänge sind 1990 geöffnet worden. In diesem und dem kommenden Jahr werden zusätzliche Übergänge geöffnet werden. Touristen brauchen keinen Sichtvermerk mehr.

Aber die Veränderungen gehen über diese unmittelbar sichtbaren Fakten *weit hinaus*. Im Jahre 1990 wurde eine große Zahl von Abkommen zwischen beiden Ländern unterzeichnet.«

Zu den bereits vorab genannten Abkommen waren dies: Ein Regierungsabkommen über Werkvertragsarbeitnehmer, ein Investitions-Förderungsvertrag, ein Abkommen über den Jugendaustausch, ein weiteres über den Straßengüterverkehr, sowie über grenzüberschreitende Hilfsmaßnahmen bei Katastrophen und Unglücksfällen.

»Gerade für uns Sudetendeutsche«, so Grünbeck weiter, »sind die Möglichkeiten der wirtschaftlichen Zusammenarbeit von Interesse. Immerhin ist die Bundesrepublik Deutschland der größte westliche Handelspartner der CSFR, auch im Bereich der Unternehmens-Kooperationen.

Ein wichtiges Feld der Zusammenarbeit und der bilateralen Beziehungen ist der Bereich der Energiewirtschaft und – damit eng verknüpft – das weite Feld des Umweltschutzes.

Nachdem bereits 1987 eine Zusammenarbeit beider Länder auf dem Gebiet des Umweltschutzes getroffen worden war, mit den Hauptpunkten Luftverschmutzung, Gewässerverseuchung und Waldschäden, kam es 1990 auch zu einem Regierungsabkommen über kerntechnische Sicherheit und Strahlenschutz.

Die CSFR plant einen umfassenden Ausbau ihrer Kernenergiekapazität. Deshalb ist die Zusammenarbeit auf diesem Felde von ganz besonderer Bedeutung.

Das Abkommen schreibt einen umfassenden Informations- und Erfahrungsaustausch über alle Fragen der kerntechnischen Sicherheit und des Strahlenschutzes vor.

Die CSFR ist bereit, westliches Know how auch zu Gunsten der Sicherheit der eigenen Kernkraftwerke einzusetzen. Diese Bereitschaft zeigt sich beispielsweise am Kernkraftwerk Buhunice. Hier hat die CSFR umfassende Nachrüstungsmaßnahmen vorgesehen, um eine ausreichende Sicherheit für den weiteren Betrieb des Kernkraftwerkes um weitere fünf Jahre zu gewährleisten. Dieses Nachrüstungsprogramm geht auf Vorschläge westlicher Firmen zurück.

Nur mit westlicher Unterstützung hat die CSFR die Chance, das Problem der ungeheuren Schadstoffemissionen der Kohlekraftwerke des Landes in den Griff zu bekommen.

Der elende Zustand gerade der früheren Heimat der Sudetendeutschen, die abgestorbenen Wälder und die krankmachende Luft müssen jeden Menschen zutiefst treffen, der dort hinreist.

Was uns Sudetendeutsche im Gedenken an die alte Heimat aber besonders bewegt, ist die Tatsache, daß deutsche Kulturgüter vielfach verfallen, Denkmäler abgeräumt werden und damit dem Vergessen anheimfallen. Hier gibt es viele Initiativen von Privatleuten, und in diesem Sektor läßt sich im Kleinen viel erreichen.

Ich erinnere an unseren Versuch, das Denkmal Walthers von der Vogelweide, das in Dux abgerissen wurde, in die Duxer Patenstadt Miltenberg zu überführen, es dort wieder aufzustellen und so vor dem Vergessen zu bewahren.«

In dieser Sache hatte sich Josef Grünbeck an Präsident Havel gewandt und ihn um Unterstützung gebeten. Er erhielt wenige Tage vor Erscheinen dieses Artikels in der Heimatzeitung eine Antwort. Darin sprach sich Präsident Havel dafür aus, das Denkmal im Lande zu behalten und es in Dux selber, im dortigen Stadtpark, dem ursprünglichen Aufstellungsort, wiederzuerrichten. Dazu Josef Grünbeck im weiteren Verlauf seines Artikels:

»Ich halte das für einen großartigen Vorschlag, der unseren Wünschen viel mehr entgegenkommt als jede Ersatzlösung.« (Darüber im nächsten Abschnitt mehr).

»Ähnlich Erfolgreiches läßt sich auch von der Grabpflege in der CSFR berichten. Lange Zeit war die Pflege der etwa 500 000 deutschen Zivilgräber in der Tschechoslowakei nur in Einzelfällen und unter Umgehung staatlicher Stellen möglich. Staatlicherseits wurden keine Genehmigungen erteilt, in der Tschechoslowakei befindliche Zivilgräber durch in Deutschland lebende Angehörige pflegen zu lassen.

Dieses Rudiment sozialistischer Bevormundung durch Rußland hat sich völlig ins Gegenteil verkehrt. Eine Pflege von Gräbern durch Angehörige der Toten ist nunmehr völlig problemlos möglich.

Auch für die Erhaltung und Pflege deutscher Kriegsgräber in der CSFR haben sich nach Beginn der Demokratisierung des Landes völlig neue Perspektiven eröffnet.

Über das tschechische Rote Kreuz und den VdK sind vor Ort konkrete Maßnahmen vereinbart und begonnen worden. Dies zunächst in lokaler Zuständigkeit. Um die Kriegsgräberfürsorge in offizielle Bahnen zu lenken, und damit auch wirtschaftlicher zu gestalten, wurde 1990 zwischen beiden Regierungen ein Kriegsgräberabkommen vorgeschlagen.«

(Dieses ist inzwischen zustande gekommen, und damit besteht auch auf diesem Gebiet kein Hindernis mehr. Auch dies war ein Schritt zur Verbesserung der gegenseitigen Beziehungen.)

»Die Kulturbeziehungen zwischen beiden Staaten haben durch den 1990 vereinbarten Austausch von Kulturinstituten neuen Schwung erhalten. Das Jugendaustauschabkommen hat mit dazu beigetragen. Die Intensivierung der Beziehungen beider Länder im Ausbildungsbereich, darunter die Einbeziehung der deutschen Sprache als Pflichtfach an den Höheren Schulen des Landes, (nach Wegfall des Russischen als Pflichtfach), spielt eine ständig wachsende Rolle. Die ersten deutschen Lehrer und Hochschullehrer sind bereits in die CSFR entsandt worden.

Aus allem Gesagten wird deutlich, daß die beiderseitigen Beziehungen der Nachbarländer sich sehr dynamisch und positiv entwickeln. Zwar sind wirtschaftspolitisch noch erhebliche Schwierigkeiten zu überwinden, doch die CSFR hat bereits wichtige Schritte zur marktwirtschaftlichen Umgestaltung ihrer Wirtschaft vollzogen. Einer der Eckpfeiler war die am 1. 12. 1990 vollzogene Privatisierung von Klein- und Mittelbetrieben, ferner eine weitgehende Liberalisierung der Preise und des Handels- und Zahlungsverkehrs mit dem Ausland.

Die wichtigste Grundlage unserer Beziehungen zur CSFR ist die Tatsache, daß dieses Land auf dem Wege zurück nach Europa ist. Das macht uns Mut, und das verdient unser aller Unterstützung.«

Aus diesem Beitrag ist die Haltung des Politikers ebenso wie des Unternehmers und Menschen Josef Grünbeck zu erkennen. Daß er auch im Deutschen Bundestag zur Zirkulation gebracht wurde, verstand sich, sind doch in ihm wesentliche Punkte der deutschen Außenpolitik der Osteuropafrage und der CSFR zusammengefaßt.

Wenden wir uns nunmehr jenem Thema zu, das bereits

in dem vorab zitierten Artikel Grünbecks angesprochen wurde: dem Denkmal des Walther von der Vogelweide.

Walther von der Vogelweide und Dux

In der bekannten Heidelberger Handschrift Manesse ist der Minnesänger und Dichter Walther von der Vogelweide dargestellt. Das Bild zeigt ihn mit »in die Ferne gerichtetem Blick, mit der linken Hand die Wange stützend. Die Wappen mit dem Vogel im Käfig links und rechts oben im Bild deuten auf den Namen des Sängers hin. Das aufrecht stehende Schwert zwischen seinen Beinen verbindet das Feine mit dem Groben. So soll er gewesen sein, der Sänger deutscher Minne: Einmal zärtlich zu den Frauen, sodann kraftvoll gegenüber den Männern.

Diese Lebensphilosophie hing mit der im 12. Jahrhundert aus der Provence nach Westeuropa vorgedrungenen ritterlichen Kultur zusammen, die eine Vorliebe für prachtvolle Gewänder und prunkvolle Rüstungen, für Turniere und für die Liebe zu schönen Frauen hatte.

Die grundlegenden Elemente des mittelalterlichen Rittertums waren: Mut, Ehre, Noblesse und Festigkeit im christlichen Glauben. Dies hob die Ritter über ihre anderen Zeitgenossen hinaus.

Diese Tugenden und jene Ritter, die sie beherzigten, wurden von den wandernden Dichtern, Troubadouren und Minnesängern gepriesen und an den Höfen der Fürsten und geistlichen Herrscher vorgetragen.

Einer jener fahrenden Sänger, der an den höchsten Stellen höfischen Lebens diesem Metier dienten, war Walther von der Vogelweide. Daß er neben seinen feinen lyrischen Versen auch die Sprache der Politik verstand und sich darin als scharfsichtiger Beobachter der Vergangenheit und der Gegenwart erwies, zeigt sein in deutscher Sprache geschriebenes Werk.

Dies alles wissen wir über ihn. Wenig oder eigentlich gar

nichts über seine Herkunft, seine Geburt nach Ort, Tag und Stunde. Seine Kindheit und Jugend bleibt im Dunkeln. Ob er aus einer hochgestellten Familie kam, ist nach wie vor ungeklärt. Eher gesichert ist allerdings, daß er zwischen 1165–1170 geboren wurde, etwa um 1230 in Würzburg starb, und im Kreuzgang des Neumünsters begraben sein soll.

Die Forschung hat eine ganze Reihe von »Vogelweide-Höfen« nachgewiesen, von denen der bekannteste im Südtiroler Eisacktal liegt. »Es ist möglich, daß der Name dieses bedeutendsten Lyrikers des Mittelalters auf Walthers »Wanderleben, auf seine Unbehaustheit und sein Künstlertum hinweisen soll und nicht an eine reale Heimstätte gebunden ist«.

Daß er am Klosterneuburger Hof der Babenberger erzogen wurde, sein dortiger Lehrmeister Reinmar von Hagenau war, und er dort und von diesem seine Bildung und künstlerische Ausbildung erhielt, ist erwiesen.

Mit Reinmars »Leidensbereitschaft im Dienste der Frau« konnte sich Walther nicht anfreunden. So kam es zu jener Reinmar-Walther-Fehde, einem literarischen Duell gegeneinander.

Als Herzog Friedrich von Österreich auf dem Kreuzzug von 1198 starb, wurde Walther durch dessen Nachfolger Leopold VI. des Hofes verwiesen, an den er später allerdings einige Male zurückkehrte.

Sein unstetes Wanderleben begann. Im Dienste des Staufers Philipp von Schwaben, den er gegen Otto von Braunschweig als legitimen Herrscher unterstützte, trat er nach der Ermordung seines Herrn 1208 auf die Seite seines Gegners, des Welfen Otto IV. Als dieser ihn aber nicht so förderte wie es Walther erwartet hatte, ging er zu Kaiser Friedrich II. über, von dem er – inzwischen etwa fünfzigjährig – einen Ehrensold und ein Landgut bei Würzburg erhielt.

Nach der Meinung eines Duxer Historiographen soll Walther von der Vogelweide – dessen Geburtsort in Tirol,

Schwaben, Franken, dem Rheinland, der Schweiz und anderen Anwärter-Ländern gewesen sein soll – aus Dux stammen. Einmal sei der Name einer Familie von der Vogelweide zwischen 1389 und 1409 im Duxer Stadtbuch belegt, zum anderen seien engere Bindungen Walthers zu Böhmen nicht auszuschließen. Aber ähnliche Namen kommen auch in anderen Dokumenten des 14. bis 16. Jahrhunderts, vor allem in Süddeutschland vor.

Daß er auf einer seiner Reisen durch Dux gekommen sein muß, wird anhand von Indizien belegt. Dies alles bewog die Stadt Dux und ihre Historiker im Jahre 1911 dazu, bei dem Wiener Bildhauer Heinrich Scholz ein Bronzedenkmal zu bestellen, das nach seiner Fertigstellung im Stadtpark, am Ufer des Barbarateiches aufgestellt wurde.

Josef Grünbeck erinnert sich noch heute an jenen 700. Todestag des Minnesängers im Jahre 1930, als in Dux vor dessen Denkmal ein Kranz niedergelegt und Reden gehalten wurden, die »dem Sohne der Stadt Dux« galten.

Als der Zweite Weltkrieg zu Ende gegangen war und die deutschen Truppen ebenso aus der Tschechoslowakei vertrieben worden waren, wie die Bevölkerung, wurde das Denkmal abgerissen und landete auf einem Schuttplatz.

Einige Jugendliche der Stadt spürten diesen Koloß aus Bronze auf und wollten ihn schon zum Einschmelzen verscherbeln, als der Gemeindepfarrer das Denkmal erkannte, es gegen einige Tonnen Altpapier eintauschte und versteckte.

In diesem Versteck wurde der bronzene Dichter von Josef Grünbeck aufgespürt. Nun begannen jene Zwischenspiele, die sich um Miltenberg und den Präsidenten Havel rankten.

Josef Grünbeck sprach – nach dem grundsätzlichen »ja« des Präsidenten Havel – mit dem Duxer Bürgermeister Karel Ulip, dem Duxer Kulturreferenten Josef Sada und dem Verwalter des Gräflich Waldensteinschen Schlosses, Rudolf Wichislaw.

Mit der Zusage des Präsidenten im Rücken gelang es

ihm, eine Zusage zur Wiederaufstellung von den Duxer Stadtvätern zu erreichen. Damit hatten zunächst die Restauratoren das Wort. Daß der weitere Verlauf zielgerichtet in der Wiederaufstellung mündete, dafür sorgten die beiden Schirmherren, Jiri Dienstbier und Hans-Dietrich Genscher.

Genschers Nachfolger im Amt des Außenministers, Klaus Kinkel, wurde von Grünbeck ebenfalls auf diese wichtigen kulturellen Belange eingestimmt und übernahm die Schirmherrschaft für eine völlig unbürokratische Nachbarschaftshilfe, mit der zunächst der Kinderstation des Duxer Krankenhauses rasch geholfen werden konnte.

Wie der dortige Chefarzt, Dr. Roman Pajsa, Josef Grünbeck erläuterte, überlebten 15 bis 20 Prozent der in der gesamten Region neugeborenen Kinder nicht.

Entsprechend dankbar für die sofortige Hilfe Grünbecks zeigte sich der Bürgermeister von Dux, Bilem Scharhag, und nominierte Josef Grünbeck zum Ehrenbürger von Duchov, der Heimatstadt des Helfers in letzter Stunde.

Daß es Josef Grünbeck um mehr als persönliche Ehrungen geht, wird aus seinem ganzen Verhalten deutlich. Er selber formulierte dies folgendermaßen:

»Wer auch immer an eine gemeinsame Zukunft denkt, muß die Lebensbedingungen im östlichen Europa verbessern. Ansonsten werden wir eines Tages eine Völkerwanderung nie geahnter Größe erleben.«

Doch weiter in der Frage des Monumentes deutscher Minnesängerkultur.

Die feierliche Grundsteinlegung dieses Denkmals sollte am 26. und 27. Juni 1991 stattfinden. Und zwar unmittelbar vor dem Staatsbesuch des deutschen Bundespräsidenten, der erwartet wurde.

Es sollte ein überragendes Ereignis werden. Vor allem sollte sich durch alle geplanten Veranstaltungen wie ein roter Faden die Erkenntnis vermitteln, daß gerade der mitteleuropäische Raum für die künftige Kulturpolitik eine entscheidende Weichenstellung darstellt.

Aus Dux gingen Meldungen ein, daß das Denkmal rechtzeitig fertig werden würde, und daß man bereits ein Protokoll über den Ablauf der gesamten Veranstaltung erarbeitet habe. Der Empfang der Ehrengäste sei im Schloß Dux geplant. Von dort aus seien es nur fünf Minuten bis zum Denkmal. Dort würde dann die feierliche Enthüllung desselben stattfinden.

Daran anschließend werde der tschechische Außenminister im Schloß einen Empfang geben. Eines sei sicher: Die Veranstaltung werde nicht nur die Bevölkerung von Dux, sondern den gesamten nordböhmischen Raum ganz besonders interessieren.

Am 5. Oktober begannen die Feierlichkeiten in Dux. Karl Ulip, Bürgermeister von Dux, begrüßte eine große Anzahl von Gästen, die sich rund um das neue Denkmal versammelt hatten. Die Botschafter beider Länder brachten in ihren anschließenden Festansprachen die Bedeutung des Dichters Walther von der Vogelweide zum Ausdruck, die dieser bereits zu *seiner* Zeit schon für die europäische Kultur hatte. Sie bekräftigten, daß sein Werk auch in die heutige Annäherung der mitteleuropäischen Kultur hineinwirken werde.

Zur Wiedererrichtung sagten beide Botschafter, man könne sich nun darüber freuen, wenn solche beispielhafte Initiativen auch in den nächsten Jahren die Aussöhnung beider Völker beschleunigen und damit das Fundament für ein dauerhaftes friedliches Europa schaffen würden.

Den Festvortrag hielt Professor Dr. Jarislav Valenta, ein Historiker von hohen Graden. Er führte aus:

»Das Duxer Denkmal soll in dieser Richtung ein Symbol für die Zukunft sein, ein Beitrag zur gegenseitigen Achtung. Für mich als tschechischer Historiker ist es sehr sympathisch, in einer tschechischen Stadt das Denkmal eines großen deutschen Dichters zu sehen, der zum Bereich der alten europäischen Kultur gehört.

Als Historiker empfinde ich es fast als Pflicht, zu sagen, daß dieses Denkmal für mich unvergleichlich sympathischer erscheint, als ein Denkmal von Opfern des nationalistischen Extremismus, die *auch* an gewissen Orten errichtet wurden, aber *eben trennen*, da sie unnütz an alte und von fast allen vergessene Konflikte erinnert. Das ist weder gut, noch weise.«

Die beiden Schirmherren, Hans-Dietrich Genscher und Jiri Dienstbier, wurden von den beiden Botschaftern vertreten, die im Namen ihrer Vorgesetzten die Enthüllung des hervorragend restaurierten Denkmals vornahmen. Der Jubel der versammelten Gäste und der Bevölkerung brach spontan und offen aus und gab der festlichen Vormittagsstunde eine besondere Bedeutung.

Anschließend sangen Angehörige des Brüxer Stadttheaters in alten Originaltrachten des Mittelalters Lieder und boten Vorführungen, die für alle Besucher zu einem besonderen Leckerbissen wurden. Das alles paßte ausgezeichnet zum Erscheinungsbild des großen mittelalterlichen Sängers, der selber einmal sagte:

»Ich saß auf einem Steine und deckte Bein mit Beine, darauf der Ellenbogen ruht; in meiner Hand geschmieget gut mein Kinn und meine Wange.

Da dacht ich viel und lange, weshalb auf dieser Welt wir leben, und konnte keinen Rat doch geben, wie man drei Ding erwürbe. Die Zwei sind Ehr und irdisch Gut, das oft einander schaden tut.

Das dritte, Gottes Huld allein, muß jeder beider Meistern sein.«

Die anschließende Pressekonferenz auf Schloß Dux sah den 1. Initiator dieser Denkmals-Neuerrichtung, Josef Grünbeck im Zentrum der Blitzlichter: Josef Grünbecks Grußwort zu diesem Fest sei hier eingeblendet:

»Grußwort!

Anlaß unseres festlichen Treffens ist die ehrenvolle Wiedererrichtung eines deutschen Kulturdenkmals in Dux.

Ich möchte der tschechischen Regierung und insbesondere Präsident Havel meinen Dank dafür ausrichten, daß dieser Festakt möglich wurde. Er wurde möglich, weil die tschechische Regierung sich dafür ausgesprochen hat, daß deutsches Kulturgut in Böhmen und Mähren wieder zur Geltung kommen soll. Schicksal solcher Kulturdenkmäler sollte nicht sein, vernachlässigt, vergessen oder exportiert zu werden. In gemeinsamer Verantwortung wollen wir sie achten und bewahren, wie sie es verdienen.

Es ist ein guter Schritt auf dem Wege der Aussöhnung der Völker, wenn in dieser Weise traditionelle mitteleuropäische Verbundenheit auf kulturellem Gebiet gepflegt wird. Vieles ist hier schon in Gang gekommen. Der Austausch von Lehrern, das Erlernen der Sprache des Nachbarn, die Zusammenarbeit von Universitäten gehören dazu.

Heute und morgen wollen wir einen Auftakt setzen für weitere konkrete Projekte, die deutsche Kultur in Böhmen und Mähren mit neuem Leben erfüllen und in der Pflege dieser Kultur die beiderseitigen Beziehungen weiter vertiefen sollen.

Ich freue mich besonders, daß die beiden Außenminister unserer Länder, Hans-Dietrich Genscher und Jiri Dienstbier, sich bereitgefunden haben, die Schirmherrschaft über dieses deutsch-tschechische Fest zu übernehmen. Ich danke beiden Ministern sehr herzlich.

Am Vorabend des Staatsbesuches des deutschen Bundespräsidenten in der Tschechoslowakei möchte ich auch meine besondere Freude darüber ausdrücken, daß nach den jüngsten Meldungen die Arbeiten zur Vorbereitung des Vertrages über Freundschaft und gute Nachbarschaft zwischen unseren beiden Staaten zu einem guten Ende gekommen sind und die letzten Unebenheiten ausgeräumt werden konnten. Mit dem unmittelbar bevorstehenden Abschluß dieses Vertrages wird eine neue Stufe der Zusammenarbeit zwischen Deutschland und der Tschechoslowakei erreicht.

Wir alle wünschen uns solche vertieften Beziehungen. Wir wünschen sie auf dem Gebiet der kulturellen Beziehungen und bei der wirtschaftlichen Zusammenarbeit ebenso, wie in der politischen Zusammenarbeit. In nicht allzu langer Zeit wird auch das Ziel erreichbar sein, daß die Tschechoslowakei Mitglied der Europäischen Gemeinschaft wird, damit dieser Staat und dieses Volk, das immer zu Mitteleuropa gehört hat, auf noch besserer Grundlage mit seinen Partnern im Westen und Osten zusammenarbeiten kann.

Aussöhnung und Versöhnung sind die Grundlagen solcher neugestalteten partnerschaftlichen Beziehungen. Ich hoffe, daß die Historikerkommission zur Aufarbeitung der gemeinsamen Geschichte des 20. Jahrhunderts bald über ihre Ergebnisse wird berichten können. Auch das wird Grundlage der künftigen Beziehungen beider Staaten sein. Man kann Geschichte nicht verschweigen. Man muß vielmehr die Lehren aus ihr ziehen. Nur so kann eine dauerhafte friedliche Zukunft in Europa gestaltet werden, die wir alle wünschen.«

Das anschließende Konzert, meisterlich durch das Panocha-Quartett gestaltet, wurde zum Erlebnis für alle Teilnehmer im vollbesetzten Wallensteinsaal. Die vorgetragenen Kompositionen von Mozart und Dvorak zeigten die enge Verwandtschaft beider Völker in ihrer träumerischen und romantischen Musik, aber auch in der rhythmischen Disziplin der musikalischen Darbietung. Es war ein begeistert aufgenommener Festabend.

Die Duxer Fischerstuben sahen dann noch einen Ausklang im gemütlichen Beisammensein mit Musik und Gesang und vielen Gesprächen von Mensch zu Mensch, von Land zu Land.

Weitere Hilfen – Die Verträge

Unmittelbar nach diesem großen deutsch-tschechischen Ereignis erhielt Josef Grünbeck das Schreiben der Direktorin des Gymnasiums von Duchov, von Frau Marie Sachetová. Grünbeck hatte mit ihr anläßlich des Festkonzertes im Wallensteinsaal ein Gespräch geführt und ihr Hilfe zugesagt, als es darum ging, deutsche Lehrkräfte an dieses Gymnasium zu entsenden.

Es ging einmal um einen deutschen Lektor und – wenn eben möglich – auch um einen Professor für eine geplante bilinguische Klassen am Duchcover Gymnasium.

Frau Sachetová hatte sich zugleich an den Leiter der deutschen Sektion der Sprachbildungsabteilung des Schulministeriums den Dozenten Houska gewandt. Dieser teilte ihr mit, daß es günstig sein würde, wenn er – Grünbeck – mit dem in Prag beim Schulministerium wirkenden deutschen Berater für Sprachbildung, Herrn Dr. Olaf Müller, in Verbindung treten könne.

Frau Sachetová schrieb, daß ihre Schule bereits im kommenden Schuljahr einen bis zwei Lektoren der deutschen Sprache übernehmen könne. Josef Grünbecks Antwort vom 7. 11. 1991 war positiv. Er versprach, die Schule in ihrem Bemühen zu unterstützen und empfahl der Direktorin, sich auf die Wunschliste setzen zu lassen, aus welcher konkrete Projekte ausgewählt würden. Da bilinguale Klasse Prioritäten genössen, seien ihre Chancen gut. Ihre Schule müsse mit Herrn Dr. Olaf Müller Kontakt aufnehmen und den Wunsch der Schule nach Entsendung eines deutschen Lehrers anmelden.

Daß Grünbeck selber *auch* von Deutschland aus mit Dr. Müller Verbindung aufnehmen werde, sagte er zu, um am nächsten Tage noch an die deutsche Botschaft in Prag zu Händen von Dr. Müller zu schreiben.

Er gebe der Hoffnung Ausdruck, daß das Gymnasium in Duchcov gute Chancen habe, einen Lehrer für Deutsch zu erhalten.

Wie Dr. Olaf Müller Josef Grünbeck antwortete, sei das Gymnasium in Duchcov noch zu Schuljahresende 1990/91 in die Prioritätenliste aufgenommen worden und stehe auf der Platzziffer 13 von 29 Plätzen. Allerdings hätten Bund und Länder nicht genug ausreichend neue Stellen geschaffen, um Duchcov zum Beginn des Schuljahres 1991/92 mit einer deutschen Lehrkraft zu versorgen. Daß der große Aufgabenzuwachs (mit dem Hinzukommen des Baltikums und der Ukraine) sowie die sich in der CSFR verschobenen Prioritäten (Vorrang genossen dort nunmehr die fünf neuen geplanten Lehrerausbildungszentren mit insgesamt 10 muttersprachlichen Lehrkräften) die Chancen für Duchcov schmälern würden.

Dr. Müller regte an, daß hier möglicherweise die düsteren Aussichten dadurch aufgehellt werden könnten, indem aus den Reihen der Deutsch-tschechoslowakischen Gesellschaft einige rüstige Rentner in die Bresche springen würden.

Inzwischen ist auch in Duchcov eine deutsche Lehrkraft tätig.

Während des Staatsbesuches des Bundespräsidenten in der CSFR vom 7. bis 11. Oktober 1991 hielt Richard von Weizsäcker am 7. Oktober auf der Prager Burg eine Ansprache, um am nächsten Tage vor dem Parlament der Tschechischen und Slowakischen Föderativen Republik im Prager Parlamentsgebäude erneut ans Rednerpult zu treten.

Der Empfang in Preßburg, der vom Vorsitzenden des slowakischen Nationalrates Dr. Frantisek Mikloso gegeben wurde, sah auch den slowakischen Ministerpräsidenten Dr. Jan. Carnogursky im Spiegelsaal des Regierungsamtes dabei.

Kernpunkte *aller* Gespräche war das gegenseitige Bemühen, die Einzelinteressen der europäischen Staaten eng miteinander zu verknüpfen und die Ressourcen in eine gemeinsame Waagschale zu werfen. Wörtlich sagte Richard von Weizsäcker:

»Slowaken, Tschechen und Deutsche müssen als Nachbarn zusammenstehen und zusammen arbeiten, um gemeinsam mit ihren Partnern und Freunden dieses Europa zu verwirklichen. Das ist für uns selbst und für *ganz* Europa wichtig.«

Die Vorarbeiten zu dem Vertrag über »gute Nachbarschaft und freundschaftliche Zusammenarbeit«, an dessen Verwirklichung auch Josef Grünbeck persönlich, privat und im Rahmen seiner Tätigkeit als Bundestagsabgeordneter und Mitglied der Deutsch-tschechoslowakischen Gesellschaft mitgearbeitet hatte, waren in ihr entscheidendes Stadium getreten. Er wurde am 27. Februar 1992 in Prag unterzeichnet. Unterzeichner waren für Deutschland Helmut Kohl und Hans-Dietrich-Genscher, für die Tschechische und Slowakische Föderative Republik Vaclav Havel und Jiri Dienstbier.

Im Vorfeld dieser wichtigen Entscheidung war es zwischen Josef Grünbeck und der CSU im Bundestag und außerhalb des Hohen Hauses zu einer Reihe unschöner Auseinandersetzungen gekommen. Am 25. Februar 1992 hatte Grünbeck dazu im Bundestag Stellung bezogen und wieder einmal Zivilcourage bewiesen. Er nannte die Unruhestifter auf beiden Seiten, die das Klima belasteten, als Führer von Scheingefechten, die es zu unterlassen gelte, um der damit verbundenen Volksverdummung und Volksverhetzung ein Ende zu bereiten. Dieser mühsam ausgehandelte Vertrag wurde von beiden Regierungen akzeptiert. In seine Worte gekleidet:

»Es kommt jetzt darauf an, den Geist guter Nachbarschaft in die Zukunft zu übertragen. Sowohl die 1950 beschlossene Charta der Vertriebenen, als auch die Erklärungen von Präsident Vaclav Havel sind Grundlagen für die Aussöhnung, die ohne gegenseitiges Verzeihen nicht denkbar ist. Jetzt noch Verträge für ungültig zu erklären, heißt, in der Vergangenheit herumzustochern, *ohne* etwas zu verändern.

Der Alltag hat die Verträge bereits überholt. Zigtausende tschechische Arbeitnehmer kommen vor allem in Bayern täglich über die Grenze und tragen erheblich zur Verständigung in den Grenzgebieten bei. Hunderte deutscher Investoren haben längst in der CSFR Entscheidungen für künftige Industriestandorte getroffen und erfüllen so einen Beitrag zum Wiederaufbau der einst blühenden tschechoslowakischen Wirtschaft. Gleiches vollzieht sich auf kulturellen und anderen Gebieten.

Die sudetendeutschen Funktionäre sind gut beraten, wenn sie diese Entwicklung nicht durch Querelen sondern durch konstruktive Beiträge begleiten.

Probleme gibt es noch genug! Die Elbe mit ihren Nebenflüssen Moldau und Eger muß sauber werden. Die Kernkraftwerke nahe der deutschen Grenze müssen sicherer werden. Die Luftverunreinigung muß beseitigt werden. Viele deutsche Kulturdenkmäler müssen saniert und der öffentlichen Nutzung wieder zugänglich gemacht werden.

Die Rückkehr der Sudetendeutschen wird auf europäischer Basis möglich werden, wenn die demokratisch-freiheitliche Ordnung in der CSFR weiter konsolidiert ist, wenn sich Deutsche und Tschechen vertragen und im Geiste mitteleuropäischer Kultur an alte Traditionen angeknüpft haben.

Was in 45 Jahren kommunistischer Herrschaft an gesellschaftspolitischem Verfall entstanden ist, kann man nicht von heute auf morgen wieder reparieren. Daher muß *jetzt* nach der Vertragsunterzeichnung mit gegenseitigem Verständnis an der Gestaltung der Zukunft gearbeitet werden.

Das ist der große Auftrag für *beide* Seiten.«

Der Vertrag wurde unterzeichnet, die Fortschritte werden deutlicher, und bei der Verleihung des Bundesverdienstkreuzes 1. Klasse an Josef Grünbeck im Juni 1993 führte Richard von Weizsäcker aus:

»Ihr besonderes Engagement gilt der Verbesserung der deutsch-tschechoslowakischen Beziehungen im Geist der Versöhnung und des Vertrauens. Sie lassen sich dabei vom obersten Ziel der Charta der Vertriebenen leiten, der dauerhaften Sicherung des Friedens in Europa zu dienen.«

Auch Josef Grünbeck betonte anläßlich dieser Auszeichnung, daß die Entwicklung in der tschechischen und slowakischen Republik unter Beteiligung der Sudetendeutschen erfolgen sollte. Dabei sollte das Vorbild von Präsident Havel Gültigkeit haben, der einerseits die Schuld aus der Vertreibung nicht ablehnt, andererseits aber den Weg nach vorn sucht.

»Die dauerhafte Aussöhnung kann nur dann erfolgen, wenn eine Versöhnung auch stattfindet. Dafür werde ich mich in besonderer Weise einsetzen.«

Etwa 14 Tage nach dieser Verleihungszeremonie fand Ende Juni 1993 in Dux eine Besprechung statt, an der führende Mitglieder der öffentlichen Behörden und die Ärzte des Krankenhause teilnahmen. Es ging um die Installation von Sauerstoff-Einrichtungen in den Kinderkrankenhäusern, die schnellstmöglich vorangetrieben werden müsse, um weitere Fehl- und Totgeburten soweit wie möglich zu vermeiden und atemnotgeschädigten Patienten schnelle Besserung und Heilung zu bringen. Auch hier bekannte sich Grünbeck zu seiner Lebensphilosophie:

»Es ist besser zu helfen, als sich ewig mit den Fehlern beider Seiten auseinanderzusetzen. Die tschechische und slowakische Republik haben immer zur kulturellen und wirtschaftlichen Mitte Europas gehört. Wenn Europa also dort eine weitere Verschlechterung der Lebensverhältnisse und – damit verbunden – eine weitere Abwanderung aus diesen Gebieten vermeiden will, muß man *jetzt* helfen. Dies ist am besten mit dem Ausbau gut nachbarschaftlicher Beziehungen möglich.

Josef Grünbeck als Ehrenbürger –
Dux und das Waldsteinschloß

Da im vorangegangenen Text mehrfach von Dux und dem dortigen Waldsteinschloß die Rede war, sollte an dieser Stelle zumindest ein knapper Überblick über beides gegeben werden.

Das Schicksal dieser alten deutschen Stadt in Böhmen war an jenem Ort, der als Durchgangspunkt der großen

Nord-Süd- und West-Ost-Verbindung galt. Treffpunkt vieler Völker und Stämme, die dort einander begegneten. Bereits sehr früh wurde der »Slogan« geboren: »Wer Böhmen hat, der hat Europa!« Zahlreiche historische Ereignisse schienen diesen Spruch zu bestätigen.

Bis 1918 gehörte das Land zu Österreich-Ungarn. Danach, bis zum Jahre 1938 bildete es die Tschechoslowakei. Nach dem Treffen der »Großen Führer« in München im Sommer 1938 teilweise zum Sudentenland werdend, später zur Gänze als Reichsprotektorat Böhmen und Mähren unter deutscher Herrschaft. Nach 1945 kam das Land als CSSR unter russische Hegemonie.

Die Volkszählung von 1930 ergab einen Anteil an Deutschen in der Tschechoslowakei von 23 Prozent, gegenüber 66,5 Prozent Tschechen und Slowaken. Der Rest waren Ungarn und Ruthenen. Tschechen und Slowaken, die zwei völlig verschiedene Völker mit einer eigenen Identität, Geschichte und Sprache sind, wurden trotz beiderseitiger Proteste zu einer »Staatsnation« vereinigt, um solcherart eine tragbare Mehrheit zu konstruieren.

Unter diesem Gesichtspunkt ist die Stadt Dux in Böhmen, am Südhange des Erzgebirges, mitten im nordwestböhmischen Braunkohlenrevier gelegen, ein typisches Beispiel für den hohen Anteil an deutschstämmigen Bürgern. Von den 13 040 Einwohnern, die 1930 gezählt wurden, waren 40 % Tschechen. Der überwiegende Teil aber waren Deutsche.

Vorher lag der Anteil deutschgebürtiger Einwohner der Stadt noch bedeutend höher, aber der bereits vor 1914 sich anbahnende Ausbau der Industrie bewirkte einen starken Anstieg an tschechischen Arbeitskräften.

Die Geschichte von Dux glänzt durch eine Reihe bedeutungsvoller Ereignisse. Die Stadt gehörte den Herren von Ossegg-Riesenburg. Sie gelangte anschließend in den Besitz des böhmischen Königs Wenzel und wurde in den folgenden Jahrhunderten Besitz der Herren von Salewitz, Lobkowitz, um schließlich dem Grafen Waldstein zuzufallen. Die Herren von Waldstein, deren Spuren sich bis zum Schluß in der Stadtgeschichte und der Stadtentwicklung wiederfinden lassen, haben das Gesicht der Landschaft geprägt. So durch das von ihnen errichtete Schloß, das zu einem der schönsten Böhmens zählt. Es ist reich an musealen Schätzen und weist u. a. eine Bildergalerie auf, die zu den bedeutendsten Sammlungen dieser Art zählt. Innenausstattung und Fresken sind ebenso wie die Plastiken Werke berühmter Künstler. Matthias Braun und Rudolf Reiner haben hier kraftvoll und ausdrucksstark gewirkt. Ersterer stammte aus Oetz in Tirol und war besonders in Böhmen tätig. Er gilt als bester Barockplastiker. Er nannte sich später Bruno von Braun.

Das Schloß wurde sehr bald zum kulturellen Mittelpunkt des Landes. In seinen Mauern weilte Schiller ebenso wie Goethe. Die Handschriften der beiden Geistesheroen geben davon Zeugnis. Ludwig van Beethoven war oft bei den Waldsteins zu Gast. Er wurde von den Schloßherren jahrelang auch wirtschaftlich gefördert.

Von Walther von der Vogelweide haben wir bereits gehört. Sein Wirken in, oder seine Abstammung aus Dux ist fraglich. Sicher hingegegen ist, daß Casanova, der berühmte Frauenheld, seit 1758 als Gast des seinerzeitigen Schloßherrn hier lebte und Zeit fand, seine berühmten Memoiren zu schreiben, die ja auch ein Stück Kulturgeschichte seiner Zeit sind.

Die sakralen Bauwerke der Stadt, vor allem die Schloßkirche, die 1722 von italienischen Künstlern erbaut wurde und 1945 ausbrannte, gehören dazu. Ein Kuppelfresco von Reiner, das sich in der Spitalskirche befand, ist abgenommen worden und befindet sich in einer Galerie.

Ein Kuriosum der Geschichte, das sich um Dux dreht, sei nicht unerwähnt. Hier starb im Jahre 1933 der Politiker Hans Knirsch, der seit 1911 Mitglied des Wiener Reichsrates war. Knirsch war Gründer der deutschen Arbeiterpartei, die er mit seinen Mitgliedern 1918, nach Gründung der Tschechoslowakei, in Nationalsozialistische Arbeiterpartei umbenannte, dessen Vorsitzender er bis 1926 blieb. Mit dem Zusatz »deutsche« schmückte sich eine andere Partei mit dem gleichen Namen. Knirsch genoß bei Freund und Feind als Volkstumspolitiker und Sozialexperte als ein von hohen Idealen erfüllter Mann großes Ansehen.

Die sudetendeutschen Schutzverbände, »Deutscher Kulturverband« und »Bund der Deutschen«, hatten in Dux ihren Hauptsitz und als Hauptbetreuungsgebiet ganz Böhmen, das sie zu einem Gemeinwesen von beispielgebender Opferbereitschaft und Mitarbeit in allen Belangen des deutschen Volkstums machten.

Dies darf nicht vergessen werden, weil es zur Geschichte der Sudetendeutschen gehört, auch wenn dies oftmals »schamhaft« verschwiegen wird.

Der Festakt in Dux

Am Samstag, dem 11. Juni 1994, versammelten sich im Ahnensaal des Waldsteinschlosses von Duchcov, wie Dux heute heißt, hochkarätige Persönlichkeiten aus Politik, Wirtschaft und Wissenschaft, um einem Bürger die Ehrenbürgerwürde zu verleihen, der kein Tscheche von Geburt ist. Die Ehrung galt Josef Grünbeck aus Höchstädt, der 1925 in Haan bei Dux geboren wurde und den man zu Kriegsende mit seiner Familie aus seiner Heimat vertrieb.

Deutsche Repräsentantin war die Staatssekretärin des Auswärtigen Amtes, Frau Ursula Seiler-Albring. Der Vertreter des tschechischen Gesundheitsministeriums, Dr. Fischer, der ständige Vertreter des Botschafters der Bundesrepublik in Prag, Heiner Horsten, und der Landrat des Kreises Teplitz, Tomas Riemann, waren ebenfalls vertreten.

Bürgermeister Karl Ulip wies in seiner Verleihungsrede auf das besondere Engagement des zu Ehrenden hin. Die Staatssekretärin, Frau Seiler-Albring sagte, daß Josef Grünbeck zu jenen wenigen gehöre, »die trotz Vertreibung die Kraft haben, den Versöhnungsgedanken anzunehmen.

Die Spende der Sauerstoffanlage durch die von Herrn Grünbeck gegründete ›Sudetenhilfe‹, für das Duxer Krankenhaus ist Ausdruck des Versöhnungsgedankens, den der Höchstädter FDP-Bundestagsabgeordnete beispielhaft lebt.«

Die Staatssekretärin betonte, daß die Überreichung der Ehrenbürgerwürde an Grünbeck ein Zeichen gegen bequeme Vorurteile und zugleich Anregung für das aktive Aufeinander-Zugehen sei.

Die Duxer Stadträtin Dagmar Knorr wies noch einmal darauf hin, daß die 30 Räte dieser nordböhmischen Stadt fast einstimmig für Herrn Grünbeck optiert hätten. Sie konnte melden, daß auf seine Initiative nunmehr ein Lehrer am Duxer Gymnasium Deutsch unterrichte.

Anschließend übergab Bürgermeister Olip die Urkunde der Ehrenbürgerschaft an den Deutschen und zugleich damit, symbolisch, einen Schlüssel zum Stadttor und zur Stadtkasse.

Den Tränen nahe ergriff Josef Grünbeck danach das Wort:

»Es ist heute ein glücklicher Tag für mich *und* meine Freunde. Ich sehe die Ernennung zum Ehrenbürger meiner Heimatstadt als ein Zeichen der Versöhnung unter *allen* Deutschen, vor allem aber mit der überwiegenden Mehrheit der Sudetendeutschen.«

Vor 200 Gästen wies er darauf hin, »daß alle Menschen im Osten und Westen Europas eine tiefe Sehnsucht nach Frieden haben und daß die leidvollen Erfahrungen der Vergangenheit dazu genutzt werden müßten, es uns in Zukunft besser zu machen.«

Unter den Gästen war auch eine kleine Delegation aus dem Kreise Dillingen. Darunter der Bezirksvorsitzende der Sudetendeutschen Landsmannschaften, Rudolf Schönauer, ferner Vertreter der Stadt Miltenberg, als Partnerstadt von Dux, und der Vorsitzende der Aktion »Sudetenhilfe« Johann Demharter.

»Diese Ehrenbürgerwürde«, so Grünbeck abschließend, »ist für mich eine Verpflichtung, in der Zukunft nicht müde zu werden, für eine friedliche Welt zu arbeiten und zu kämpfen, in der jeder Mensch seinen Platz hat.«

Nach den Feierlichkeiten erfolgte die Übergabe der Sauerstoffanlage. Der medizinische Direktor des Duxer Krankenhauses, Dr. Miroslaw Sixta, sprach seinen Dank für diese 500000 DM teure Anlage aus, die zur Aufwertung des Krankenhauses beitrage *und* vielen Menschen Hilfe leisten werde.

Die Stadt Dux, in der heute etwa 10000 Menschen leben, weist heute nur noch etwa 100 Deutsche auf. Die Einwohner der Stadt arbeiten überwiegend in der Glas-, Porzellan- und Keramik-Industrie. Man hofft dort, daß die Umweltzerstörungen durch die in Betrieb befindlichen Braunkohle-Kraftwerke saniert werden können, sofern sie später durch andere Kraftwerke ersetzt werden. Dann würde das »schwarze Dreieck« zwischen der Elbe und der Staatsgrenze, von Aussig bis Brüx liegend, nach und nach verschwinden.

Daß die Abhängigkeit von der Braunkohle nicht binnen weniger Monate oder Jahre beseitigt werden kann, weil durch ein überhastetes Verfahren *auch* viele Menschen arbeitslos werden würden, erklärte der Zweite Bürgermeister der Stadt, Vilem Scharhag, der zu Ende des Zweiten Weltkrieges in seiner Heimat geblieben war.

Daß auf diesem Sektor auch und vor allem für Josef Grünbeck und seine Aktion »Sudetenhilfe« *viel* zu tun ist, weiß der Geehrte und ist bereit, alles dafür zu tun, was in seinen Kräften steht.

Reisen in die Welt – Die Freunde

Einleitung – In der Puszta

Auf seinen Reisen nach Südkorea, China, Südafrika, Thailand, Jugoslawien, Rumänien, Ungarn, Frankreich, Italien, die UdSSR und in die CSFR hat Josef Grünbeck eine solche Fülle neuer Eindrücke gewonnen, daß sich ihm das Bild unserer Erde und der Vielfalt ihrer Bevölkerung in bisher ungeahnte Dimensionen erweiterte.

Nicht nur, daß er Menschen fremder Rassen und Gewohnheiten kennenlernen durfte, sondern daß er vor allem in jedem einzelnen von ihnen einen Partner sehen konnte, war für ihn die hervorstechendste Erkenntnis.

Eine Vervielfachung der Übersicht und des Denkens in die Zukunft wurde auf diesen Begegnungen in fremden Ländern mit fremden Menschen erzielt. Neue Gedankengänge wurden freigesetzt und immer wieder neue Wege gefunden, miteinander zu kommunizieren, und das Miteinander und Füreinander zu praktizieren.

Diese Reisen waren – daran besteht *kein* Zweifel, wenn man mit Josef Grünbeck spricht – einer der bedeutendsten Gewinne seiner ganzen politischen Tätigkeit. Allem Schönen zugewandt, lernte er in diesen Ländern eine Überfülle eigenständiger Kunst und Kultur kennen. Er begeisterte sich an den Vorführungen des Bolschoi-Balletts in Moskau ebenso, wie an den kunstvollen, ausdrucksstarken Tänzen in Thailand und Südkorea. Er ging bewundernd durch die Museen, in denen die Kunst dieser Länder ausgestellt war.

»Oftmals«, so Grünbeck, »habe ich gewünscht, meine Frau möge mit mir all diese Pracht sehen können; ich hätte mit ihr darüber reden mögen, um alles noch zu vertiefen.«

Es war für Josef Grünbeck ein besonderes Erlebnis, die ungarische Puszta kennenzulernen. Er sah die Reitkünste der Viehhirten, fuhr im offenen Wagen zu einem der Güter hinaus, um die pferdesportlichen Veranstaltungen mit wachsender Begeisterung zu verfolgen. Sei dies in den verschiedensten Reitkunststücken, oder bei Gespann-Fahrten mit Vierer- und Sechserzügen und schön geschmückten Wagen.

»Selbst die Kinder reiten viel besser, als man dies überhaupt für möglich halten würde, wenn man es nicht mit eigenen Augen zu sehen bekäme. Trotz der damals noch kommunistischen Diktatur gab es eine Vielzahl an Volkskultur.«

Die Gesänge, die Tänzerinnen und Tänzer in ihren farbenfrohen Trachten und die Musikantengruppen beeindruckten ihn und rissen ihn oft zu offenen Beifallsrufen mit.

Daß es ihm, der selber Geige, Klavier und Schifferklavier spielt, insbesondere die Musikanten angetan hatte, verstand sich von selbst. Zu diesem Teil seiner ungarischen Erlebnisse sagte er:

»Da kommen fünf oder sechs Männer mit ihren Instrumenten in ein richtiges Puszta-Loka. Sie werden nicht groß angekündigt, sondern setzen sich an irgendeinen Platz, packen ihre Instrumente aus und fangen an zu spielen. Sie klappern und zupfen und fiedeln, daß einem das Herz lacht. Es ist unglaublich, welch musikalische Kultur in dieser ungarischen Musik steckt.

Wenn mann dazu noch – wie wir es taten – die ungarische Küche und den ungarischen Wein in froher Runde genießen kann, dann wird der Abend zu einem unvergeßlichen Erlebnis.«

Den frohen Festen am Abend waren stets harte Arbeitsstunden am Tage vorangegangen. Als die deutsche Delegation im Südosten des Landes einen großen industriellen Fertigungsbetrieb besuchte, der insbesondere Kühlschränke für ein deutsches Großversandhaus herstellte, wurden sie dort von dem ungarischen Handels-Attaché und dem ungarischen Botschafter empfangen. Diese erklärten ihnen in knappen Zügen den Ablauf der Fertigung und des Versandes. Zum Schluß bemerkte der Handelsattaché, daß alles, was hier gefertigt wurde, von höchster Qualität sei.

Alle nickten zustimmend, lediglich Josef Grünbeck fand ein »Haar in der Suppe«, dies in Gestalt eines verschweißten Rohrbündels, das an seinen Enden völlig ausgefranst war. Er machte den mitgehenden Produktionsleiter darauf aufmerksam. Dieser versprach, daß die Ware *so* nicht ausgeliefert würde.

»Gleich morgen werde ich alle Leute zusammenrufen lassen und ihnen diese Schlamperei zeigen. Das hier ist absolut eine Ausnahme.«

Auf Grünbecks Frage, wo sich denn die Ausgangskontrolle für die Qualität der auszuliefernden Erzeugnisse befinde, erhielt er eine verblüffende Antwort:

»Jetzt gehen wir auf unsere Datscha. Da zeige ich Ihnen unsere Hausgarten-Kultur, und wir trinken ein gutes Glas Wein dazu.«

»Das war offenbar ungarische Mentalität, die uns manchmal nicht ganz verständlich war, aber doch so sympathisch ist.«

Moskauer Impressionen

Zweimal war Josef Grünbeck mit einer hochkarätigen Delegation in Moskau. Einmal galt es, die deutsch-russischen Wirtschaftsbeziehungen besser zu koordinieren und in diesem Zusammenhang das Projekt »integrierte Energie- und Umweltpolitik vom Ural bis zum Atlantik« weiter nach vorn zu bringen.

Hierbei stand natürlich an erster Stelle die Sanierung der veralteten russischen und anderen osteuropäischen, von den Russen gebauten Kernkraftwerke, von denen wir wußten, daß insgesamt 38 davon *nicht* der Norm der europäischen Sicherheitsgesetze entsprachen. Die Sanierung würde nach vorsichtigen Untersuchungen etwa 250 bis

300 Milliarden DM kosten. Die Sowjetunion war nicht im Stande, diese Summe aufzubringen.

Dafür konnten sie aber Rohstoffe offerieren. Vor allem Primärenergie in Gestalt von Erdgas und Erdöl. Allein die sibirischen Gasvorräte sind bis jetzt nur erst stichprobenartig erforscht oder gar exploriert. Daß hier viel verschwendet wurde, war ersichtlich. Dazu der Experte Grünbeck, der sich viele Jahre lang mit dem Phänomen der Kernkraftnutzung *und* der gleichzeitigen Ablehnung durch viele Initiativen in der Deutschen Bevölkerung auf der politischen Bühne beschäftigen mußte:

»Durch die schlechte Ausrüstung bereits bei der Exploration, vor allem aber durch die mangelhafte Ausrüstung beim Transport des Erdgases von Sibirien an die bayerische Grenze, geht schätzungsweise durch defekte Rohrleitungen, Ventile und Schieber mehr Erdgas verloren, als wir in der Bundesrepublik Deutschland insgesamt verbrauchen.

Unser Ziel muß es also sein, den Russen gegen unsere Reaktortechnologie das Erdgas abzukaufen und eine intelligente und beide Seiten zufriedenstellende Finanzierung dafür zu finden.

Daß die UdSSR uns ebenso Unmengen an Kohle anbieten können, ist durch ihren Reichtum an Lagerstätten bedingt. Im Donezbecken, den bedeutendsten Steinkohlelagern im europäischen Teil der Sowjetunion, ziehen sich gewaltige Steinkohlefelder über 300 Kilometer Länge und in einer Breite von 160 Kilometern hin. Dies bedeutet, daß die Russen dort ein Kohlereservoir von 30 000–48 000 Quadratkilometern (!) haben *und* – was noch wichtiger ist – daß die kohleführenden Schichten im westlichen Teil dieses Gebietes nur 100 bis 150 Meter, im nördlichen 200 bis 500 Meter und im zentralen Gebiet etwa 1000 Meter tief liegen. Es wurden bisher 300 gewaltige Flöze festgestellt. Die Vorräte werden mit 241 Milliarden Tonnen angegeben.

Die GUS-Staaten sind bereit, diese Kohle zu einem

Tonnenpreis von 50 DM (!) je Tonne frei Hafen Hamburg zu liefern.

Hier liegen große Chancen für die deutsche Industrie und Wirtschaft. Durch die Verwendung dieser Kohlevorräte könnten die eigenen Kohlevorräte lange Jahrzehnte gestreckt werden. Wir müßten versuchen, eine nationale Energiereserve zu schaffen, und gleichzeitig unseren russischen Partner mit weiteren Importen von Rohstoffen dazu zu verhelfen, die Finanzierung der Kernkraftwerke-Sanierung und des Neubaues sicherer Kernkraftwerke im Osten Europas voranzubringen.«

Dies sind Ausblicke eines Unternehmers in die Zukunft, der *weit* über den üblichen eigenen Tellerrand hinweg nach vorn blickt.

Daß auch die Ölvorräte in Baku und im Schelf und Seegebiet des Kaspischen Meeres noch immer unerhört groß sind, und daß noch weitere Felder dort ebenso wie in Sibirien exploriert werden, ist ein zusätzliches Plus für jeden russischen Handelspartner. Allerdings müßte auch hierbei der Verlust von Erdöl durch schlechte Technologien bereits bei der Exploration, aber auch beim Transport, eliminiert werden. Europa sollte hier gemeinsam einen Weg suchen, diese neuen ökonomischen wie auch ökologischen Dinge auf den Weg zu bringen. Die GUS-Staaten wiederum *müssen unter Beweis stellen*, daß es ihnen mit einer echten Partnerschaft ernst ist.

»Dies bedeutet, daß einerseits die Akzeptanz der Kernenergie durch *mehr* Sicherheit und Aufklärung der Bevölkerung unbedingt für alle einleuchtend definitiv durchgesetzt wird. Andererseits ist eine integrierte Umwelt- und Energiepolitik *ohne* die GUS-Staaten – auf Dauer gesehen – unmöglich.

Das Ergebnis dieser Reise hat mich tief beeindruckt und mir die Augen geöffnet, über das, was machbar sein könnte!

Daß auch die kulturellen Erlebnisse zu unvergleichlichen Erinnerungen wurden, wurde durch den Besuch des

Bolschoi-Theaters demonstriert. Dort bekam ich das Ballett ›Schwanensee‹ zu sehen. Dieses Ballett von Peter Tschaikowskij, in Moskau am 4. März 1877 uraufgeführt, kann auch heute noch, über 100 Jahre später, begeistern. Das Libretto von V. P. Bergischew und V. F. Gelzer ist nach wie vor auf der Höhe der Zeit. Die einmalige Choreographie durch Reisinger wurde uns unverfälscht dargeboten. Man kann es kaum glauben, welche Feinfühligkeit allein das Orchester entwickelt. Die Geiger werde ich nie vergessen. Aber auch das Ballett war in seiner ganzen Ausstattung *und* vom Können her, von einem Niveau, wie man es kaum in Europa antreffen wird.

Allerdings waren dies nicht alle Moskauer Eindrücke. Als wir nach dem Besuch der Oper auf den Roten Platz traten, hatte ich das wohl traurigste Erlebnis auf dieser Reise. Hier saßen Tausende von Bettlern, Krüppeln und armen alten Menschen bis nach Mitternacht an die Mauer der Umrandung des Platzes gelehnt und auf dem Platz. Sie verkauften buchstäblich ihre letzte Habe, um den nächsten Tag, vielleicht auch die nächste Woche zu überleben.

Das Elend in Moskau, aber auch in den Provinzregionen ist riesengroß. *Was* bliebe hier für die Regierenden zu tun! Fern aller Prestigeobjekte, der Weltraumflüge und -stationen, der enormen Rüstung und anderer geldverschlingenden Aushängeschilder.«

Die Reise nach Südafrika

Eine Reise ganz besonderer Art war jene nach Südafrika, die durch die Einladung der dortigen Regierung im Jahre 1990 zu Stande kam und der sich Reisen nach Namibia und Botswana anschlossen.

»Die Stadt Windhuk im heutigen Namibia bot uns allen eine besondere Überraschung. Noch heute gibt es dort die Bismarckstraße, daneben die Kaiser-Friedrich-Straße. Der ›Tintenpalast‹, wie der Regierungssitz noch in der alten

Der Unternehmer
Josef Grünbeck

Der 1. Firmensitz der Grünbeck Wasserchemie und Apparatebau in der Höchstädter Bahnhofstraße im Jahre 1960.

Umzug in den Laimgrubenweg 1963.

Im Jahre 1967 erfolgte der 1. Bauabschnitt in der Industriestraße 1.

Erweiterung des Verwaltungsgebäudes, Bau einer Fertigungshalle, Kesselhaus und Lagerhalle in den Jahren 1972 bis 1975.

So präsentierte sich die Firma Grünbeck aus der Vogelperspektive 1986.

Der Spatenstich für das "Technikum" erfolgte 1991.

Luftaufnahme September 1997 mit neuer Fertigungshalle.

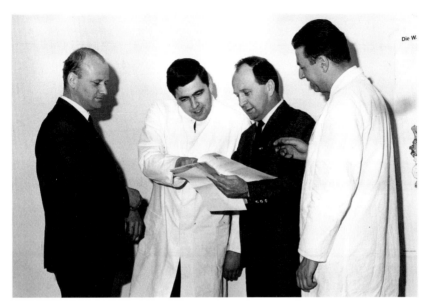

Mitarbeiter 1966: Walter Oertel (Außendienst Nürnberg), Wolfram Schwenzel (Vertrieb), Josef Grünbeck, Siegfried Glaser (Technik).

Lagebesprechung 1968 mit der Vertriebsabteilung: v. r. Karlheinz Wieser, Erich Markmann, Wolfgang Rieß und Peter Hirschberger.

Lockere Atmosphäre 1966 im Büro am Laimgrubenweg mit Christl Spielvogel.

Die erste Außendienst-Mitarbeiterin von Josef Grünbeck Elisabeth Hempelmann.

Die Chefin im Gespräch mit Mitarbeiterinnen in der Fertigung.

Karin Schaller, über Jahre hinweg "der gute Geist" bei Grünbeck.

Betriebsausflüge zählten in den 60er Jahren zu den Höhepunkten des Jahres, z. B. 1961 ging's aufs Oktoberfest ...

1964 ins Platz'l nach München ...

und auf die Soiernhütte ...

oder 1965 zum Spitzingsee, v.l. Franz Kimmerle, Peter Hirschberger Josef Grünbeck, Dieter Musselmann.

Ehrungen für langjährige Betriebszugehörigkeit haben bis heute Tradition.

Die Ausgelernten und ...

neu Auszubildenden im Jahre 1977.

Betriebsratsvorsitzender Manfred Dobersch in Aktion.

Unsere EXADOS-Geräte wurden 1972 ...

der staunenden Fachwelt präsentiert ...

vom Erfinder Luigi Lang am Teststand begutachtet und ...

technische Vorgänge durch Hermann Ludley erläutert.

Die Internationale Fachmesse ISH in Frankfurt/Main Schaufenster der Sanitär- und Heizungs-Branche. Der Grünbeck-Stand 1971.

1975 präsentierte man sich mit neuem Firmenlogo und schwarz-grünem Design.

Kurriosum 1978 ... Der Messe-Stand mußte in der Fertigungshalle nochmals aufgebaut werden, weil man es versäumte, die Ausstellung in Frankfurt im Bild festzuhalten.

1981 wurde die Idee ein Fußball-Stadion zu bauen realisiert. Geräte und Anlagen nahmen auf der Tribüne und auf dem grünen Rasen Platz.

Zu äußerst schwierigen Werbeaufnahmen stellte sich 1982 Firmenchef Josef Grünbeck zur Verfügung. Hans Bürkner half bei der Rettung aus dem Pool.

Jahresabschlußfeiern sind Höhepunkte vor dem verdienten Weihnachtsurlaub ...

und "Ehre wem Ehre gebührt", die Firmenzugehörigkeit wird entsprechend geehrt.

Immer wieder eine Freude für die Geschäftsleitung, Ausbilder und Auszubildende - die Freisprechung - hier 1997.

Runde Chefgeburtstage wurden auch entsprechend im Betrieb gefeiert, z. B. der 50. Geburtstag von Josef Grünbeck.

Zum 60sten mußte Josef Grünbeck dem Maler Lothar Schätzl Modell sitzen.

Der 65. Geburtstag war mit der Feier zur Betriebserweiterung verbunden. Hier gratuliert Kreisrat Günter Hiesinger.

Die neue Nordschwabenhalle war zu diesem Anlaß ein würdiger Rahmen.

Zum 70sten gratulierten Geschäftsführer Walter Ernst, die Auszubildende Cornelia Mayr, der Leiter der Buchhaltung Dieter Musselmann und Betriebsratsvorsitzender Max Schmid.

Auch Firmenjubiläen waren Grund zum Feiern. Das 20jährige, noch mit ursprünglichem Firmenlogo, im Bergsaal.

25 Jahre Grünbeck Wasseraufbereitung und ...

auch das 30jährige fanden in der Mehrzweckhalle der SSV Höchstädt statt.

Prominenz aus Politik, Wirtschaft, Sport und Kultur gaben sich im Laufe der Jahre bei Grünbeck ein Stelldichein ... hier Josef Ertl mit Josef Grünbeck, links Landrat Dr. Martin Schweiger, rechts Peter von Neubeck von der Donau-Zeitung Dillingen.

Bundeswirtschaftsminister Friederichs, Henri Chavane, Luigi Lang und Josef Grünbeck ...

Bundeswirtschaftsminister Otto Graf Lambsdorff ...

der von Josef Grünbeck gesponserte Rekordschwimmer Michael Groß ...

Bundesforschungsminister Riesenhuber ...

Bundeswirtschaftsminister Haussmann ...

Bundesumweltminister Töpfer, Josef Grünbeck, Bürgermeister Kornmann und Landrat Dr. Dietrich ...

v. l. Bürgermeister Kornmann, Josef Grünbeck, Dr. Hieber, Bundesaußenminister Kinkel, Erich Markmann, Helmuth Weinberger, Dr. Jäger und Herbert Rieß.

Johannes Strasser, Hans-Jochen Vogel, Heribert Rossmeisl, Bürgermeister Kornmann und Josef Grünbeck ...

Bundesaußenminister Hans-Dietrich Genscher, Loni und Josef Grünbeck ...

Der Präsident der Bundesanstalt für Arbeit Bernhard Jagoda mit Siegbert Pollithy und Josef Grünbeck ...

Bundeswirtschaftsminister Günter Rexroth ...

und namhafte Professoren anläßlich einer wissenschaftlichen Tagung im Hause Grünbeck.

Zahlreiche Preise und Ehrungen konnten Loni und Josef Grünbeck im Namen ihrer Firma im Laufe der Jahre entgegennehmen, z. B. für hervorragende Leistungen in der Berufsausbildung ...

oder den 1. Preis für innovative Unternehmensführung ...

1984 erhielt die Firma Grünbeck mit ihren Mitarbeitern den Partnerschaftspreis der Stiftung Sozialer Wandel in der unternehmerischen Wirtschaft. Bildmitte: Josef Grünbeck, Alfred Maneth und Loni Grünbeck.

Der Bundesminister für Arbeit und Soziales Norbert Blüm äußerte sich im Rahmen einer Pressekonferenz 1988 zum Grünbeck-Beteiligungs-Modell. Unser Bild v. l. Walter Ernst, F. P. Massar, Norbert Blüm, Josef Grünbeck.

Die Überreichung des Innovationspreises für den technischen Einsatz von Teflon in der Wasseraufbereitung durch Gerhard R. Eiden von DUPONT an Peter Michl und Josef Grünbeck.

1995 erhielt die Firma Grünbeck den SANTHERM-Innovationspreis für das GENO-BREAK-System zur Legionellenbekämpfung, im Bild v. l. Peter Michl, Friedrich Patocka, Josef Grünbeck, Dr. Carsten Gollnisch und Dr. Günter Stoll.

Anerkennung von der IHK für Augsburg und Schwaben für hervorragende Ausbildungsleistungen.

Der bayerische Staatsminister für Wirtschaft, Verkehr und Technologie verlieh der Firma Grünbeck den Bayerischen Qualitätspreis 1997 für Unternehmensqualität. Unser Bild zeigt Walter Ernst, Loni Grünbeck, Josef Grünbeck und Herbert Rieß, im Hintergrund die Lutzinger Blaskapelle unter der Leitung von Eugen Götz.

1988 bei der Eröffnung des Bäderkongresses mit Bundestagspräsidentin Rita Süssmuth und dem Stuttgarter Oberbürgermeister Rommel.

Empfang anläßlich der Verleihung des Innovationspreises 1986.

Josef Grünbeck beim bayerisch-chinesischen Wirtschaftsgipfel mit Wirtschaftsminister Dr. Otto Wiesheu, Delegationsleiter Zheng Hongye und dem Präsidenten des Deutschen Patentamtes Prof. Dr. Erich Häusser.

Josef Grünbeck bei einer Besichtigung einer kommunalen Kläranlage in Nord-Italien ...

und der Vorstellung des TOMESA-Therapie-Systemes im Werk Höchstädt.

Dr. Hofstödter, Karlheinz Wieser, Josef Grünbeck und Prof. Nowotny bei der Eröffnung des TOMESA-Therapie-Zentrums in Prag 1995.

Der langjährige Betriebsleiter Hans Harfich wurde 1993 in den Ruhestand verabschiedet.

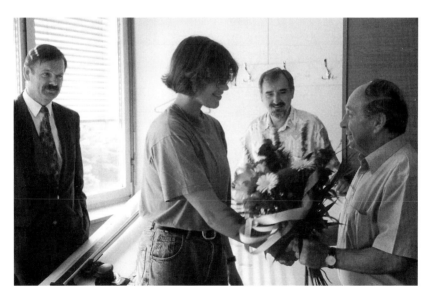

1995 wurde Ulrike Stadlmayr Deutsche Vize-Jugendmeisterin im Einer-Rudern. Es gratulieren Walter Ernst, Ausbildungsleiter Siegfried Lang und Josef Grünbeck.

Verabschiedung von Obermonteur Hans Kudernatsch in den Ruhestand. Im Bild von links: Montageleiter Ingobert Beck, Josef und Loni Grünbeck, Hans Kudernatsch, Maria Welz und Betriebsratsvorsitzender Max Schmid.

30 Jahre bei Grünbeck war im Oktober 1997 Prokurist Erich Markmann. Es gratulieren stellvertretender Betriebsratsvorsitzender Thomas Schabel, Loni und Josef Grünbeck sowie Walter Ernst.

deutschen Kolonie Südwestafrika, genannt wird, steht immer noch. Die alte Feste, und die Christuskirche und vor allem der stolze Reiter von Windhuk beeindrucken durch ihre Lage und künsterlische Ausgestaltung.«

Windhuk ist ein großes wirtschaftliches Zentrum, welches das ganze Land versorgt. Daß auch eine deutsche Brauerei nicht fehlt, war ein Pluspunkt für den Brauereifachmann Grünbeck.

Hier sind Deutsche nach wie vor hoch im Kurs. Beginnend von der Kolonialpolitik nach dem Motto »Leben und Leben lassen«, und dem Spruch SUUM CUIQUE im Wappen der Stadt, hat der deutsche Teil der Einwohner dieser Stadt sich Hochachtung und Ansehen erworben und genießen beides auch heute noch.

»Für mich war der Großwildmarkt und seine Gespräche über dessen Sinn und Zweck hochinteressant. Die Fachleute im Namibia sind größtenteils über die restriktive Haltung der Tierschützer aus aller Welt entsetzt. Diese, so ist ihre Meinung, verschließen eine große Devisenquelle. Außerdem sei das Problem des Tierschutzes in Südwestafrika/Namibia in den besten Händen. Natürlich gilt es, auf beiden Seiten zu differenzieren, um zu einem ausgewogenen Urteil zu gelangen.«

Diese Reise des Jahres 1990, Jahre vor der südafrikanischen Integration von Weiß und Schwarz und noch vor der Unabhängigkeit Südwestafrikas und der Übernahme der Regierungsgewalt durch Sam Nujoma und seine Freiheitsbewegung, wies auch einige Hindernisse auf, die im Sinne einer bestmöglichen bilateralen Kooperation beseitigt werden müßten.

»Die südafrikanische Regierung Mandela wird zwar nur langsam, aber offensichtlich doch mit sichtbaren Fortschritten, mit den Problemen von Südafrika fertig. Auch Namibia ist ein unglaublich reiches Land, was die Bodenschätze – beispielsweise Uran und Diamanten – angeht. Von den Naturschönheiten nicht erst zu reden, die jeden Besuch Namibias und Südafrikas zu einer persönlichen

Bereicherung werden läßt. Ich selber werde die Fahrt im Boot auf dem Olifantriver in der Sichtweite von Krokodilen und Flußpferden, und die Safari durch den großen südafrikanischen Naturpark – den Krüger-Nationalpark – nicht vergessen.«

Die große Chinareise

Während dieser Reise, die vom 27. bis 31. März 1995 nach Peking führte, galt es, die ersten Vorarbeiten zu einem bilateralen Wirtschaftsabkommen zu treffen und mögliche Chancen gegenseitiger engerer Handelsbeziehungen auszuloten.

Die von Bundeswirtschaftsminister Günter Rexrodt als Delegationsleiter geführte Gruppe war mit hochkarätigen Politikern *und* Unternehmern besetzt. Als Helfer für Rexrodt fungierte Dr. Jürgen Trumpf, Staatssekretär im Auswärtigen Amt, der für das Protokoll zuständig war, und Dr. Lorenz Schomerus, Ministerialdirektor und Leiter der Abteilung Außenwirtschaftspolitik und Entwicklungshilfe im Bundesministerium für Wirtschaft. Weitere Vertreter des AA und des BMWi waren Dr. Rolf Dittmar, Dr. Cornelius Sommer, Dr. Wolfang von Lingelsheim-Seibicke und Frau Regina Wierig. Hinzu kamen Heinz Werner Frings als persönlicher Referent des Bundesministers, Frau Ute Gareis als Dolmetscherin und Claus C. Hommer als Pressesprecher.

Ein weiterer Dolmetscher, zwei Sekretärinnen, der Delegationssekretär und ein Gepäckmeister vervollständigten den politischen und technischen Teil der Delegation.

Als Vertreter der deutschen Wirtschaft waren dabei: Heinrich Weiss, der Vorsitzende des China-Arbeitskreises im Ostausschuß der deutschen Wirtschaft und Vorsitzender der SMS AG in Düsseldorf, Jan Kleinewefers, der Präsident des Verbandes Deutscher Maschinen- und Anlagenbau e.V. und Vizepräsident des Bundesverbandes der

Deutschen Industrie, sowie der geschäftsführende Gesellschafter der Kleinewefers Beteiligungs-GmbH in Krefeld.

Hinzu kamen mit Hero Brahms, der Vizepräsident der Treuhandanstalt Berlin, und Dr. Friedrich Hennemann, Vorsitzender des Vorstandes der Bremer Vulkan Verbund AG in Bremen.

Als Mitglieder des Deutschen Bundestages waren die mit viel Sachverstand auf industriellem und technischem Gebiet ausgestatteten Abgeordneten Rainer Haugs und Josef Grünbeck mit von der Partie.

Diese Aufzählung in *einem* Falle der vielen Reisen, die oftmals unter ähnlichem Aufwand verliefen, wurde an dieser Stelle eingebracht, um dem Leser eine Vorstellung von der vielfältigen Zusammensetzung dieser Delegationen zu geben. Es galt ja auf jede Frage oder Anregung des Gegenübers auch eine fundierte Antwort parat zu haben und sogleich und flexibel agieren und reagieren zu können.

Auch diese Reise wurde ein voller Erfolg, und die bereits 1994 vorfühlende chinesische Seite, die 1995 mit ihrem obersten Repräsentanten nach Deutschland kam, um einige milliardenschwere Objekte abzuschließen, ist ein Beweis dafür, daß Akzeptanz und Glaubwürdigkeit der deutschen Delegation voll eingeschlagen hatten.

Abschließend sei zu diesem Thema gesagt, daß diese und andere Reisen mit wirtschaftlichem und politischem Hintergrund für Josef Grünbeck eine ständige Quelle der Verbesserung seiner Erkenntnisse über die Komplexität aller wichtigen Fakten, die die Welt bewegen, geworden sind.

Es gibt keine einzige Reise, die ihm nicht neuen ideellen und wissensmäßigen Gewinn gebracht hätte. Er selbst sagte einmal:

»Die Lehrzeit oder das Studium sind nicht nach Abschluß eines Reife-Grades zu Ende. Lernfähig zu sein *und* zu bleiben sind essentielle Merkmale *jeder* dynamischen Persönlichkeit.

Wer in unserer schnell-lebigen Zeit mit ihrem explosionsartig wachsenden Erkenntnisstand auf einer einmal erworbenen Ausbildung stehenbleibt und glaubt, damit alle Voraussetzungen zur Meisterung des Lebens erfüllt zu haben, der irrt.

Heute kann *nur* derjenige auf persönliche Weiterentwicklung und Aufstieg rechnen, der zu *jeder* Stunde seines Lebens bereit ist, Neues zu erkennen, es sich anzueignen und für seine Tätigkeit zu verwerten.«

Dies bedeutet: Willen zum Einsatz, Energie zur Aufnahme und Weiterentwicklung alles Neuen und das stets wache Bewußtsein der eigenen Kraft, die man punktgenau und richtig einsetzen muß, um die gewünschte Wirkung zu erzielen.

Das mag vielleicht als Wortgeklingel ausgelegt werden, aber jede dieser einfachen Voraussetzungen entscheidet über Erfolg oder Mißerfolg, Aufstieg oder Abstieg.

Zwischen Thailand und Rio

»Eine beeindruckende Begegnung war jene mit dem Herrscherpaar von Thailand. Als wir in deren Residenz empfangen wurden, sah ich bereits im Vorgarten deutlich, daß der König ein großer Blumenliebhaber war. Als der König hörte, daß ich ein Wasserfachmann sei, hat er mir sogleich seine besondere Sorge mitgeteilt. Das Wasser in seinen großen Blumenplantagen war sehr eisen- und manganhaltig. Bei den fälligen Belüftungen hatten sich schließlich die Düsen für die Beregnungsanlage verstopft. Dies wiederum verursachte viele Störungen und Reklamationen.

Wir haben sofort eine Skizze gemacht, wie man eine ordentliche und auf Dauer funktionierende Belüftung gestalten kann. Sie mußte dergestalt sein, daß sich Eisen- und Manganschlamm *dort* absetzten, wo dies geplant war und wo man ihn regelmäßig und störungsfrei entfernen konnte.

Nachdem dies nach meinen Skizzen geschehen war, erfuhr ich in einem Dankschreiben über den deutschen Botschafter in Bangkok, daß sich die Blumenplantagen nun in einem sehr guten Zustand befänden.

Während einer Teilnahme an der UNO-Umweltkonferenz in Rio de Janeiro hatte ich eine nachhaltige Begegnung und ein Gespräch mit dem Generalsekretär der UNO, Butros Ghali. Dieser hatte zum Problem Umwelt und Energie eine glänzende Eröffnungsrede gehalten und darin auf das Faktum verwiesen, daß sich die Menschheit bis zum Jahre 2030 in etwa verdoppeln werde, daß aber der Energiebedarf sich aufgrund der fortschreitenden Zivilisation und Industrialisierung in den Entwicklungsländern versechsfachen werde. Ghali sagte dazu:

»Wir brauchen nicht nur alternative, sondern additive Energie. Wir brauchen buchstäblich *alles*!«

Diese Einstellung allein kann, bei konsequenter Durchsetzung der Forderung, den Energie-Engpaß auf der Erde in Grenzen halten.

Deutsche Gäste und Freunde

»Natürlich habe ich als Obmann der FDP im Wirtschaftsausschuß des Deutschen Bundestages immer wieder imponierende Gäste kennengelernt. Einer davon war der ehemalige Präsident der Deutschen Bundesbank Herr Josef Abs, der mit 85 Jahren noch einen umfassenden Überblick über die internationale Währungssituation gab, die hundertprozentig zutraf. *Jedes* seiner Worte war genau gesetzt, jede Zahl zutreffend; imponierend vor allem, mit welcher Lockerheit er immer noch über das gesamte Weltgeschehen informiert war. Seine persönliche Art war bescheiden. Er überzeugte einzig und allein durch seine Leistung.

Als der »Eiserne Vorhang« am 21. 12. 1989 bei Waldsassen an der deutsch-tschechoslowakischen Grenze fiel und Hans-Dietrich Genscher am Vorabend bereits nach 22.00

Uhr den FDP-Landesvorsitzenden Grünbeck anrief und den Freund bat, an der Öffnung der Grenze teilzunehmen, sagte dieser sofort zu.

»In der Frühe um vier war ich bereits auf den Beinen und fuhr nach Waldsassen. Dort gab es zunächst einen langen Aufenthalt.

Nachdem Genscher im Hubschrauber eingeschwebt war, gingen wir zu Fuß mit Tausenden Menschen an die tschechische Grenze. Auf der anderen Seite waren es ebensoviele Menschen, die dieses einmalige Erlebnis erleben wollten. An ihrer Spitze der damalige Außenminister Jiri Dienstbier.

Die Begegnung Genscher–Dienstbier – zwei liberal ausgerichtete europäische Politiker – war auch für mich bewegend. Ich konnte nachher mit beiden ein Gespräch unter sechs Augen führen, um die Störmanöver der nach rückwärts gerichteten sudetendeutschen Funktionäre zu entschärfen, und weitere Konflikte, wie es sie bereits gegeben hatte, ausmerzen.«

Über seine weiteren Begegnungen mit Politikern und Zeitzeugen sagte Grünbeck:

»Als Unternehmer habe ich natürlich auch in der Doppelrolle ›politischer Unternehmergeist‹ viele hochinteressante Begegnungen gehabt. Eine sehr schöne Erinnerung hinterließ meine Eröffnungsrede anläßlich der deutschen Bäderausstellung in Stuttgart, die weltweite Bedeutung hatte.

Die damalige Gesundheitsministerin Rita Süssmuth eröffnete diese Ausstellung, während der unnachahmliche, humorvolle Oberbürgermeister der ausrichtenden Stadt, Dr. Manfred Rommel, das Grußwort sprach.

Bei meiner Rede ging ich von der chinesischen Weisheit aus: ›Man muß die Dinge erledigen, bevor sie geschehen!‹ Dazu habe ich ein Beispiel eingeblendet, das offensichtlich gute Aufnahme fand: ›Wenn Sie eine Tochter zu Hause haben, dann müssen Sie sie aufklären, *bevor* sie ihr erstes Kind heimbringt. Nachher ist es zu spät.«

Während der Eröffnungsveranstaltung der Handwerkermesse in München, hielt Bundeswirtschaftsminister Dr. Otto Graf Lambsdorff die Hauptrede, während die Begrüßungsansprache vom Präsidenten des Zentralverbandes des Deutschen Handwerks gehalten wurde. Der bayerische Ministerpräsident Franz-Josef Strauß sollte das Schlußwort sprechen.

Bereits beim vorgeschalteten Empfang bat Strauß den Wirtschaftsminister, ob er nicht *vor* diesen sprechen könne, weil er ganz dringend in die USA abreisen müsse. Lambsdorff erwiderte:

›Das machen wir natürlich, Herr Ministerpräsident . . .‹

Lambsdorff hielt eine Sekunde inne, um dann fortzufahren: ›Aber ich bitte Sie dann, wenigstens so lange zu bleiben, bis ich Ihre *möglichen* Angriffe auf die sozialliberale Regierung in Bonn zurückgewiesen habe.‹

Dies wurde von Strauß ebenso humorvoll wie geistreich quittiert:

›Sie kennen diese Angriffe ja alle und ich hoffe, daß Sie bei Ihrer Rede keinen davon auslassen, das sind wir uns als Konkurrenten und den Zuhörern und Lesern schuldig.‹

Lambsdorff hat dann in seiner Rede auch begründet, warum er die Vorwürfe zurückwies und unter dem Beifall des überfüllten Saales Strauß eine gute Reise und eine gesunde Heimkehr gewünscht.

Mit Walter Scheel war ich zur Eröffnung des ersten deutschsprachigen Theaters in Prag. Bei der Pressekonferenz einige Stunden vorher, war der Saal bereits überfüllt. Es war ein großartiges Ereignis, welches belegte, daß die Kultur sehr leicht Brücken bauen kann.

Als Walter Scheel von einem Journalisten gefragt wurde, ob dieses Theater nicht vor allem eine Möglichkeit für Touristen sei, erwiderte dieser, daß man nicht als Tourist in die Tschechoslowakei fahre, um einen Theaterbesuch zu machen. Das könne man viel leichter und bequemer zu Hause haben. Womit er die Lacher auf seiner Seite hatte.

Daß es immer wieder auch beinharte und kontroverse

Diskussionen gab, die mit den geschilderten Erlebnissen einhergingen, braucht nicht eigens betont zu werden.

Auch in dieser Zeit seiner Anwesenheit in fremden Ländern ging es Grünbeck immer um gute Abschlüsse zum Wohle des deutschen Volkes und oftmals auch zum Wohle seiner Firma und der mittelständischen Industrie, die er als Experte ja auch vertrat.

Beides miteinander zu verbinden und nicht die Balance zu verlieren, war für ihn eisernes Gebot. Wo etwas nach eigener Vorteilsnahme hätte aussehen können, verzichtete er darauf, dies durchzusetzen.

Daß in seinem Hause und in seinem Unternehmen immer wieder Politiker auftauchten um als Besucher zu schauen, oder auch als Referenten zu bestimmten Themen zu sprechen, war eine Notwendigkeit, die Grünbeck bereits seit Beginn seiner unternehmerischen Tätigkeit als enorm wichtig erkannt hatte.

Es war ihm bewußt, daß jeder Unternehmer Wert darauf legen mußte, daß nicht nur die Frauen und Männer seines Betriebes gemäß ihrem Können vorankommen mußten, unabhängig von ihren Parteibüchern, sondern einzig und allein nach ihrer Leistungsfähigkeit, daß vor allem auch eine weitergehende Betreuung erfolgen mußte.

Als Redner in diesen Dingen besuchten neben vielen anderen auch Bundesbauminister Oskar Schneider und seine Nachfolgerin Frau Dr. Schwaetzer das Unternehmen. Bundesumweltminister Klaus Töpfer wußte in seiner Rede an die versammelte Belegschaft wertvolle Hinweise zu geben *und* nahm ebenso wertvolle Erkenntnisse mit zurück, die ihm zeigten, daß – beispielsweise – in diesem Höchstädter Betrieb der Umweltschutz *ganz* groß geschrieben wurde und das Betriebsklima optimal war.

Besonders erfreut war Josef Grünbeck, daß sein alter Kampfgenosse, der Vorsitzende der Sudetendeutschen Landsmannschaft Franz Neubauer mehrfach zu ihm kam.

Der ehemalige Bundeswirtschaftsminister Dr. Helmut Hausmann gab seiner großen Genugtuung darüber Ausdruck, daß in diesem Werk eine gute Personalpolitik *und* eine erstklassige Wertarbeit geleistet wurde, mit der das Unternehmen Grünbeck-Wasseraufbereitung in aller Welt konkurrenzfähig ist.

Der ehemalige Bundesjustizminister und heutige Außenminister Dr. Klaus Kinkel war nach seinem Besuch in diesem Betrieb davon überzeugt, daß die deutsche mittelständische Wirtschaft *ihren* Platz in der Welt eingenommen und verteidigt habe. Die Fülle der computerisierten Arbeitsplätze, die genial einfache und griffige Registratur fand seinen Beifall ebenso, wie die Einrichtungen, die dem Wohle der Belegschaft dienten.

Daß Dr. Otto Graf Lambsdorff bereits dreimal in Höchstädt weilte, zeigt die Wirkung, die dieser Betrieb und sein Parteifreund Grünbeck auf ihn ausübten.

Grünbecks Freund, der ehemalige Landwirtschaftsminister Josef Ertel, der einmal sogar eine Messe in Höchstädt eröffnet hatte, weilte immer wieder in dieser Stadt, um bei Gärtnern und Landwirtschaftsveranstaltungen anwesend zu sein. Daß er stets im Hause Grünbeck willkommen und von der Gastlichkeit der Hausherrin und des Hausherrn begeistert war, hat er freimütig zugegeben.

Bei solchen lieben Besuchen kam es auch wohl vor, daß Josef Grünbeck als begeisterter Musikfreund und ausübender Musiker zu seinem »Quetschbügel« griff und die schönen Lieder seiner alten ebenso wie auch seiner neuen Heimat Bayern zum Besten gab, mit eingestreuten perfekten Jodlern als Dreigabe.

Grünbecks Mitkämpferin in Bayern und Bonn, die damalige Staatsministerin im Auswärtigen Amt, Frau Dr. Hildegard Hamm-Brücher war mehrfach unter den Gästen, die zu den diversen Feiern nach Höchstädt kamen.

Von den Sportfreunden des In- und Auslandes und den Veranstaltungen auf sportlichem Gebiet wird an anderer Stelle zu berichten sein. Bliebe nur noch zu betonen, daß Höchstädt bereits mehrfach Tagungsort der Wasserexperten aus aller Welt war, die hier – an einem Ort, an dem entscheidende Arbeit zur Wasseraufbereitung geleistet wird – mit fundiertem Wissen alle Fragen über den Rohstoff Wasser und seine Erhaltung besprochen haben.

Sie alle sind auf dem Wege, das Urproblem der Menschheit zu lösen, um das Überleben derselben auf dem Wasserstern zu ermöglichen. Sie haben es verstanden, diese Frage transparent zu machen, erste Lösungen zu finden und uns allen einen Begriff davon zu vermitteln, was Wasser ist *und* daß es nicht unerschöpflich vorhanden ist.

Auf diesem Wege hat auch die Firma Grünbeck-Wasseraufbereitung bahnbrechend gewirkt. Auch darüber an anderer Stelle mehr.

Der Umweltschutz – Grünbeck an die Front!

Die Waldschäden im Erzgebirge

In der Sudetendeutschen Zeitung vom 15. August 1985 hat Josef Grünbeck in einem vielbeachteten Beitrag die katastrophale Lage dieses Landstrichs und deren nicht minder bedenkliche Einflüsse auf das angrenzende deutsche Gebiet dargelegt.

Er bezeichnete die Bilanz zu diesem Vorgang als erschütternd, denn selbst nach Meldungen aus der tschechischen Forstwirtschaft seien die Waldschäden durch Schwefeldioxid im Erzgebirge *weltweit* ohne Beispiel.

Bis zum Jahre 1990 – so die damalige Zukunftsprognose – werden etwa 60 Prozent der Waldflächen dieses Gebietes abgeholzt und mit wolligem Riedgras überwachsen sein. Dies bedeutet eine Fläche von 50 000 Hektar.

Bereits in den fünfziger Jahren habe es die tschechische Regierung verabsäumt, aus den bereits damals erkannten Zuständen Konsequenzen zu ziehen. Nach wie vor werden die stark schwefelhaltigen Braunkohlevorräte dieses Gebietes ohne jede Hemmung verstromt. Bis zum Jahre 1985 waren von der dortigen Gesamtwaldfläche von 100 000 Hektar 85 000 Hektar stark geschädigt.

Dazu Josef Grünbeck:

»Der Anstieg der Schwefel-Emissionen in der seinerzeitigen DDR als auch im benachbarten Polen haben die Schäden wesentlich erweitert.

Selbst die Kammlagen der ostwärts liegenden Gebirgskette wurden bereits davon erfaßt. Insgesamt kann gesagt werden, daß 600 000 Hektar Wald in den genannten Gebieten betroffen sind.«

Dies also waren die Segnungen der Arbeiter- und Bauernstaaten, die heute besonders in der ehemaligen DDR völlig vergessen sind.

Die Hauptursache dieser Katastrophe liegt in der Verwendung der mit über 10 Prozent Schwefelanteilen »gesegneten« Braunkohle zur Stromerzeugung und zum Hausbrand.

Daß man sich bei der Bekämpfung auf den roten Bruderstaat UdSSR verließ, der umfassende Rettungsmaßnahmen mittels neuester Technik angekündigt hatte, sich aber nicht an die bindenden Zusagen gehalten hat, ist keine Entschuldigung für die Jahrzehnte eigenen Untätigseins.

»Die Russen«, so ein Umweltexperte heutiger Provenienz aus der ehemaligen DDR, »haben uns buchstäblich im Schwefelregen stehen lassen.«

Aber man sollte doch auch schon einmal selber den Schirm aufspannen, anstatt von anderen diesen Liebesdienst zu erwarten.

Besonders hart betroffen von dieser Katastrophe war das Gebiet ostwärts des Keilbergs. Aber auch die Waldgebiete oberhalb des Dux-Brüxer Kohlebeckens sind weitgehend entwaldet worden. Es gibt dort kaum noch geschlossene Waldflächen, allenfalls noch einige, ebenfalls absterbende, Bauminseln. Diese Emissionsschäden wurden noch verstärkt durch Schneebruch- und Windwurfschäden.

Daß sich Aufforstungsmaßnahmen als besonders schwierig erwiesen, lag einmal bei dem rauhen Klima im Erzgebirgsraum, zum anderen an den weiter anhaltenden Emissionen, welche die jungen Bäume erst gar nicht zum Aufwuchs kommen ließen.

Die Menschen ziehen aus den betroffenen Räumen fort, denn außer diesen Schäden wird ihre Gesundheit angegriffen, ganz zu schweigen von der Geruchsbelästigung mit dem »Ziegenbock- und Katzendreckgestank«, die ebenfalls eine Folge des nicht praktizierten Umweltschutzes ist, wie später dargelegt werden soll.

Zu diesem Desaster und dessen Abwehr Josef Grünbeck: »Wenn die mitteleuropäische Klimazone keinen ernsthaften Schaden nehmen soll, muß baldigst ein kompakter Maßnahmekatalog durchgeführt werden. Dessen vordringlichste Aufgaben müssen sein:

1. Die Grenzwerte für Schwefeldioxid und Stickoxide durch den Einbau von modernen Entschwefelungs- und Entstickungsanlagen herabzusetzen.

Zu diesem Zweck muß die Bundesrepublik notwendigerweise mit Materiallieferungen in Gestalt der bei uns vorhandenen Technologie einspringen und entsprechende Kreditbedingungen aushandeln. Nur so kann das Weiterumsichgreifen des Waldsterbens in der BRD, der DDR, der CSSR und Polen gestoppt werden.

2. Notwendig ist eine internationale Zusammenarbeit auf wissenschaftlichem Sektor über die Ost-West-Grenzen hinweg, um eine baldige Aufforstung möglich zu machen, damit diese Gebiete wieder der Forstwirtschaft und ihrer ganzen ökologischen Bedeutung entsprechend erhalten bleiben.

3. Der internationale Erfahrungsaustausch über alternative Energien muß auch im Osten mit uns gemeinsam durchgeführt werden, damit nicht nur Kohle und Kernenergie, sondern auch erneuerbare Energieträger eingespannt werden.

Dieses Problem auf die lange Bank zu schieben, würde bedeuten, einem ständig wachsenden und schließlich irreparablen Schaden untätig zuzusehen.

Das wäre für die sudetendeutschen Wälder *und vor allem* für die fort lebenden Menschen ebenso, wie für die gesamte europäische Klimalandschaft, eine Jahrhundertkatastrophe.«

Im »Schwefelregen stehend« wurden zunächst keine weiteren Untersuchungen durch die Tschechoslowakei angestellt, was die Belastung der Erde und der Luft mit Stickoxiden, Fluor und Schwermetallen anlangt. Aber auch auf diesem Gebiete ist es bereits fünf Minuten vor zwölf.

Am 27. März 1986 forderte Josef Grünbeck erneut die Forcierung eines bilateralen Abkommens zur Luftreinerhaltung zwischen der Bundesrepublik, der DDR, der CSSR und Polen. In seinem Bericht erklärte er, daß es nicht allein um die Wälder gehe, sondern daß alle Oberflächenstrukturen, Land oder Gewässer, ebenso gefährdet seien.

Er verwies darauf, daß Bundesaußenminister Hans-Dietrich Genscher bereits im Jahre 1976 damit begonnen hatte, diese dringenden Probleme mit seinem tscheschischen Amtskollegen zu besprechen. Zehn Jahre später, bei einem Treffen Genschers mit Außenminister Chnoupek im Februar 1986 in Karlsbad, wurde eine erste Zwischenbilanz aufgemacht.

Der sogenannte »Katzendreckgestank« der aus dem Druckgaswerk Uzin stammt und jener hinzukommende bestialische Gestank aus dem zweiten Gaswerk in Vreswova, waren nach zehn Jahren eines ständigen Hin und Her nicht beseitigt.

Darüber hinaus war erkannt worden, daß die tschechische Seite die Ausbeutung der stark schwefelhaltigen Braunkohle rigoros auch in den nächsten 20 bis 30 Jahren – ohne Rücksicht auf Verluste – ausbeuten wollte, um damit, ohne große Umweltschutzmaßnahmen, die Kohleverstromung durchzuführen. Tschechisches Ziel war sodann, die Kohleverstromung durch die inzwischen in Betrieb genommenen Kernkraftwerke zu ersetzen.

Was dies bei den Kernkraftwerksbauten nach russischem Vorbild bedeutet, braucht nicht besonders erläutert zu werden.

Daß diese tschechischen Pläne zum Bau neuer Kernkraftwerke nicht nur Österreich, sondern auch die Bundesrepublik tangieren werden, ist klar und einsichtig.

Eine Bilanz der europäischen Kernkraftwerke ergab bereits im Jahre 1986 ein Volumen von etwa 200 solcher Anlagen. Mit den in Bau und in der Planung befindlichen werden es um das Jahr 2000 287 Kernkraftwerke sein. Von deutscher Reaktorsicherheit aber wird in den ehemaligen Ostblockländern nur geträumt.

Daß durch alle genannten Umweltschäden auch und vor allem durch die Flüsse verseucht wurden, war in der Bundesrepublik am Beispiel der Elbe erschreckend deutlich geworden. Das gleiche galt für die Werra in der DDR und den Unterlauf der Weser. Ganz dramatisch war dies auch für die Eger und Moldau, die als Nebenflüsse der Elbe ihre Schwermetall- und Giftstoffe in die Elbe ableiteten, von wo aus sie dann durch Deutschland flossen und die deutschen Häfen sowie die Nordsee verseuchten.

Dies ging so weit, daß die tschechische Regierung – ansonsten nicht besonders bänglich, wenn es darum ging, diese Giftstoffe auf dem einfachsten Wege nach Deutschland abzuleiten – sich genötigt sah, die Entnahme von Flußwasser zur Bewässerung ihrer Agrarflächen zu verbieten. Die Trinkwasserversorgung der Bevölkerung war ebenso gefährdet wie die Agrarerzeugnisse.

Diese aus der CSSR in die Elbe eingeleitete Schmutzfracht steigerte sich bei derem Verlauf durch die DDR in einem einfach unglaublichen Maße. Diese mitgeführten Umweltgifte lagerten sich im Hamburger Hafen, aber auch bereits auf dem Wege nach Hamburg derart ab, daß eine bis zu fünf Meter dicke Giftstoff-Schicht entstand und den Bestand des Hamburger Hafens gefährdete.

Zwischen den sozialistischen Nachbar- und Bruderstaaten Polen und der CSSR gab es sehr bald ernste Auseinandersetzungen, weil auch die Oder inzwischen einen Verschmutzungsgrad erreicht hatte, der nicht nur den Hafen Stettin gefährdete, sondern auch die gesamte Agrarfläche Polens zu verseuchen drohte.

In der CSSR hatte die Sterblichkeitsrate besonders unter Neugeborenen und Kleinkindern in erschreckendem Maße zugenommen. Gerade diese Bevölkerungsverluste bereiteten den dortigen Staatsstellen größte Sorgen, *ohne daß durch eine geeignete Umweltpolitik dagegen angegangen wurde.*

»Die CSSR«, so Josef Grünbeck in seinem vielbeachteten Beitrag »Alarm für alle europäischen Staaten in Ost und West für umweltpolitische Verantwortung«, den er auf dem Sudetendeutschen Tag in Nürnberg im Jahre 1986 gehalten hat, »betreibt eine Energiepolitik, die international abgestimmt werden *muß*.

Es ist bekannt, daß die tschechischen Braunkohlevorräte bei dem derzeitigen Abbauvolumen in spätestens 30 Jahren ausgeschöpft sein werden.

Bis dahin hat man – wenn auch erst größtenteils auf dem Papier – einen großzügigen Ausbau der Kernergie beschlossen. Dabei steht das Kraftwerk Temlin bei Budweis kurz vor der Fertigstellung. Es ist mit seinen vier Blöcken zu jeweils 1000 Megawatt Leistung das größte Kernkraftwerksprojekt in der CSSR.

Ich habe in einer schriftlichen Anfrage an die Bundesregierung darum gebeten, die dortigen Sicherheitsmaßnahmen und Vorkehrungen überprüfen zu lassen, damit eine Gefährdung der unmittelbaren Nachbarschaft Österreich und Deutschland, aber auch alle übrigen Staaten Europas, und vor allem auch Polen, weitgehend ausgeschlossen werden kann.

Ich forderte die Bundesregierung auf, auch die östlichen Nachbarstaaten an ihre Versprechungen und Verträge auf der Konferenz zur friedlichen Nutzung der Kernenergie in Wien im Jahre 1986 zu erinnern, und sie beim Wort zu nehmen.

Darüber hinaus habe ich die deutsche Kernenergie-Industrie aufgefordert, ihre Sicherheitstechnologien an die Ostblockstaaten weiterzugeben, damit auch dort der deutsche Sicherheitsstandard erreicht werden kann.

In diesem Zusammenhang wies ich darauf hin, daß in Europa bis zum Jahre 2000 280 Kernkraftwerke in Betrieb sein würden, daß davon *über* 60 Prozent ihren Standort in den Ostblockstaaten haben. Dies deutet sehr eindringlich an, wie wichtig die Sicherheitsbestimmungen sind. Diese Maßnahmen *müssen* in die integrierte europäische Umweltpolitik einbezogen werden.

Wenn in Europa das Zeitalter der Entspannung und der Abrüstung ein neues Zeichen der Hoffnung setze, dann darf eine verantwortungsbewußt Umweltpolitik *aller eu-*

ropäischer Staaten in Ost und West nicht fehlen. Die Lebensgrundlagen der heutigen europäischen Bevölkerung und der nachfolgenden Generationen können *nur* mit gemeinsamen Anstrengungen erhalten und gesichert werden.«

Die Frage wird also sein, ob man durch Kreditprogramme oder aber über direkte kooperative Beteiligungen bei entsprechenden Firmenkonstruktionen durch deutsche Hochtechnologie das Problem lösen kann. Die Hände in den Schoß zu legen, wird nicht helfen.

Der politische Druck auf die Regierungen der Ostblockländer ist zwar größer geworden, weil auch die Bevölkerung in diesen Ländern gebieterisch Abhilfe fordert und durch die Abwanderung aus den verseuchten Gebieten ein Vakuum entsteht, aus dem große volkswirtschaftliche Schäden erwachsen. Aber wird das ausreichen?

Anläßlich seines Besuches der Brünner Messe und der Regierung in Prag am 19. und 20. September 1988 gelang es dem Geschäftsführer der Grünbeck Wasseraufbereitung, Herrn Walter Ernst, mit der Firma Technopol einen vorläufigen Liefervertrag für das Projekt der Kläranlage Heidelberg zu unterzeichnen.

Ein weiterer Punkt war die Besprechung und Unterzeichnung eines Leihvertrages für ein Gerät Microclar, das die Firma Grünbeck kostenlos aus der CSSR erhalten und dann zwei Jahre zu Versuchszwecken benutzen konnte. Dabei ging es darum, dieses Gerät zu testen und weitere konstruktive Überlegungen anzustellen, es bei der Grünbeck Wasseraufbereitung in Lizenz zu bauen.

In diesem Zusammenhang wollte sich auch der stellvertretende Generaldirektor, Herr Dipl.-Ing. Micunec, noch einmal über weitere Möglichkeiten der Zusammenarbeit informieren, um diese dann am darauffolgenden Tage im Außenhandelsministerium zu besprechen. Zugleich wollte er auch in der Parteizentrale, bei dem für Wirtschaftsfragen zuständigen Sekretär und mit dem stellvertretenden Parteivorsitzenden Herrn Lenart vorsprechen.

Herr Lenart erklärte im Gespräch mit Herrn Ernst, daß die CSSR bisher zu wenig die Möglichkeit gehabt habe, in die BRD hinein aktiv zu werden, daß sie aber in Zusammenarbeit mit der Firma Grünbeck diese Möglichkeit sähen.

Er bat darum, Herrn Grünbeck zu bitten, die Minister Genscher und Bangemann, oder dessen Nachfolger, direkt anzusprechen, um zu erreichen, daß von Seiten der Regierung Druck ausgeübt werden könne, wie dies Bundeskanzler Kohl gewünscht habe.

Herr Lenart regte an, daß Herr Grünbeck speziell auch mit Herrn Bangemann sprechen möge, da er der Meinung war, daß die gemeinsamen Projektplanungen auch auf EG-Ebene von eminentem Interesse seien und dem EG-Kommissar zur Kenntnis gebracht werden sollten.

Gemeinsam erklärten die Herren Mićunek und Lenart, daß sie große Hoffnungen auf eine Zusammenarbeit mit der Firma Grünbeck setzten und baten Walter Ernst, er möge Herrn Grünbeck die besten Grüße der Parteileitung und des Ministeriums ausrichten.

Dies waren bemerkenswerte Äußerungen der offiziellen Stellen in der CSSR, die anzeigen, welcher Wertschätzung sich der Name Grünbeck dort erfreute.

Damit schienen schwerwiegende Beschuldigungen vom Tisch, welche die CSSR-Regierung im Oktober 1983 erhoben hatte. Damals war durch gezielte Indiskretion durch die Botschaft der CSSR eine Aktennotiz an ein Mitglied des Sudetendeutschen Rates weitergeleitet worden. Darin wurde unter anderem folgende Behauptung aufgestellt:

»Die tschechoslowakische Seite war und ist an der Lösung der Umweltfragen nicht nur im Rahmen der Kommission der Grenzbevollmächtigten, sondern auch auf der Grundlage eines Abkommens über die wissenschaftlich-technische Zusammenarbeit interessiert. Das Abkommen wurde durch Verschulden der Bundesrepublik Deutschland nicht unterzeichnet. –

Diese Politik, die vor allem vom Bundesminister des Äußeren, Herrn Genscher, durchgesetzt und gefördert wurde, hat die Unterzeichnung eines Abkommens über die wissenschaftliche Zusammenarbeit verhindert und steht ihm auch weiterhin hinderlich im Wege.«

Josef Grünbeck schickte dieses Schriftstück an Hans-Dietrich Genscher und bat um eine rasche Stellungnahme zu diesem ungeheuerlichen Vorwurf. Er war vom Sudetendeutschen Rat gebeten worden, diese Maßnahmen zu ergreifen und danach dem Rat einen Bericht zu erstatten.

Bereits am 24. 2. 1984 hatte Josef Grünbeck in der Sache der Luftverschmutzung und der Umweltgefährdung Gelegenheit, in Bonn zu erklären, daß die Äußerungen der tschechischen Botschaft vom Oktober keiner kritischen Überprüfung standgehalten hätten *und* daß es an der Zeit sei, die Verzögerungstaktik der Ostblockstaaten zu durchbrechen. Die Begründung der tschechischen Seite für eine Verschiebung und Nichtunterzeichnung des Abkommens über die technisch-wissenschaftliche Zusammenarbeit sei unakzeptabel. Die Vorwürfe, die Minister Genscher in dieser Hinsicht gemacht würden, er habe durch seine Bestrebungen um die Einbindung von Westberlin in den Vertrag und durch seine einseitige Interpretation das Zustandekommen desselben verhindert, seien aus der Luft gegriffen.

Staatsminister Möllemann im Auswärtigen Amt erklärte, daß es zwar richtig sei, daß es noch nicht zum Abschluß eines Rahmenabkommens über die Zusammenarbeit in der wissenschaftlichen Forschung und technologischen Entwicklung mit der CSSR gekommen sei. Dies aber *einzig* aus *dem* Grunde, weil die RGW-Staaten verlangt hätten, daß das Forschungspotential von Westberlin in einem bilateralen Wissenschaftler- und Expertenaustauch ausgeklammert werden sollte.

»Die Bundesregierung«, so Staatssekretär Möllemann, »steht dagegen auf dem Standpunkt, daß *kein* Wissenschaftler wegen seiner Tätigkeit an irgendeiner Institution des Bundes diskriminiert werden darf. Sie bleibt bemüht, eine praktische Lösung zu finden.«

Josef Grünbeck regte an, daß die Verhandlungen über dieses Abkommen forciert werden müssen, um auf der internationalen Umweltkonferenz im Juni 1984 in München einen Durchbruch zu erzielen.

Lassen wir an dieser Stelle in einer Kurzskizzierung den Verhandlungsablauf, einmal auf Abstellung der Geruchsbelästigung und zum anderen zum Abbau der Schwefeldioxidemissionen, Revue passieren:

Worte, nichts als Worte

Seit 1977 hatte die deutsche Seite gegenüber der CSSR zunächst auf Abstellung der Geruchsbelästigung und seit 1982 mit zunehmendem Auftreten und Bekanntwerden der Waldschäden der durchgesickerten Klagen der tschechischen Bevölkerung und jenen der deutschen Bevölkerung auf Schwefeldioxidbelastungen gedrängt.

Dies alles begann 1976 mit Klagen der Bewohner aus den nordostbayerischen Grenzgebieten über den »Katzendreckgestank« und durch die Schwefeldioxidbelastung bei Ostwind und besonderen Inversionslagen.

Noch im Jahre 1977 wurden erste Gespräche mit der CSSR über die genannten Probleme durch die deutsche Botschaft in Prag in Gang gehalten.

Im April 1978 kam es anläßlich des Besuchs von Staatspräsident Husak in Bonn zu einem Gespräch des Präsidenten mit Minister Genscher zu diesem Thema.

Im September 1979 war die Luftverschmutzung Gegenstand eines Gespräches der beiden Außenminister Genscher und Chnoupek.

Ein ähnliches Treffen der beiden Außenminister fand im Dezember 1981 statt. Abermals wurde auch auf die verheerende Geruchsbelästigung hingewiesen.

Staatssekretär von Würzen vom Bundeswirtschaftsministerium führte am 18. 9. 1982 mit dem tschechischen Energieminister Ehrenberger die gleichen Gespräche. Minister Ehrenberger wies darauf hin, daß die CSSR *dringend* nach Verfahren zur Minderung der Schwefeldioxidemissionen suche. Von Würzen schlug vor, in dieser Sache Gespräche mit der deutschen Industrie zu führen, die darin große Erfahrungen habe. Die Industrie wurde jedoch von tschechischer Seite nicht angesprochen.

Der 6. Oktober desselben Jahres sah wieder Genscher und Chnoupek bei ihren bilateralen Konsultationen mit dem »Katzendreckgestank« befaßt, und am 23. und 24. November fand ein Treffen der Grenzbevollmächtigten statt, in dem vom tschechischer Seite bindend erklärt wurde, daß der Gestank bis zum Jahre 1985 restlos beseitigt werde.

Diese Entscheidung wurde auf der Direktorenkonferenz in Prag am 24. November begrüßt. Allerdings erklärte die tschechische Seite hier, daß Vorkehrungen zur Schwefeldioxid-Senkung *auch* auf deutscher Seite notwendig seien.

Das schlug nach den Worten eines Teilnehmers »dem Faß das Ei aus der Krone«, um die tschechischen Winkelzüge mit dieser Verballhornung deutlich zu machen.

Als der tschechische Energieminister Ehrenberger am 1. Dezember 1982 mit dem bayerischen Ministerpräsidenten Franz-Josef Strauß sprach, versicherte dieser ihm, daß der »Katzendreckgestank« bis 1985 endgültig beseitigt sei.

Der Besuch des Außenministers Genscher in Prag am 1. und 2. Febr. 1982 sah die dringenden Probleme Elbeverschmutzung, Luftverunreinigung durch Katzendreckgestank und SO_2-Belastungen auf dem Programm. Abermals wurde die Lösung des ersteren Problems zu 1985 zugesagt.

In dieser Folge ging es, wie beim Tischtennis, weiter. Allerdings in einem sehr ernsten Spiel, das schwerwiegendste Folgen für die Menschen beiderseits der Grenze haben sollte. Der Katzendreckgestank zog sich durch die diversen Protokolle, so daß man sich bemüßigt fühlte, zu bemerken, daß in dieser Hinsicht nicht nur die tschechischen Verursacher-Werke stänken.

Die deutsch-tschechische Wirtschaftskommission tagte und tagte. Die Grenzbevollmächtigten konnten und wollten da nicht zurückstehen. Am 3. und 4. Mai 1984 war das sechste Treffen der Grenzbevollmächtigten fällig, und am 10. Mai 1984 schrieb Minister Genscher an seinen Amtskollegen Chnoupek, daß dringend Maßnahmen zur Beseitigung der beiden Streitpunkte erforderlich seien.

Auf der Münchener Umweltkonferenz wurde – wie bereits erwähnt – am 27. Juni 1984 die Deklaration zur Reduzierung der Schwefeldioxid-Emissionen von der CSSR unterzeichnet.

Schreiben von Bundeskanzler Kohl an Präsident Husak, Gespräche von Minister Genscher mit seinem Amtskollegen Chnoupek und weitere Fernschreiben Genschers an diesen kennzeichnen den Verlauf des Jahres 1984, und schließlich schrieb Präsident Husak an Kanzler Kohl. Er kehrte den Spieß um und wies auf die SOÂ-Belastung der CSSR durch die westlichen Staaten hin. Die Verhandlungen degenerierten zum Schwarze-Peter-Spiel.

Erst als auf dem ersten Umweltexpertentreffen auf Regierungsebene in Bonn deutsche Umwelttechnologien angeboten wurden und der Kohl-Vertraute Herr Teltschik dazu noch finanzielles Entgegenkommen signalisierte und erklärte: »Die Realisierung von Umweltprojekten soll letztendlich nicht an Finanzierungsfragen scheitern«, lebte die Diskussion merklich auf.

Nach einigen weiteren Verhandlungen und Gesprächen wurde in Prag im März 1985 der 8. Fünfjahresplan 1986–1990 erläutert. In bezug auf die Umwelt war keine Senkung der Umweltbelastung bis zum Jahre 1990 in Aussicht gestellt. Lediglich der bisher ununterbrochen gestiegene Ausstoß derselben sollte auf gleicher Höhe gehalten werden. Ab 1991 bis zum Jahre 1995 würde dann versucht werden, die Umweltbelastungen mittels Investitionen abzusenken. Damit schien mehr als fraglich, daß es der CSSR gelingen würde, ihre vertragliche Verpflichtung zur 30prozentigen Reduzierung des SOÂ-Ausstoßes zu erreichen.

Anläßlich des Besuches des bayerischen Umweltministers Dick in der CSSR, vom 15. bis 18. Juli 1985, wurde ein Protokoll zur kostenlosen Überlassung einer deutschen Pilot-Entschwefelungsanlage aus dem Kraftwerk Schwandorf für ein Jahr unterzeichnet.

Während dieser Besprechung erklärte der Minister für Brennstoffe, Ehrenberger, daß sein Land nunmehr ausreichende Mittel für die Beseitigung des Katzendreckgestanks bereitgestellt habe.

Um dies einmal festzuhalten: Diese Geruchsbelästigung betraf nicht etwa nur die deutsche Seite, sondern in einem verstärkten Maße ja auch die in dem verpesteten Gebiet wohnenden tschechischen Menschen. Von ihnen hatte man offiziell kein Sterbenswörtchen über diese gravierende Beeinträchtigung ihrer Lebensqualität vernommen.

Umweltexpertentreffen, Treffen der Grenzbevollmächtigten, die 9. Tagung der deutsch-tschechischen Wirtschaftskommission, waren an der Tagesordnung. Expertengruppen für ökologische Fragen klärten die deutschen Teilnehmer am 7. November 1985 darüber auf, daß bisher *keine* größere Entschwefelungsanlage in der CSSR in Betrieb genommen worden sei. Eine Investitionsentscheidung für Reinigungsmaßnahmen bei fünf Kraftwerken mit verschiedenen Verfahren stünde bevor. Aber man setzte vor allem die Hoffnung auf einen forcierten Ausbau der Kernenergie.

Nach einem Besuch von Außenminister Genscher in Karlsbad und den Gesprächen mit seinem Amtskollegen Chnoupek kamen beide Politiker »nach gut verlaufenden Verhandlungen über ein Umweltabkommen« zu der Erkenntnis, daß man möglichst bald zu einer abschließenden Einigung kommen werde. Es sollte noch im Sommer 1986 zu einer möglichen Unterzeichnung kommen. Diese Sommergespräche wurden im März 1986 von Botschafter Kadnar in Bonn abgesagt.

Was übrig blieb, war die triste Erkenntnis, daß ein konkretes Emissionsminderungsprogramm mindestens einen Zeitaufwand von etwa zehn Jahren in Anspruch nehmen würde. Wenn man von 1983 als Beginn ausgehe, würde dies bis zum Jahre 1993 dauern. Auch diese Maßnahmen würden nur eine graduelle Verminderung der Luftbelastung durch die CSSR bedeuten.

Am 5. Oktober 1987 wurde die Vereinbarung zwischen der Bundesrepublik Deutschland und der Tschechoslowakischen Sozialistischen Republik über die Zusammenarbeit auf dem Gebiet des Umweltschutzes in Bonn unterzeichnet. Diese Vereinbarung sollte mit einem Arbeitsplan für die erste Periode bis zum Jahre 1989 in Kraft treten.

Am 8. September dieses Jahres war bereits eine entsprechende Vereinbarung mit der DDR unterzeichnet und in Kraft gesetzt worden. Generalsekretär Honecker war Unterzeichner dieser Vereinbarung.

Die CSFR setzt auf Kernkraft

Was die Umwelt- und Energiepolitik der Tschechoslowakei betraf, so hatte jener genannte Vierjahresplan, der für die Zeit von 1986 bis 1990 laufen sollte, eine gefährliche Struktur gewonnen.

Man wollte den Anteil der Kernenergie zur Stromversorgung von 15 auf 30 Prozent verdoppeln. Dies sollte durch mehrere Maßnahmen erreicht werden. Einmal durch den Ausbau des Kernkraftwerkes Dukovany von 440 auf 660 Megawatt Leistung.

Für Machovce in der Westslowakei war geplant, das erste Kernkraftwerk dort mit einer Leistung von 880 Megawatt in Betrieb zu nehmen.

Die Bauarbeiten in Temelin sollten verstärkt fortgesetzt werden, um in den neunziger Jahren vier 1000-MW-Reaktoren – ähnlich jener Anlage von Cattenom – in Betrieb zu nehmen.

Darüber hinaus sollten in der genannten Planungsperiode zwei weitere Standorte für Kernkraftwerke bestimmt und Vorbereitungen für den Baubeginn getroffen werden.

Wenn in Deutschland nunmehr ein nationaler Ausstieg beschlossen werden soll, würde die Entwicklung nicht nur in wirtschaftlicher Hinsicht, sondern auch unter sicherheitspolitischen Erwägungen verheerend werden. Dazu Josef Grünbeck:

»Wer aussteigt, redet nicht mehr mit!

Dies bedeutet, daß die Kernkraftwerke mit einem niedrigeren Sicherheitsgrad im Osten und im Westen erhalten bleiben und wir *keinen* Einfluß mehr auf die Anhebung des dortigen Sicherheitsstandards auf das deutsche Niveau haben werden.

Dies beinhaltet auch, daß die Gefahr für die deutsche Bevölkerung erheblich höher liegen wird als vorher. Selbst bei völligem Abbau der *eigenen* Kraftwerke.

Diese bange Frage sollten sich auch die Bürger in Österreich stellen. An der österreichischen Grenze werden tschechische Kernkraftwerke kräftig gebaut und bestehende ausgebaut. Dies müßte eigentlich bedeuten, daß die ›friedlichen Protestaktionen‹ österreichischer Bürger gegen Entsorgungsanlagen in der Bundesrepublik Deutschland keine Priorität mehr haben dürften. Jetzt *müßten* sich eigentlich österreichische Protestbewegungen vermehrt und gezielt gegen die von der Tschechoslowakei dicht vor ihrer eigenen Grenze errichteten Kernkraftwerksanlagen mit einem verheerenden Sicherheitsstandard richten.

Österreich sollte seine gutnachbarlichen Beziehungen zur CSFR nutzen, um den Ausbau der Kernkraftwerke mit niedrigerem Sicherheitsstandard an ihrer südböhmischen Grenze zu verhindern.

Daß dies nicht geschieht, zeigt auf, daß es nicht um einen Protest gegen die Kernenergie geht, sondern hintergründig um den Ausdruck anderer Ressentiments.

Daß die Tschechoslowakei auf der Münchener Umweltkonferenz 1984 das Protokoll zur ECE-Luftkonvention zur Reduzierung der Schwefeldioxidemission um 30 Prozent bis zu den Jahren 1993/95 unterzeichnet hat, ist ein gutes Zeichen, *wenn* diese auch wirklich stattfinden würde!

In bezug auf die bilateralen Kontakte zur Reaktorsicherheit war Josef Grünbeck gezwungen, sich am 8. Januar 1991 einen besonderen Vermerk zu machen. Es ging um das sattsam bekannte Problem des Kernkraftwerkes Bohunice. Dieser Reaktor, nunmehr doch seit einigen Jahren dauernder Zankapfel zwischen Österreich und der CSFR, wurde von Österreich – das offenbar die wirkliche Gefahr an ihren Grenzen erkannt hat – in der Presse ständig neu ins Gespräch gebracht.

Auch die Bundesrepublik hatte im Rahmen des Abkommens zur kerntechnischen Sicherheit über diesen Reaktor mit der CSFR diskutiert und erreicht, daß sich Prag verpflichtet hatte, in Kürze einen Bericht über Bohunice vorzulegen. Dazu Josef Grünbeck wörtlich:

»Den Tschechen ist dieses Problem bewußt, selbst wenn sie Wert darauf legen und betonen, daß beim Bau dieses Kernkraftwerkes sehr viel sorgfältiger vorgegangen wurde, als beispielsweise in der DDR oder in der UdSSR. (Was bedeuten würde, daß die in der CSFR arbeitenden Kernkraftwerke aus der UdSSR *nicht* so sicher sind wir dieser neue Kernkraftwerksbau).

»Bohunice ist außerdem«, so Josef Grünbeck weiter, »in ein internationales Programm ›Safety of older Reactors‹ einbezogen, das in der internationalen Atomenergiebehörde in Wien 1990 gestartet worden war. Dieses mit personeller und finanzieller Beteiligung der Eu verwirklichte Programm hat iin Bohunice eine erste Expertenrunde tagen lassen.

Unter dem 29. Januar 1991 hat Josef Grünbeck über das gleiche Thema den Kernreaktor Temelin aufs Korn genommen. Dazu seine Notiz über ein Gespräch mit Herrn Brest aus dem Bundesumweltministerium:

»Es gibt von ›Wien‹ aus (von der IAEO, Internationale Atom Energie Behörde) *keine* Materialvorschriften und von Land zu Land unterschiedliche technische Standards.

Mit dieser Aussage wurde darauf hingewiesen, daß der Temeliner Reaktor einer von sowjetischem Typ ist, der von Skoda in Pilsen in Lizenz nach standardisierten sowjetischen Bauplänen errichtet wird.

Diese sowjetischen Reaktoren haben als typisches Merkmal einen relativ geringen Durchmesser des Druckkessels. (Grund dafür ist die Tatsache, daß größer dimensionierte Kessel *nicht* durch die Tunnels der Transportwege zum Standort passen.) Dadurch aber sind die Stahlwände relativ nahe an den Reaktorkern herangerückt und sind deshalb – unabhängig von der Ausgangsqualität des Stahls – gewissen Alterungserscheinungen durch die Neutronenbestrahlung ausgesetzt.

Um diesen Ermüdungserscheinungen zu begegnen, werden geeignete technische Verfahren eingesetzt. So zum Beispiel ein Nach-Ausglühen des Kessels, die diese vorzeitigen Ermüdungserscheinungen ausgleichen sollen.

Da diese Schwachstelle bekannt ist, *kann* man sie durch gute Fertigungskontrolle, dauernde genaueste Überwachung und rechtzeitige Vorsorge auch beherrschen. Größere Risiken sind dennoch auf alle Fälle mit dieser Bauweise verbunden.«

Ein Brand im Kernkraftwerk Bohunicee sorgte schließlich auch in Österreich für Aufregung. Doch die Anlage ging nach zwei Tagen der Stillegung wieder ans Netz.

Die österreichischen Experten haben vor einiger Zeit ihre eigene Beurteilung zum Sicherheitsstandard von Bohunice erarbeitet. Nach ihrer Meinung »kann dieser Reaktor jederzeit hochgehen und halb Wien ist tot. *Deshalb muß er abgeschaltet* werden!«

Allerdings hat Österreich auch das Kernkraftwerk Greifswald anders beurteilt als die deutschen Experten, was aber im Hinblick auf Bohunice nicht unbedingt ein österreichisches Fehlurteil bedeuten muß.

Zunächst wurden deutsche Fachleute noch nicht im Behördenauftrag zum Kernkraftwerk Bohunice entsandt. Im Rahmen der internationalen IAEO-Überprüfung sind im Frühjahr 1991 mehrwöchtige Besuche dort geplant. Dann werden auch deutsche Experten dabei sein.

Im Betreiberauftrag hat die Firma Siemens bereits technische Vorschläge bezüglich Bohunice diskutiert. Die tschechischen Experten haben ein 15- bis 20-Punkte-Programm aufgestellt, mit dem die Schwachstellen ihrer Kernkraftanlagen abgestellt werden sollen. Nach den Vorschlägen der Firma Westinghouse würden diese Nachbesserungen 500 Millionen Dollar kosten.

Die tschechische Regierung ist zu einer Nachrüstung mit Hilfe westlicher Firmen entschlossen, aber die in Frage stehenden Kernkraftwerke sollen nicht – wie dies in Greifswald geschehen – abgeschaltet und dann nachgerüstet werden. Vielmehr soll diese Nachrüstung – wie im Ostblock üblich – während des Betriebes erfolgen und bis Ende 1992 abgeschlossen sein. Danach könnten die Anlagen für einen fünfjährigen Weiterbetrieb genutzt werden.

Abschließend kann zu diesem Problem, das Josef Grünbeck sehr am Herzen liegt, gesagt werden, daß trotz seiner Anstrengungen, die offenen Fragen einer Lösung näherzubringen, alles Bemühen um rasche Abhilfen scheiterte. Nicht am bösen Willen der CSFR, sondern an der Tatsache, daß einfach das Geld zu diesen Maßnahmen nicht zur Verfügung stand.

Dennoch sollte dieses Anrennen gegen Windmühlenflügel erwähnt werden, hat doch Josef Grünbeck auch darin zum Ausdruck gebracht, daß er sich nicht nur um seine eigenen Landsleute in Bayern, sondern auch um die Bewohner in seiner alten Heimat, dem Sudetenland, Sorgen machte.

Josef Grünbeck: Der Unternehmer

Erste Übersicht

Als Josef Grünbeck am 1. 10. 1949 die Generalvertretung Josef Grünbeck beim Gewerberegister anmeldete, war dies der erste Schritt auf einem Jahrzehnte dauernden Weg nach oben. Die Firmeneintragung vom 21. 9. 1961 in das Handelsregister lautete: »Josef Grünbeck, Wasserchemie (+) Apparatebau, 8884 Höchstädt/Donau.«

Die Änderung dieser Eintragung am 23. 6. 1971 in »Josef Grünbeck, Wasserchemie + Apparatebau« und jene vom 25. 3. 1975 in »Josef Grünbeck Wasseraufbereitung« wurde schließlich im Jahre 1980 in »Grünbeck Wasseraufbereitung GmbH« vollendet und unter der Nummer HRB 52 05 am 1. 4. 1980 in das Handelsregister eingetragen.

Diese einzelnen Schritte waren mit immer größerem Einsatz und weiterem Arbeitsaufwand verbunden. Dennoch war Josef Grünbeck nach wie vor von seiner Aufgabe erfüllt, ja fasziniert.

Daß er fast 50 Jahre nach Firmengründung mit 430 direkten Mitarbeitern und 150 bis 200 Mitarbeitern in externen Werksvertretungen des In- und Auslandes, und einem Umsatz von ca. 100 Millionen DM, diese Ziele erreicht hatte, von denen er zu Beginn nicht einmal zu träumen gewagt hätte, scheint selbst ihm ein wenig märchenhaft.

Von Anfang an war Josef Grünbeck bemüht, ein gutes Betriebsklima zu schaffen. Für alle älteren Mitarbeiter, welche die ersten Jahre noch miterlebt haben, sind heute noch die sogenannten »Samstagsstunden« unvergeßliche Erlebnisse.

An den Samstagen war der Chef, der ansonsten fast die ganze Woche auf Reisen war, um neue Aufträge hereinzuholen, im Betrieb am Leimgrubenweg zu finden. Auch an Samstagen wurde hier gearbeitet, jedoch in einer ganz besonderen Form. Um 11 Uhr wurden alle Maschinen stillgesetzt. Es folgte ein allgemeiner Wochenend-Umtrunk, der oftmals sehr lange dauerte, aber immer lustig und entspannend war und sehr kameradschaftlich verlief. Hier konnte jeder seine geheimen Sorgen und Nöte loswerden und wußte zugleich, daß ihm geholfen wurde.

Daß der Chef in seinem Betrieb alle Auswucherungen der Bürokratie, welche die freiheitliche Gestaltung und Bewältigung der anfallenden Probleme eingrenzte, zu verhindern wußte, machte die Effizienz des Unternehmens aus. In seiner Firma gab es keine Auswucherungen von Vorschriften, die beinahe überall, vor allem in der Verwaltung, überhand zu nehmen drohten.

Das böse Beispiel, daß 10 Prozent der Erwerbstätigen in Deutschland von 1965 im Öffentlichen Dienst beschäftigt waren und daß sich diese Zahl bis heute auf 24 Prozent gesteigert hat, war für ihn ein untrügliches Warnzeichen.

Ein solch gewaltiges, beinahe ständig steigendes Potential an nicht ausgelasteten Menschen, die immer etwas Neues erfinden mußten, um ihre eigene Existenzberechtigung nachzuweisen, und folglich den normalen Bürger mit Papierkram überschüttete, durfte in seinem Betrieb nicht weiterwuchern, im Gegenteil, es mußte abgebaut werden.

Josef Grünbeck erinnert sich an einige Sitzungen im Umweltausschuß des Deutschen Bundestages. Dort war eines Tages der damalige Bundesminister Töpfer mit dem Vorschlag gekommen, zum Schutze der Natur eine Erdreichsteuer einzuführen. Töpfer hatte ausgeführt, daß überall, wo Erde ausgehoben wurde, sei es auch nur um einen Kindergarten, eine Straße oder ein Einfamilienhaus zu bauen, eine Bodensteuer gezahlt werden müsse.

Josef Grünbeck erinnert sich noch gut an seine Fassungslosigkeit gegenüber diesem Vorschlag. Er hatte diese Maßnahme für völlig absurd gehalten und dies auch rückhaltlos zum Ausdruck gebracht. Herrn Töpfer hielt er vor, daß er zunächst Milliarden für die Bauförderung ausgebe und nun ein Gesetz machen wolle, mit dem die Häuslebauer verpflichtet wurden, bei Kelleraushub wieder Steuern auszugeben.

Daß daraus trotz aller Hirnrissigkeit mit Hilfe der Beamten und einiger Kollegen von den Grünen und der sonstigen Ökoszene dennoch ein Gesetzentwurf wurde, untermauert die Tatsache, daß dort, wo »Gehirne brachliegen, oftmals als Selbsbestätigung die verrücktesten Sachen ausgeheckt werden.«

Auf die Frage Grünbecks, ob denn nun auch die Toten den Aushub ihrer Gräber bezahlen müßten, wußte niemand eine Antwort.

Auch dieses Vorkommnis hat Josef Grünbeck darin bestärkt, in der Politik *und vor allem* in seinem eigenen Betrieb alle Verfahren zu bekämpfen, beziehungsweise auszumerzen, in denen sich solche bürokratischen und sinnlosen Vorschläge zur Einsatzreife entwickelten. Bis heute ist er dieser selbstgesetzten Maxime treu geblieben und gut dabei gefahren.

Unternehmensführung

Daß er als Chef auch die autoritäre Führungsrolle übernehmen mußte und daß damit manchmal im Raum stehende positive Entwicklungen gefährdet wurden, erkannte er zumeist rechtzeitig. Er rang sich zu einer anderen Auffassung durch, die er wie folgt charakterisierte:

»Meine Philosophie als Unternehmer war von Anfang an die soziale Partnerschaft. Das hieß, alle Dinge *miteinander* und nicht gegeneinander zu erledigen.

Gemeinsame Zukunft, so mußte es in allen Fragen heißen. Dieselbe Forderung habe ich bereits im Jahre 1968 in unserem ersten Grünbeck-Beteiligungsmodell mit Leben erfüllt.

Auf einer Spitzenversammlung der Arbeitgeber sagte ich dazu einmal: ›Wenn Sie gegen die Mitbestimmung und Mitbeteiligung sind, dann gehören Sie noch dahin, wo man kommandiert! Sie gehen in den Betrieb, sagen wie verfahren werden soll und können dann hinterher herumrennen und nachschauen, ob es auch wirklich *so* gemacht wird. Wenn Sie aber fragen: Wie machen wir das? dann binden Sie denjenigen, der Ihnen die Antwort gibt, unmittelbar mit in die Verantwortung ein und werden ihn solcherart motivieren, mehr als nur ein Befehlsausführender sondern ein mitdenkender Arbeiter zu sein.«

In dieser Einschätzung der Mitarbeit und des Mitarbeiters hatte Josef Grünbeck bedeutende Vorgänger. So hatte Robert Bosch, einer der bedeutendsten Unternehmer und Industriellen, der 1886 in Stuttgart die »Werkstätte für Feinmechanik und Elektroindustrie« gründete, die zur Keimzelle des Weltunternehmens der Robert Bosch GmbH werden sollte, im Jahre 1908 die Mitarbeiter-Dividende eingeführt. Zwei Jahre vorher war er der *erste* in Deutschland, der den Achtstundentag zu Regelarbeitszeit machte und so sein sozialpolitisches Engagement unter Beweis stellte.

Desgleichen Karl Zeiss, der im Jahre 1846 als Universitätsmechaniker in Jena eine feinmechanische optische Werkstatt gründete und mit dem Bau seiner Mikroskope weltweite Erfolge errang.

Sein Nachfolger in der Führung des Unternehmens, Ernst Abbé, rief ein Jahr nach Carl Zeiss' Tod die Carl-Zeiss-Stiftung ins Leben, die dem Wohle der Mitarbeiter der Zeiss-Werke diente. Er übertrug ihr beinahe sein ganzes Vermögen.

Josef Grünbeck leugnet nicht, daß ihn diese Pioniertaten besonders zum Nachdenken über seine eigene Situation angeregt hatten. Auch er wollte seinen Mitarbeitern Anteilsrechte an der gemeinsam in die Höhe gebrachten Firma zukommen lassen. Er tat dies auch in drei großen Schritten, die in einem der nächsten Kapitel dargelegt werden sollen.

An die Adresse seiner Mitunternehmer *und* der Gewerkschaften richtete er die Frage: »Warum eigentlich lernen wir nicht, die soziale Partnerschaft in allen ihren positiven Möglichkeiten zu erkennen, und sie dann auch zu praktizieren?«

Der soziale Friede, von dem immer wieder in beiden Lagern je nach Bedarf die Rede ist, der aber nie wirklich praktiziert wurde, ist für ihn kein »leeres Gewäsch, sondern oberstes Gebot.«

Natürlich stellte er sich ebenso wie andere Unternehmer in der Führungsetage seines Betriebes die Frage: Mache ich mich bei dieser oder jener Entscheidung, die ich zu fällen habe, beliebt, oder verhaßt? Er erkannte aber schnell, daß eine solche Fragestellung und die möglicherweise daraus resultierende Konsequenz, sich beliebt machen zu wollen, gefährlich sein konnte.

Es allen recht zu machen, das war nur insofern eine Kunst, als man dies nie schaffen würde. Sich bei allen beliebt zu machen, bedeutete, auch falschen Ratschlägen ein offenes Ohr zu leihen. Dies wiederum konnte für einen Betrieb der Anfang vom Ende sein. Also konnte man sich auch nicht bei allen beliebt machen. »In dem Moment, da ich mich durch Cliquenwirtschaft oder Bevorzugungen des einen vor dem anderen in meinen Entscheidungen beeinflussen ließ, hatte ich schon den Zusammenhalt der Belegschaft zerstört.«

Josef Grünbeck schöpfte aus jahrzehntelanger Erfahrung, als er fortfuhr:

»Man kann sich nicht beliebt machen, ebensowenig wie man sich unbeliebt machen kann. Man muß *stets* konsequent, korrekt und gerecht verfahren. Alles das, was in einem solchen Betrieb anfällt, kann ein einzelner nicht entscheiden. Deshalb habe ich von Anfang an den Betriebsrat voll in mein Beteiligungsmodell integriert, einen Beirat etabliert und die Geschäftsleitung so ausgestaltet, daß wir zu einem harmonischen, wenn auch manchmal gegenseitig kritischen Zusammenwirken kamen.

Daß man als Chef manchmal einsam ist, vor allen Dingen deshalb, weil im Grunde genommen die Ansprüche immer größer werden, *ohne*daß gleichzeitig damit *auch* die

Leistung gesteigert wird, ist eine natürliche Folge jeder Führungsstellung. Hier gilt nur die Abwägung beider Positionen.

Wer seine Entscheidungen nur *trifft*, um von allen Seiten Dank einzuheimsen, der sollte seine Finger davon lassen.

Undank ist der Welt Lohn. Ein sattsam bekanntes altes Sprichwort und in seiner Banalität beinahe schon unaussprechlich. Aber ich habe erfahren, daß dieses Sprichwort nicht für alle Menschen gilt. Die Tatsache, daß es in unserem Betrieb *viele* Mitarbeiter gibt, die für Hilfe in der Not sehr dankbar sind, ist beglückend. Auch heute noch geben meine Mitarbeiter mir zu verstehen, daß sie einen sicheren Arbeitsplatz in unserem Unternehmen sehr dankbar einschätzen und dafür zu schaffen bereit sind.

Ein Chef muß entscheidungsfreudig sein. Daß er dabei auch einmal eine falsche Entscheidung fällen kann, liegt in der Natur der Dinge, in einer ständigem Wandel unterworfenen Welt, die alle Zweige der Industrie ebenso wie der Medizin erfaßt hat. Wenn dies aber so ist, wenn man als Chef seine Entscheidung als falsch erkannt hat, *muß* man diese *sofort* korrigieren, so lange noch Zeit dafür ist. Ein stur ›mit dem Kopf durch die Wand gehen‹ ist kein Beispiel guter Unternehmensführung.

Daß ein Unternehmer heutzutage, mehr als zu allen anderen Zeiten vorher, geschaffene Gesetze beachten und ihre Durchführung erzwingen muß, gehört zum Abc jeder Betriebsführung. Dies gilt insbesondere im sozialpolitischen Bereich, aber auch im Bereich der Kündigungen ebenso wie in der Mißachtung bestimmter disziplinarer Voraussetzungen eines jeden Betriebes.

Zwar kann ein Unternehmer *sehr viel* persönlich entscheiden. Dennoch sollte er dort, wo die Mitbestimmung oder die Mitentscheidungsbefugnis anderer sinnvoll und gesetzlich geregelt ist, nicht kneifen, sondern muß diese zulassen.«

Das Verhältnis des Unternehmers zu den Gewerkschaften war bei Josef Grünbeck immer positiv. »Ich habe nie daran gezweifelt«, führte er einmal aus, »daß der Wiederaufstieg der Bundesrepublik aus den Trümmern des Zweiten Weltkrieges auf wirtschaftlichem Gebiet *ohne* alle gesellschaftspolitisch relevanten Kräfte unmöglich gewesen wäre. Dazu gehören natürlich auch die Gewerkschaften.

Allerdings vermisse ich bei ihnen eines: Ihre Kalkulierbarkeit! Wenn Märkte verloren gehen, weil wir die Preise nicht mehr halten können, wenn soziale Wohltätigkeit die Leistungsfähigkeit der Einnahmenseite der Betriebe übersteigt, wenn durch Schuldenmacherei das gesamte soziale Gefüge gefährdet und möglicherweise sogar zerstört wird, *dann* müssen auch die Gewerkschaften kalkulieren und ihren Mitgliedern sagen, wo es lang gehen soll, damit es überhaupt weitergeht.

Nach meinem Dafürhalten brauchen wir keine Welle von Sozialgesetzänderungen. Aber wir müssen den Mißbrauch der bestehenden Sozialgesetze eingrenzen. Es geht – das kann nicht oft und nicht nachdrücklich genug betont werden – darum, den unkontrollierten Bedienungswesen zu steuern, um *jene* noch bedienen zu können, die dies durch ihre eigene Leistung verdient haben, sowie alle jene, die unverschuldet das soziale Netz als letzte Hilfe benötigen.«

Die speziellen Dinge der Menschenführung

Daß es auch immer wieder für einen Chef positive Erlebnisse gibt, ist bekannt. So zählt der freimütige Umgang mit den Mitarbeitern zu einer Quelle erfreulicher Begegnungen. Aus einer Betriebsversammlung weiß Josef Grünbeck ein solches Ereignis anschaulich und in aller Schlitzohrigkeit zu schildern: Er hatte dort einmal erklärt:

»Ihr Arbeitsplatz ist mit Sicherheit unbegrenzt zu erhalten, wenn Sie folgende Gebote beachten: Sie kommen früh zur Arbeit und versprechen beim Eintritt in die Werkhalle:

›Lieber Vater Josef, ich werde heute meine Pflicht tun und die mir gestellten Aufgaben erfüllen.‹

Wenn Sie dann am Abend im heimatlichen Bett liegen, sollten Sie zum Ende dieses Arbeitstages noch beten: ›Lieber Vater Josef, ich habe meine Pflicht erfüllt und alle Aufgaben erledigt.‹«

Es gab Heiterkeit im Saal, und einige der alten Arbeitsgefährten der ersten Zeit sagten dem Unternehmer Grünbeck:

»Ja, Chef, da hast du recht!«

Daß sich Josef Grünbeck ständig um ein gutes Betriebsklima zwischen Arbeitnehmern und Führungskräften bemühte und ein menschenfreundliches Miteinander förderte, lag auf der gleichen Linie. So ermahnte er seine Führungskräfte immer wieder, die Mitarbeiter nicht nur zu grüßen, sondern sie auch mit ihrem Namen anzusprechen und ein freundliches Wort mit ihnen zu wechseln.

Einmal hat Josef Grünbeck einem der Lehrlinge, der sein muffeliges »Morgen« zwischen den Zähnen losließ, gesagt:

»Eigentlich habe ich erwartet, daß Du ›Guten Morgen Herr Grünbeck‹ sagen würdest.«

Der Junge bekam einen roten Kopf, aber am anderen Morgen kannte er die Begrüßungsformel und sprach sie auch aus.

Einer seiner weiteren Sprüche galt für alle Mitarbeiter des Betriebes: »Wenn dir etwas gefällt, sage es deinem Vorgesetzten. Wenn dir etwas nicht gefällt, sage es ihm ebenfalls und nicht anderen, denn andere können nichts daran ändern.«

Zu einer besonderen Demonstration für den Betrieb wurde die geheime Abstimmung in der Firma Grünbeck über die Frage ob er arbeitgeberoder gewerkschaftlich organisiert werden sollte, *oder* als ein eigenständiges Unternehmen mit einer eigenen Unternehmensverfassung, sowie einem eigenen Mitbestimmungs- und Beteiligungsmodell etabliert werden sollte.

Nach einer sich über mehrere Stunden hinziehenden Diskussion entschieden sich 75 Prozent der stimmberechtigten Belegschaftsmitglieder für die Eigenständigkeit. Diese hat bis heute vorbildlich funktioniert.

Daß auch Frau Loni Grünbeck sich als sozial engagierte Unternehmersfrau, die den ersten Betrieb mit ihrem Manne zugleich aus dem Nichts geschaffen hatte, in alle Belange sozialer Fürsorge einschaltete und segensreich wirkte, soll nicht verschwiegen werden. Es zeigt auf, daß ein solches Unternehmen stets auch das Werk zweier Menschen ist, die aufeinander eingeschworen sind und einander bedingungslos vertrauen können.

Auch diese Aktivität wurde von der Belegschaft hervorragend akzeptiert. Bereits nach kurzer Zeit herrschte zwischen Loni Grünbeck und der gesamten Belegschaft ein vertrauensvolles Verständnis und eine warmherzige Verbundenheit. Es gab einfach nichts, wofür man nicht ein offenes Ohr bei dieser energiegeladenen »Sozialmutter« fand.

Deshalb schärfte Josef Grünbeck auch jedem neuen Mitarbeiter bei Eintritt in die Firma ein: »Sie können mir alles sagen. Aber sagen Sie *nichts* gegen meine Frau, denn dann bekommen Sie von mir persönlich Prügel.«

Dieser Warnung, die Josef Grünbeck durchaus ernst meinte, brauchten jedoch bis heute keine Handgreiflichkeiten folgen.

Ebenso schärfte er auch den jungen Mitarbeitern und Lehrlingen ein: »Wenn du schimpfen willst, dann schimpfe über mich, denn dann kannst du möglicherweise mit Zustimmung rechnen, weil ich hier als ›Treiber und Antreiber‹ bekannt bin.«

Andererseits bekannten viele der Mitarbeiter: »Wir können froh sein, daß wir diesen Chef haben. Immerhin gab es noch keine Kurzarbeit. Es gab keine Entlassungen aus arbeitspolitischen Gründen und es gibt für alle hier eine Zukunft im Beruf! Daran hat unser ›Alter‹ seinen besonderen Anteil.«

Daß es auch traurige Ereignisse im Betrieb gab, daß es galt, für immer Abschied zu nehmen von alten Mitarbeitern, war für Josef Grünbeck stets ein schmerzliches Ereignis. Eine Grabrede zu halten, dazu war er völlig ungeeignet, denn infolge seiner engen Bindung an die Veteranen der Grünbeck-Wasseraufbereitung gab es immer Tränen. Die Sorge um die hinterbliebenen Familien bewegte ihn tief. Daß er in solchen Fällen stets helfend einsprang, hat er nie »an die große Glocke gehängt«. Aber alle wußten es.

Josef Grünbeck und die Jugend

Daß Josef Grünbeck manchmal auch als Ersatzvater für seine Lehrlinge herhalten mußte, verstand sich am Rande. Seine ganze Sorge galt ihrer beruflichen Qualifikation. Immerhin waren etwa 50 Auszubildende verschiedener Berufe im Werk, und diese Berufe stellten hohe Ansprüche an die jungen Menschen.

Mit einem eigenen Ausbildungsmodell – gewissermaßen ein Bindeglied zwischen der Berufsschule und dem Betrieb in Form eines qualifizierten Nachhilfeunterrichts – wurde der Standard der angehenden Facharbeiter ständig verbessert. Dies hatte zur Folge, daß in den letzten 20 Jahren viel Gesellen- und Facharbeiterprüfungen mit einem Notendurchschnitt unter der Zwei abgelegt wurden. Es war dies der beste Durchschnitt in allen schwäbisch-bayerischen Mittelstandsbetrieben. Wenn man sich vor Augen hält, daß dieser Durchschnitt Jahr für Jahr von den die Prüfung ablegenden Lehrlingen erreicht wurde, kann man den hohen Wert dieser Benotung ermessen.

Daß diese jungen Menschen oftmals auch persönliche Sorgen und Nöte hatten, zeigte sich immer wieder, wenn einer der Zweifelnden zum Chef kam, um zu berichten.

Vor einiger Zeit kam einer der jungen Männer, die zur Prüfung heranstanden, völlig verwirrt und ängstlich zu seinem Chef und gestand, daß er eine Höllenangst vor der

Prüfung habe und daß er sich umbringen werde, wenn er nicht bestehe. Hinzu kam die Furcht, bei einem Versagen nicht weiterbeschäftigt zu werden.

Dieser glückliche Zufall, der Josef Grünbeck rechtzeitig mit den Eltern zu einem Gespräch kommen ließ, brachte die Wende zum Guten. Er konnte dem angehenden Prüfling alle Angst nehmen, zumal dieser stets gute Noten hatte, und ihm »mit einer kleinen Ohrfeige« als Nachhilfe zusichern, daß er seinen Arbeitsplatz schon für die Zukunft gesichert habe.

»Es war rührend, als er schließlich sein ausgezeichnet ausgefallenes Gesellenstück in der Abschlußfeier zu Weihnachten meiner Frau überreichte, mit einem Dank an sie und an mich, ›denn‹, so der junge Mann wörtlich, ›ohne Sie beide wäre ich nicht mehr am Leben!‹«

»Gerade junge Mädchen und Buben im Alter zwischen 14 und 20 Jahre die noch zur Schule gehen oder eine Lehre zum kommenden Beruf durchlaufen, brauchen mehr als jemals zuvor die Nestwärme ihrer Familien. Ich konnte immer wieder feststellen, daß dort, wo diese Nestwärme nicht vorhanden war, der ganze Ausbildungsweg schwieriger und die Einflußnahme des Meisters oder der erfahrenen Berufskollegen minimaler war, wenn etwas daheim nicht stimmte.

Natürlich haben wir neben den jungen Gesellen auch langjährigen Mitarbeitern, die durch zähes Dazulernen und ständigen Einsatz zum beruflichen Fortschritt etwas aus sich machten, den Weg in die höheren Etagen freigemacht, bis hin zu den Führungspositionen im Betrieb. So oft ich dies erkannte, war es für mich als Unternehmer eine besondere Befriedigung.«

Die Betriebsausflüge

Daß Josef Grünbeck von Anfang an darum bemüht war, ein gutes Betriebsklima zu schaffen, hatte nicht nur die bereits geschilderten Samstags-Stunden ins Leben gerufen, sondern darüber hinaus auch weitere Aktivitäten entstehen lassen.

Bis heute unvergessen sind für die alten Mitarbeiter die ein- oder mehrtägigen Betriebsausflüge, die sich sehen lassen konnten. Daß der Chef und seine Gattin stets die schönsten Ziele der weiteren Heimat anpeilten, war Ehrensache.

So ging es in einem Jahr zum herrlich etwas oberhalb von Schliersee gelegenen Spitzingsee, der zu damaliger Zeit noch in ziemlicher Ruhe und Beschaulichkeit besucht werden konnte. Von hier aus wurden abenteuerliche Bergwanderungen unternommen. Den Abschluß bildete die Fahrt nach München und der Besuch des Hofbräuhauses mit einem zünftigen bayerischen Abend.

Es gab nichts Besseres als solche Tage, um sich gegenseitig besser kennen zu lernen und zu verstehen. Diese Erinnerungen daran wirkten über Tag und Jahr hinaus.

Der Besuch von Mittenwald am Fuße des Karwendelgebirges im nächsten Jahr, mit dem Besuch der Geigenbauerwerkstätten oder des Museums, sowie der Fachschule für Geigenbau, war für Loni und Josef Grünbeck von besonderer Bedeutung. Nach Ende des Zweiten Weltkrieges hatten hier die bekannten sudetendeutschen Streich- und Zupfinstrumentenbauer ihre neue Heimat gefunden. Daß hier auch wieder ernste und schöne Erinnerungen an die Jugend- und Soldatenzeit aufkamen, gehörte ebenso dazu wie die Wanderung zur Mittenwalder Hütte im Karwendelgebirge.

Unvergessen blieb auch allen Teilnehmern der Betriebsausflug auf die Säuernspitze und der folgende, der auf die Meilerhütte im Drei-Tor-Spitzgebiet führte. Gekrönt wurden diese Hüttenbesuche durch einen einmaligen

Hüttenabend mit den Stimmungskanonen der Firma, zu denen der Chef natürlich auch zählte, und mit viel Tiroler Rotwein.

Hier war der Chef wie alle anderen. Und eines stand fest: Wenn er zur Ziehharmonika griff und die bekannten Schnaderhüpferl spielte, oder die lustigen Lieder mit eingebautem Jodler zum Besten gab, dann schlugen die Wogen der Begeisterung hoch.

Als die Grünbeck-Gruppe einmal in einer Hütte im Kleinwalsertal mit völlig fremden Menschen zu einem Hüttenabend zusammentraf, zeigte es sich, daß die behagliche Wärme und die Geborgenheit, verbunden mit einer offenen Sprache und Gesang, das Zueinanderfinden wesentlich erleichterte. Aus diesem Abend sind einige Freundschaften entstanden, welche die Jahre überdauerten.

Daß einer der Gäste Josef Grünbeck nach einer gelungenen Gesangseinlage mit Jodler zur Seite nahm und ihn für einen weiteren Hüttenabend am nächsten Wochenende gegen eine gute Gage engagieren wollte, wurde zwar verlautbart, fand aber keine Bestätigung durch den Chef. Aber stimmen hätte es können!

Daß die Schwergewichtler unter der Belegschaft sich bei der Ersteigung der Gipfel und dem Erreichen der oftmals recht hochgelegenen Hütten schwer taten, trat oftmals zu Tage. Auch hier wurde mit vereinten Kräften zugegriffen. »Noch immer haben wir alle auf den angegangenen Gipfel hinauf und wieder heruntergebracht.«

Das Werk – die Arbeit – die ersten Neubauten

Mit dem ersten Prospekt, den die Firma Grünbeck Wasseraufbereitung herausgab, wurde das Motto der Firma geprägt, die sich mit der Wasserchemie und Wasseraufbereitung befaßte. Damit hatte Josef Grünbeck einen neuen Industriezweig gewählt, von dem zur Zeit der Firmengründung sich kaum jemand mehr als nur verschwommene Vorstellungen machen konnte.

»Ihre Probleme sind unsere Probleme!« So lautet mit einfachen Worten das, was sich die Firma zur Aufgabe gemacht hatte. Und auf der ersten Prospektseite wird dieser klare Satz weiter umrissen:

»Unseren Dienst am Kunden betrachten wir als allererste Aufgabe. Gerade auf dem Fachgebiet Wasser und Wasseraufbereitung ist für die Planung ebenso wie für die Montage und Wartung jeder unserer Anlagen geschultes und erfahrenes Personal erforderlich.

Wir bieten Ihnen an: Ein Laboratorium zur unverbindlichen, kostenlosen Wasseruntersuchung. Untersuchung von Chemikalienproben und Materialprüfungen.

Die sorgfältige Planung der Wasseraufbereitungsanlagen, eine sachgemäße, vor allem termingerechte und korrekte Abwicklung der Aufträge und der Montage durch geschulte Fachkräfte, sowie die Inbetriebnahme der Anlagen, ihre sorgfältige Übergabe und Einschulung des Bedienungspersonals ist zugesichert.

Hinzu kommt der regelmäßige Wartungsdienst in den vorgesehenen Zeitabschnitten. Unser Chemikalienlager kann Sie jederzeit mit allen benötigten Grundstoffen versorgen. Dies gilt auch für das Ersatzteillager.«

Daß sich anschließend der Betriebschef, Josef Grünbeck, mit seinen engsten Mitarbeitern den potentiellen Kunden vorstellte, wurde als besonderes Kennzeichen dieser Firma angesehen, und so blieb es auch in den folgenden Jahren.

Im Jahre 1967 gelang es Grünbeck, von der Stadt ein großes Geländestück am Nordrand von Höchstädt zu erwerben. Dieses mit 13 000 Quadratmetern als Industriegelände ausgewiesene Landstück wurde Standort des Grünbeck-Betriebes. Die Werkhalle war rasch errichtet, und nach sieben Monaten harter Arbeit und rastlosen Engagements wurde in dieser Werkhalle die neue Grünbeck-Produktion aufgenommen.

Am Samstag, dem 18. November 1967 um 11.00 Uhr war die offizielle Eröffnung. Der gesamte Stadtrat von Höchstädt fand sich ein, an der Spitze der Bürgermeister, um die erste Zwischenbilanz zu ziehen. Immerhin hatte sich Josef Grünbeck verpflichtet, auf diesem Gelände in absehbarer Zeit ein Werk mit 150 Mitarbeitern zu betreiben.

Während dieser ersten Zwischenbilanz zeigte es sich, daß Grünbeck bereits einige sehr prominente Kunden hatte, die von den Kenntnissen und Fähigkeiten der Firma im Bau von Schwimmbädern und Wasseraufbereitungsanlagen profitierten.

Unter ihnen auch Bundesfinanzminister Franz-Josef Strauß, mit dem er während seiner späteren Dienstzeit im bayerischen Landtag engsten Kontakt hatte. Trotz der politischen Gegnerschaft erwähnte Franz-Josef Strauß die Wasseraufbereitungsanlage der Firma Grünbeck mit lobenden Worten.

Der stellvertretende Bundespressechef Conrad Ahlers verfügte bereits über ein Privatschwimmbecken aus dem Hause Grünbeck, ebenso der Präsident der Mainzer Karnevalsgesellschaft Mundo.

Daß auch bereits im Kernkraftwerk Niederaichbach eine Kessel-Speisewasseraufbereitungsanlage von Grünbeck stand und Exportaufträge ins Haus flatterten, sei am Rande erwähnt. So aus den Salzburger Molkereibetrieben und von der jugoslawischen Staatsbahn, die eine fahrbare Wasseraufbereitungsanlage für das Wasser ihrer Lokomotiven orderte.

Die Mitarbeiterzahl war inzwischen auf etwa 80 Personen angestiegen, ungerechnet der Helfer der Vertriebsorganisation für die Bundesrepublik, den gesamten EG-Raum und Österreich.

Die Umsatzentwicklung des Jahres 1968 verlief stürmisch nach oben, und in den ersten sieben Monaten des Jahres 1969 hatte die Firma bereits den Jahresumsatz des Vorjahres erreicht.

Daß dieser rasante Aufschwung nicht von ungefähr kam, zeigt sich einmal an der dynamischen Persönlichkeit des Betriebschefs, aber auch am Engagement seiner Mitarbeiter, deren Durchschnittsalter unter 30 Jahren lag. Diese jungen Männer und Frauen gingen mit ungeheurem Elan an die Arbeit, um *ihr* Werk aufzubauen.

»Wir waren eine Gemeinschaft, die mit einem heutzutage nicht mehr verspürbaren Zugehörigkeitsgefühl zur Firma ans Werk ging und schwierige Probleme löste, wo immer sie auftraten. Nach dem Motto, »schwierige Probleme werden sofort gelöst. Wunder dauern etwas länger.«

Da die Wasseraufbereitung in allen ihren Sparten seinerseits noch mehr oder weniger in den Kinderschuhen steckte, mußten die dazu benötigten Fachkräfte überwiegend in der Firma, und zwar von Grund auf ausgebildet werden. Dadurch ergaben sich für viele junge Menschen Umschulungsprobleme, die ebenfalls in der Firma gelöst wurden und ihnen mehr Befriedigung im neuen Beruf *und* bessere Lebensbedingungen ermöglichten.

Der Firmenradius, der bis dahin im Raume Bayern seine äußere Begrenzung fand, weitete sich ab 1968 nach allen Richtungen hin aus. Verkaufsbüros schossen in ganz Deutschland aus dem Boden. Von Linz in Österreich bis nach Hamburg, von Koblenz bis München. Mit den Industriestandorten Frankfurt/Main, Stuttgart, Mannheim, Hannover, Nürnberg, bis in die Räume Frankens zwischen Würzburg und Kulmbach reichte die Palette der Niederlassungen und Verkaufsbüros, von denen aus die Aufträge ins Stammhaus einliefen, um sofort bearbeitet zu werden.

Daß dazu eine zielbewußte Planung notwendig war, hatte Josef Grünbeck bereits in sein Kalkül einbezogen. Er kannte alle Zahlen und Daten und wußte beispielsweise, daß im Jahre 1967 der Wasserverbrauch in Deutschland etwa zehnmal höher war als in den letzten Vorkriegsjahren *und* daß er auf das Doppelte in den nächsten zehn Jahren steigen würde.

Hinzu kam, daß der Bundesbürger im allgemeinen für Gesundheit und Gesunderhaltung bis zum Jahre 1970 doppelt soviel wie für seine Kleidung ausgeben würde.
Zur Gesundheit aber gehörte, in allen ihren Phasen, das Wasser; und zwar gutes, immer besseres Wasser! Dazu Josef Grünbeck im Jahre 1968:
»*Wir* sorgen für klares Wasser, für temperiertes Wasser und vor allem für hygienisch einwandfreies Wasser. Wir wissen, daß wir bei unserem Beginnen immer vorwärtsgehen müssen, denn auf diesem Sektor gilt morgen schon nicht mehr, was gestern noch Gültigkeit hatte. Dies trifft sowohl für die neuen wissenschaftlichen Erkenntnisse, als auch für die Werkstoffentwicklung und die Beobachtung des gesamten Marktes zu.«
Die Firma Grünbeck hatte bis zu dieser Zeit bereits eine Reihe neuer Errungenschaften auf den Markt gebracht. Das ging von der Weiterentwicklung der Chemikaliendosierung über neue Badewasser-Umwälzanlagen bis zu den halb- und vollautomatischen Enthärtungsanlagen und zur Feinfiltration, die einen wichtigen Raum einnahm.
Daß sich zu dieser Zeit der Chef der Firma die schwierigste Aufgabe stellte, die notwendigen Aufträge für eine weitere Expansion zu beschaffen, lag in der Natur dieses Mannes und in seiner ungeheuren Vitalität, mit der er alle Dinge anging. Dies geht auch aus einem Schild hervor, das neben seinem Schreibtisch an der Wand hängt:
»Fasse Dich kurz, oder hilf mir arbeiten!«
Daß sich die Forderung nach der Wasseraufbereitung in allen Zweigen von Industrie, Pharmazie und Haushalt als dringend notwendig herausstellte, ging aus den Forschungen über die natürlichen Wasservorkommen zweifelsfrei hervor. So reichte das Quellwasser lange nicht mehr aus, und in zunehmendem Maß mußte Oberflächenwasser zur industriellen Verwendung und auch für die menschlichen Bedürfnisse herangezogen werden.
Hohe Anforderungen an die Reinheit des Wassers wird nicht allein für den menschlichen Genuß gestellt. Auch

hochtechnisierte Maschinen benötigen reines Wasser, einmal ganz abgesehen von der Getränkeindustrie.

Die Firma Grünbeck vermittelte auf chemischem Wege und durch die Feinfiltration Wasser, das *auch* im Medizinbereich Anwendung findet. So beispielsweise für das Spülen der Operationsbestecke und allen Materials in Operationsräumen ebenso, wie für medizinische Lösungen.

Daß der Badewassersektor einen breiten Raum in der Herstellungspalette einnimmt und die Belieferung der Hallenbäder, der Lehrschwimmbecken und der Badeabteilungen der Krankenhäuser obenan stehen, nimmt nicht wunder. Hinzu kommen Abwasser-Neutralisationsanlagen und das weite Feld der Filteranlagen aller Art.

Zum Lieferprogramm der Firma gehören auch Industrieanlagen zur Kesselspeisewasseraufbereitung. Das Fertigungsprogramm ist in der Lage, solche Anlagen für kleinste Schnelldampferzeuger ebenso wie für Hochdruck-Höchstleistungskessel zu erstellen.

Dazu gehören auch größere Anlagen zur Betriebswasser-Aufbereitung. So beispielsweise für ein Elektrounternehmen mit Weltgeltung, das eine Betriebswasser-Aufbereitungsanlage mit einer Kapazität von 150 Kubikmetern in der Stunde erhielt. Eine Färberei in Augsburg bestellte eine gleiche Anlage mit einer Kapazität von 100 Kubikmetern in der Stunde.

Allein von 1967 bis 1969 stellte die Firma in der Anfangsphase der rasanten Vorwärtsentwicklung mehrere hundert Anlagen für Privatschwimmbecken, Bewegungsbäder in Krankenhäusern, Freischwimmbäder und Hallenbäder her. Allein in Schwaben waren zu Ende des Jahres 1969 zehn Anlagen dieser Art in Betrieb.

Bereits zu dieser Zeit erhielten alle Angehörigen des Betriebes eine 13. Zahlung als Weihnachtsgeld und wurden am Gewinn beteiligt. Die ständige Fort- und Weiterbildung der Mitarbeiter wurde auch für Fern- und Abendkurse von der Firma finanziert.

Hier wurde – das war bereits zu dieser Zeit, 20 Jahre

nach Gründung des ersten Grünbeck-Einmann-Betriebes erkannt – die Grundlage für gute, zukunftssichere Arbeitsplätze gelegt *und* ein Beitrag *dazu* geleistet, daß die Stadt Höchstädt als Mittelpunkt des unteren Landkreises auch in bezug auf Industrieansiedlungen eine Lücke schließen konnte.

Daß bei dem weiteren Firmenaufbau große Probleme gelöst werden mußten, sei nicht verschwiegen, ebensowenig, daß die mittelfristige Finanzplanung genutzt werden mußte, um diese phänomenale Steigerung zu erzielen.

Die Stadt Höchstädt hat sich hierbei um den weiteren Auf- und Ausbau in höchstem Maße verdient gemacht. Daß der Großteil der ständig steigenden Belegschaft aus dem Raume Tapfenheim, Bissingen, Höchstädt-Dillingen stammte, wirkte sich auf die Arbeitsstruktur des Kreises besonders günstig aus.

Der große Neubau in der Lutzinger Straße, in welchem das Lager und die Fertigungsräume untergebracht waren, während die Sozialräume und das Verwaltungsgebäude sich noch am Laimgrubenweg befanden, wo die kaufmännische Verwaltung, das Konstruktionsbüro, die Buchhaltung und Registratur ebenso wie ein Raum für die Druckerei und Vervielfältigungsgeräte ihren Platz hatten, sind beide voll und vorzüglich eingerichtet.

Zum Neubau gehören selbstverständlich der große Labor- und Versuchsraum, die Fernsprech- und Fernschreibzentrale, eine vollautomatische Adressiermaschine, und im Obergeschoß die Projektabteilung, die technische Leitung und ein weiteres Labor, das mit allen erforderlichen Instrumenten und Untersuchungsgeräten ausgestattet ist. Darunter auch ein Gerät für die fotometrischen Wasseanalysen.

Im ersten Jahr der Selbständigkeit des Werkes wurde bei 25 Mitarbeitern mit erheblichen Startschwierigkeiten 1,2 Millionen Umsatz erzielt. Bis zum Jahre 1970 war die Belegschaft auf 80 bis 90 Mitarbeiter angewachsen und der Umsatz betrug acht Millionen Mark. Bis zum Jahre 1975 wuchs die Mitarbeiterzahl auf 230 an, während der Umsatz für das Jahr 1975 30 Millionen Mark betrug.

Immer wieder bekennt Josef Grünbeck im Gespräch mit Freunden und auch mit der Presse, daß der rasche Aufstieg nur ermöglicht wurde dank des unbändigen Einsatzes aller Mitarbeiter, die keine Überstunden gescheut haben, um das Werk am »Laufen zu halten«.

Der enorme Umfang des Fabrikations- und Lieferprogramms macht die Firma Grünbeck so besonders leistungsfähig. Der Ausbau dieses Bereiches ist nach Grünbecks eigenen Worten ein Verdienst von Siegfried Glaser, dem Leiter der Gesamttechnik.

Zur jungen Führungsspitze gehörten auch der Leiter der Verkaufs- und Projektabteilung, Peter Hirschberger, sowie Dieter Musselmann, der die Buchhaltung und Personalabteilung fest im Griff hatte. Die kaufmännische Verwaltung lag in den Händen von Alfred Maneth.

Daß der innerbetriebliche Kontakt auf bestem Niveau steht, ist nicht zuletzt dem Chef selber zu verdanken. Wer zu ihm will, der braucht nicht anzuklopfen. Josef Grünbeck war zu jeder Zeit und für jeden zu sprechen. Angestellte und Arbeiter der Firma sind in das große Ganze eingebunden. Sie sollen mitdenken und wirkliche Mitarbeiter, nicht Vollzugsorgane sein.

Über die alljährlich veranstalteten gemeinsamen, meist über zwei Tage gehenden Betriebsausflüge wurde bereits gesprochen. Auch sie gehören zur Pflege der Gemeinschaft und des Betriebsklimas.

Im Jahre 1970 – dies sei hier eingeflochten – wurden Josef Grünbeck und einige seiner leitenden Herren aufgrund innerer guter Ergebnisse bezüglich des Korrosionsschutzes und der Phosphatdosierung in die Technische Universität Dresden zu einem Vortrag eingeladen. Seine Frau Loni begleitete ihn.

Der dortige Werksarzt der Universität begrüßte zu Beginn dieses internationalen Symposiums alle Referenten mit Namen und nannte auch deren Herkunftsland.

Lediglich bei Josef Grünbeck machte er eine Ausnahme, als er ihn einfach als Unternehmer aus Höchstädt begrüßte. Diese Stadt konnte ja auch in Österreich liegen, so daß nicht ersichtlich war, daß Grünbeck aus »Deutschland-West« kam.

Der letzte Referent des ersten Abends war Prof. Dr. Alt, der über Ursachen und Wirkungen von Korrosionsprozessen in metallischen Rohren referierte.

Bei einem späteren Symposium in Dresden stand Josef Grünbeck als erster Redner auf dem Programm. Er stellte zunächst die philosophische Betrachtung an, daß Ursache und Wirkung oft schwer zu bewerten und zu gewichten seien und sagte dazu wörtlich:

»Bei uns in Bayern« (und damit wußte jeder, woher er kam) »gibt es eine lustige Geschichte zu diesem Thema:

Der Pfarrer kommt am Donnerstagfrüh zum Rasieren zu seinem schlitzohrigen Friseur. Er weiß, daß der Haarkünstler am Vorabend seinen Stammtischabend hatte und wohl ziemlich gebechert haben mußte. Deshalb fragte er gütig:

Na, Gustl, hast du gestern abend zuviel getrunken, oder kannst du mich rasieren, ohne mir einen Schmiß beizubringen?

Der Friseur behauptete: Aber Hochwürden, da gibt es überhaupt keine Schwierigkeiten. Nehmen Sie Platz!

Er begann die Rasur und schnitt dem Pfarrer in die rechte Wange. Dieser meinte – immer noch nachsichtig – Ja, ja, das kommt vom Saufen!

Worauf der Friseur bedauernd erwiderte: Da haben's recht, Hochwürden! Davon wird die Haut so trocken.«

Es war ein unglaublicher Einstieg. Alle erschienenen Fachleute aus den überwiegend sozialistischen Ländern waren für diese Auflockerung überaus dankbar. Als schließlich allen dieser Spaß übersetzt war, lachte das gesamte Auditorium lauthals los. Sie waren dem Manne spontan zugetan, der diese Auflockerung bewirkt hatte.

Am Abend, als die Herren bei Speise und Trank saßen,

wurden in dieser Stimmung sogar einige kommunistisch-inspirierte politische Witze zum Besten gegeben.

In seiner Schlußrede sagte dann Josef Grünbeck im großen Saal der Universität Dresden, daß es ihm eine besondere Freude gewesen sei, einmal in der DDR fachlich referieren zu können. Wenn es möglich sei, würde er gern bei einer entsprechenden Einladung wiederkommen.

Daraufhin erhoben sich die auf der Empore sitzenden Studenten und riefen im Chor: »Wiederkommen! Wiederkommen! Wiederkommen!«

»Erschrocken bat mich der Rektor der Universität, möglichst unauffällig den Saal zu verlassen. Eine solche Ovation war nicht vorgesehen. In dieser schnellen Verabschiedung offenbarte sich ein Stück Zeitgeschichte aus den beiden deutschen Staaten.«

Zwischenbilanz 1975:

Nachdem der Höchstädter Stadtrat im Jahre 1966 den Betrieb von Josef Grünbeck als Industrieansiedlung unter gewisen Auflagen gut geheißen hatte, entwickelte sich – wie in einer knappen Übersicht dargestellt – dieser Betrieb weiter. Die Forderung des Stadtrates, daß diese neue Industriefirma als mittelständischer Betrieb etwa 100 bis 150 Arbeitnehmern einen neuen Arbeitsplatz sichern müsse, wurden rasch erfüllt.

Mit 230 Mitarbeitern wurde das Jahr 1975 angegangen. Alle geplanten Bauvorhaben waren abgeschlossen worden. Der Verwaltungstrakt erfuhr nach Norden zu seine Verdoppelung. Eine neue Fertigungshalle wuchs aus dem Boden, eine weitere Lagerhalle sowie ein Heizhaus kamen hinzu.

Dies alles hatte in den Jahren zwischen 1969 und 1975 eine reine Baukosten-Neubelastung von etwa 2 Millionen Mark verschlungen.

Jene genannten 13 000 Quadratmeter Grund waren

nunmehr mit 5600 Quadratmetern bebaut. Hinzu kam ein Freilager von 2000 Quadratmetern Größe.

Daß sich die Gesamtanlage gut in das Weichbild der Stadt einpaßte, war dem Architekten Rolf-Dieter Walber aus Dillingen zu verdanken.

»Wenn die Mobilität unserer Mitarbeiter so bleibt wie in den letzten 25 Jahren und wenn man technisch und wissenschaftlich immer auf dem laufenden ist, wenn man dazu den Mut hat, ständig neue unerforschte Wege zu gehen und alle mit Fleiß und Sorgfalt an unserem Unternehmen weiterarbeiten, dann haben wir beste Zukunftsaussichten.

Ein mittelständischer Betrieb wie der unsere wird größere Zukunftsaussichten haben, als jeder andere Großbetrieb. Wir sind flexibel. Wir sind in allen Entscheidungen autonomer und arbeiten so kostenträchtig wie Großbetriebe. Vor allem aber sind wir für alle Beteiligten überschaubar: vom Unternehmer bis zum letzten Mitarbeiter und Kunden.«

Bereits zu dieser Zeit hatte Josef Grünbeck neben seinen politischen Ämtern weitere Funktionen zu erfüllen und in den verschiedensten Gremien mitzuarbeiten.

Josef Grünbecks Engagement in den verschiedensten Fachgremien ist phänomenal. Er wußte immer wo es »langging« und war einer jener aufrechten Männer, die auch einmal gegen den Strom schwimmen zu wagten, wenn er der Überzeugung war, daß ein »Mit-dem-Stromschwimmen« über Stromschnellen in den Abgrund führen würde.

Als Referent an der Bad Harzburger Akademie für Mitarbeiter-Beteiligung, als Vorstandsmitglied der Arbeitsgemeinschaft zur Förderung der Partnerschaft in der Wirtschaft ebenso wie als Ausschußmitglied des Bundesgesundheitsamtes Berlin war er mit seinen Kenntnissen und seinem Wissen ein viel beachteter Mitstreiter. Im Ausschuß des Deutschen Vereins der Gas- und Wasserfachleute, sowie als Mitglied in allen Ausschüssen der technisch-wissenschaftlichen Vereinigung für Badewasser,

Trinkwasser und Abwasser, stellte er insbesondere seine profunden Kenntnisse zu diesen Fragen zur Verfügung.

Über seine politische Tätigkeit ist bereits an anderer Stelle berichtet worden.

Die frühen Mitarbeiter in Kurzporträts

Zu Beginn der Firmengründung im September 1949 als Handelsvertretung in der Getränkeindustrie, im Dampfkesselbereich und in der Haustechnik, stand Josef Grünbeck in Frau Hempelmann, die im Außendienst tätig war, eine erste zuverlässige Mitarbeiterin zur Seite. Im Innendienst war seit 1952 seine Frau Loni tatkräftig und kompetent bei der Sache.

Im Jahre 1960 wurde damit begonnen, die Handelsvertretung auszubauen und dazu Monteure, Kundendienstmitarbeiter, Buchhalter und Verkaufssachbearbeiter einzustellen.

Binnen kurzer Zeit waren zehn Mitarbeiter in der Firma beschäftigt. Es waren dies: Peter Hirschberger, Dieter Musselmann, Rudi Schneider, Franz Kimmerle, Ingo Beck, Wolfgang Rieß, Hans Harfich, Klara Mayer, Alfred Brummer und Walter Oertel.

Über einige spätere Mitarbeiter hat Josef Grünbeck ebenfalls berichtet, »denn sie waren« nach seinen eigenen Worten »die wertvollsten Helfer in der Gründungszeit und in der ersten Aufbauphase. Sie sind teilweise auch heute noch in den richtigen Positionen.

Peter Hirschberger beispielsweise war zunächst Kundendienstmann. Danach avancierte er zum Außendienstvertreter, um die Erfolgsleiter zum Verkaufsleiter und Geschäftsführer zu erklimmen. Leider war er gesundheitlich nicht stabil genug, um auf die Dauer gesehen eine so hohe Belastung durchzustehen. Er mußte zu unser aller Bedauern frühzeitig aus dem Berufsleben ausscheiden.

Dieter Musselmann wiederum war Mann der ersten

Stunde in der Buchhaltung und ist noch heute in derselben Position für unseren Betrieb unverzichtbar. Als Mann, dem Genauigkeit über alles geht, ist er uns manchmal ›auf den Wecker‹ gegangen. In den ersten zwei Jahren haben wir uns gegenüber gesessen, und ich war oftmals nahe daran, zu explodieren. Beispielsweise immer dann, wenn er mehrere Schriftstücke aufeinanderrüttelte, um sie anschließend an der Tischkante auf eine gerade Linie zu bringen. Aber eines muß gesagt werden: In seiner Aufgabenstellung war diese Genauigkeit genau der richtige Weg.

Daß wir eine Reihe Mitarbeiter im Außendienst und zur Kundenbetreuung hatten, lag in der Struktur unseres Betriebes und seiner Erzeugnisse. Viele von ihnen haben ihre erste Pionierrolle beim Aufbau hinübergebracht in die stete Weiterarbeit. Daß eine große Anzahl aber schließlich doch aufgaben, lag an der besonderen Schwierigkeit ihres Einsatzes.

Dazu ein klassisches Beispiel. Als Monteur und Kundendiensttechniker mußten sie nicht nur über ein umfassendes Fachwissen verfügen, sondern auch persönlich stabil bleiben, zumal sie oftmals wochenlang unterwegs waren. Unser Montageleiter Herr Ingo Beck kam aus dieser Truppe und erwarb sich unterwegs die entsprechende Erfahrung, um heute die Montageabteilung leiten zu können.

Als einer der Spitzenmänner unseres Hauses sei noch Herr Franz Kimmerle genannt. Durch einen schweren Unfall hatte er seinen Beruf aufgeben müssen und wurde zum ›Mann im weißen Kittel‹, einer Spezies, über die er früher immer geschimpft hatte. Nunmehr hatte er die Aufgabe, sich um Stücklisten und Auftragsabwicklung zu kümmern, was er aber nicht sehr lange durchhielt. Der Schreibtisch war nicht seine Welt.

Er wurde dann – gemeinsam mit seiner Frau, die gelernte Friseuse war – zum Bürokaufmann und seine Frau zur hochqualifizierten Bürokauffrau umgeschult.

Heute sind sie erfolgreiche Geschäftsleute und leiten in

Düsseldorf eine Vertretung für Nordrhein-Westfalen mit großem Erfolg.

Von einer höchst eigenen Originalität ist auch das Ehepaar Riess. Herbert Riess kam bereits in den sechziger Jahren als Einkäufer zu uns. Von Beruf Techniker war er mit seiner Schlitzohrigkeit auch als Einkäufer ein As. Heute ist er Prokurist und zusätzlicher Leiter unseres Stahl- und Behälterbaues (SBM) in Motzenhofen. Ein Herbert Riess ist aus unserem Unternehmen überhaupt nicht mehr wegzudenken.

Seine Frau war von der ersten Stunde an als Chemotechnikerin bei uns im Labor tätig. Sie füllt ihre Tätigkeit auch heute noch mit großer Verantwortung aus und ist ein Eckpfeiler unserer gesamten Labortätigkeit, welche die Voraussetzung für unsere Anlagentechnik ist.

Als wertvolle Begleitung unserer Firmengeschichte soll unser langjähriger Steuerberater Herr Hans Demharter nicht vergessen werden. Nicht nur die steuerlichen, sondern auch die rechtlichen Voraussetzungen für viele Aktionen und vor allem für unser Beteiligungsmodell hat er geschaffen und in allen Rechtsstreitigkeiten erfolgreich vertreten und durchgestanden. Gemeinsam mit unserem Geschäftsführer Walter Ernst führte er die vierte Stufe der Beteiligung durch, die schließlich zu der Regelung für die Erbschaftsnachfolge führte.

Im Außendienst wären noch eine Vielzahl an Namen und die dahinter stehenden Persönlichkeiten zu nennen. In Hannover residiert das Ehepaar Jutta und Rüdiger Weiß. Menschen wie sie beide braucht man einfach, weil man ihnen blind vertrauen kann und sicher ist, daß sie sich für die Firma in Stücke reißen lassen würden. Aus den bescheidensten Anfängen haben sie Hannover heute zu einer der erfolgreichsten Vertretungen ausgebaut.

Im Saarland war es Karlheinz Massar, der nicht nur dort, sondern auch im benachbarten Luxemburg die Firma in eine der vordersten Positionen brachte.

Sein Bruder Fritz-Peter Massar hat in Koblenz das Gebiet Rheinland-Pfalz übernommen. Er ist maßgeblich an der Entwicklung unseres Partnerschaftsvertrages beteiligt und fungiert seit vielen Jahren als Mitglied des Beirates. Auch in diesem industriell nicht besonders reich gesegneten Land hat er seinen Bereich weiter aufgebaut und mit ihm unsere Firma dort an die erste Stelle geführt.

Rolf Dreier hatte es in Stuttgart besonders schwer. Als er meine frühere Sekretärin Frau Gabi Jörg heiratete, fand er in ihr eine große Stütze und Rückhalt, und beide konnten sich im Großraum Stuttgart gegen scharfe und harte Konkurrenz durchsetzen. Immerhin sind in diesem Gebiet mehrere Firmen zur Wasseraufbereitung seit Jahrzehnten etabliert, so daß seine Leistungen nicht hoch genug bewertet werden können.

In Regensburg wurde Sigmund Meck, der früher bei uns in der Konstruktion gearbeitet hatte, ständig stärker. Es hatte ihn buchstäblich nach draußen getrieben. In seinem großen Kundenkreis in der Oberpfalz machte er sich einen guten Namen, und es freut mich stets, wenn ich aus Kundenkreisen höre, welch hohes Ansehen er sich mit seinen profunden Kenntnissen und seiner konzilianten Haltung erworben hat.

In München, einem der Schwerpunkte unserer Arbeit, erzielte Herr Josef Aschenbrenner den absolut größten Erfolg. Wir haben heute in der bayerischen Landeshauptstadt ein supermodernes Büro mit allen dazugehörenden Kommunikations- und Strukturpositionen. Dabei sind hier noch nicht alle Möglichkeiten ausgeschöpft. Um sie zu nutzen geht Herr Aschenbrenner alle sich bietenden Gelegenheiten Zug und Zug an und zieht sie an Land. Er beschäftigt heute etwa 20 Mitarbeiter, die im Verkauf, im Kundendienst, in der Lagerhaltung und vor allem in der Betreuung der Kunden, tätig sind.

Wenden wir uns abschließend dem Innendienst zu, in dem zwei Persönlichkeiten buchstäblich zu den Drehscheiben des Betriebes wurden.

Als Prokurist und Vertriebsleiter ist ERICH MARK-

MANN für das Serienprogramm verantwortlich. Er hatte vorher alle Vertriebspositionen durchlaufen, welche die Firma bieten konnte. Damit brachte er die für eine solche Position notwendige Erfahrung mit.

Nach acht Jahren als Zeitsoldat fing er 1967 als Verkaufssachbearbeiter an. Als Vertriebsleiter Peter Hirschberger während der Landtagstätigkeit von Josef Grünbeck Geschäftsführer wurde, rückte Erich Markmann als Vertriebsleiter nach. In den Jahren 1988 bis 1991 holte er sich in dreijähriger Außendiensttätigkeit Verkaufspraxis »an der Front.«

Heute ist er als Vertriebsleiter für den Haustechnik- Bereich im gesamten Bundesgebiet und darüber hinaus anerkannt.

Bliebe noch – ohne die Zahl der zu Würdigenden auch noch annähernd anzukratzen – unser Badewasserpapst, Karl-Heinz Wieser. Als ehemaliger gelernter Möbelverkäufer hat er eine Umschulungsleistung erbracht, die einfach phänomenal ist. Er ist heute einer der hochangesehenen Fachleute bei allen Badewassertagungen im gesamten Bundesgebiet. Er war es, der praktisch unsere gesamte Badewasser-Palette selber aufgebaut und ihr zu hohem Ansehen verholfen hat.

Wir machen heute bekanntlich Whirl-Pools, Privatschwimmbäder, öffentlich-rechtliche Bäder, Kurbäder, und an vielen Stellen der Bundesrepublik auch große Erlebnisbäder. Daran hat unser Karl-Heinz Wieser entscheidenden Anteil. Daß wir auch mit der Tomesa-Entwicklung begonnen und diese durchgezogen haben, war ebenfalls sein Verdienst.«

Über einige weitere Mitarbeiter, die vor allem am weiteren Auf- und Ausbau der Firma Grünbeck Wasseraufbereitung bis Ende 1975 und auch darüber hinaus beteiligt waren, sei im folgenden ein kurzer »Steckbrief« zusammengestellt, der nicht nur zur Person, sondern vor allem über die Tätigkeit derselben Aufschluß gibt.

Daß er als Koordinator und Mittler zugleich immer wieder gefordert wurde, lag in der Natur der Sache, denn einmal mußte sich die Geschäftsleitung umstellen und viele Beschlüsse, die sie vorher in alleiniger Verantwortung getroffen hatte, nun dem Partnerschaftsausschuß vorlegen.

Die Partnerschaftsnehmer im Partnerschaftsausschuß wiederum lernten auch unternehmerisch zu denken und zu handeln und Verantwortung mitzutragen. Dazu Erich Markmann anläßlich des Besuches von Wirtschaftsminister Otto Graf Lambsdorff zum 30jährigen Betriebsjubiläum:

»Es stellte sich heraus, daß auch für die Geschäftsleitung aus dieser Situation Vorteile erwuchsen und nicht nur ehemalige Rechte an die Arbeitnehmer abgetreten wurden. So gab es vor allem im sozialen und personellen Bereich keine einsamen Beschlüsse mehr. Entscheidungen mußte der gesamte Ausschuß fällen *und* verantworten.«

KARLHEINZ WIESER, für die Schwimmbadtechnik verantwortlicher Abteilungsleiter, hatte bis Dezember 1975 bereits 225 öffentliche und kommunale Schwimmbäder mit Grünbeck-Technologie ausgestattet. Ein sehr attraktives Projekt war zu der Zeit in Whyl im Bau, wo Grünbeck Wasseraufbereitung an einem Projekt des Bundesforschungsministeriums beteiligt war. Auch auf Gran Canaria wurden bereits Hotelbäder ausgestattet.

»Wir haben« so Wieser, »ein Programm entwickelt, das für alle Bäder geeignet ist und bei dem *alle* Teile korrosionsgesichert sind.«

ALFRED MANETH berichtete als Verwaltungsleiter über die Rechnungsabteilung, daß diese noch vor acht Jahren mit sechs Leuten voll ausgelastet gewesen sei. Heute werde diese bedeutend vermehrte Arbeitsleistung dank der Automatisierung und Computerisierung von nur noch drei Fachkräften erledigt.

»Die Firma Grünbeck ist an das Nürnberger Rechenzentrum angeschlossen. Dadurch können die Abrechnungen am Monatsende erstellt und die Statistiken eingesehen werden. An die Kunden gehen jeden Monat etwa 2500 Rechnungen hinaus.«

Auch über den Fuhrpark weiß Alfred Menth Interessantes zu berichten:

»Während vor acht Jahren der Fuhrpark 16 Wagen umfaßte, waren in diesem Jahr 33 Fahrzeuge in Dienst, die je Wagen laufende Kosten von 9000 DM im Jahr verursachen.

Im Betrieb stehen 70 Telefone, und bald soll eine neue Durchwählanlage geschaffen werden.

INGOBERT BECK, Leiter der Abteilung Kundendienst und Montage, weiß, daß eine Firma wie Grünbeck mit einem guten Kundendienst steht und fällt. In der Bundesrepublik verfügte Grünbeck zu dieser Zeit über zehn externe Stellen für den Kundenservice. Es sind dies unter anderem Stuttgart, Düsseldorf, Frankfurt/Main, Hannover und München.

Von Höchstädt aus wurden vier Mitarbeiter ständig eingesetzt. Sechzehn weitere Monteure waren ständig unterwegs, denn unter anderm hieß es auch die damals 1200 Wartungsverträge zu bedienen. Die besondere Ausbildung eines Kundendiensttechnikers dauert etwa 18 Monate.

»Daß wir stets bemüht sind, das Kundendienstnetz zu erweitern, um bei jedem anfallenden Störfall sofort zur Stelle zu sein, ist unser Bestreben.«

PETER HIRSCHBERGER, Mann der ersten Stunde und 1975 Vertriebsleiter, erwartete für 1975 einen Umsatz von 24 Millionen.

»Bei einem bereinigten Zuwachs von 10 Prozent ist auch ein Auftragsüberhang von 5,2 Millionen zu erwähnen, was die Betriebsauslastung von sechs Monaten bedeutet, falls keine zusätzlichen Aufträge hereinkommen würden.«

Daß die allgemeine Serie weiter verkauft werde und der Vertrieb im Serienbereich über den sanitären Großhandel, im Projektbereich über Industrie, Kommunen und Gewerbebetriebe laufe, sei ein weiteres Plus, aus dem ständig weitere Aufträge zu erwarten seien. Dies, so Hirschberger, treffe auch auf die Kundenkartei zu, die bereits 15000 Namen erfaßt habe, die als potentielle Kunden in Betracht kommen.

Daß dem Außendienst große Bedeutung zukomme, sei aufgrund der Produktionspalette selbstverständlich.

DIETER MUSSELMANN ist ebenfalls einer der ersten, die den Weg zur Firma Grünbeck fanden. Als Leiter der Buchhaltung hat er bereits 1975 erkannt, daß die Zahlungsmoral sich – wie allerorten – verschlechterte. Deshalb habe das Mahnwesen verschärft werden müssen. Dies allerdings erfordert gerade jetzt sehr viel Fingerspitzengefühl bei den langjährigen Kunden, um diese nicht zu verprellen.

Die Finanzierung unserer Baumaßnahme ist gut gelöst worden. Gegenüber den Umsätzen bewegen sich die Außenstände noch in einem guten Rahmen.«

Im Dezember 1975 befragt, wie er die Zukunft mittelständischer Betriebe und vor allem die seines eigenen Unternehmens sehe, erklärte Josef Grünbeck:

»Ein Problem der mittelständischen Betriebe ist die Finanzierung. Wenn der Unternehmer seine privaten Entnahmen nicht scharf kontrolliert und auf eine gesunde Eigenkapitalbildung achtet, gerät er zusehends in die Zone der Fremdfinanzierungen. Damit wird automatisch seine Kreditwürdigkeit in Zweifel gezogen. Hier ist es ein Gebot der Stunde:

Offenlegung aller Zahlen und Daten gegenüber den Mitarbeitern, den Banken und allen anderen Beteiligten.

Ein weiterer Mangel, aus dem heraus die mittelständischen Betriebe in ihrer Anzahl geringer werden, ist das Problem der Eigenentscheidung, der Eigenverantwortung und der Risikobereitschaft.«

JOSEF FRANK hat als Betriebsrat der Firma feststellen können, daß zwischen Betriebsrat und Partnerschaftsausschuß ein gutes Verhältnis herrscht. Dies gelte auch für das Verhältnis zwischen Betriebsrat und Geschäftsführung. Er erklärte, daß es besonders nützlich sei, daß Herr Grünbeck – wie geschehen – an vielen Sitzungen des Betriebsrates als kompetenter Gast teilnehme. Frank vertritt die Überzeugung:

»Die Aufgabe des Betriebsrates ist es, die Interessen der Arbeitnehmer zu vertreten. Dabei muß er sich jedoch im Rahmen einer vertrauensvollen Zusammenarbeit mit dem Arbeitgeber verständigen und als *erstes* und *oberstes* Ziel das Wohl aller Arbeitnehmer des Betriebes verfolgen.«

HERMANN LUDLEY, technischer Leiter des Betriebes, ist einer jener vorwärtsdrängenden Männer, die mit dem eben Erreichten nicht zufrieden sind und sich nicht wohlig zurücklehnen. Er meint: »Mit dem erreichten Zustand darf man *nie* zufrieden sein.«

Wenden wir uns an dieser Stelle dem bereits mehrfach genannten Partnerschaftsvertrag zwischen dem Inhaber und seiner Frau als Mitinhaberin und, auf der anderen Seite, der Belegschaft zu.

Seit dem Jahre 1970 ist das Grünbeck-Modell in Anwendung. Auf welche Art und in welchen Zeitabschnitten alle Phasen dieses gut durchdachten Planes verwirklicht wurden, sei in dem folgenden in sich abgeschlossenen Abschnitt dargelegt.

Die soziale Partnerschaft

Ein Wort zuvor

»Ein Unternehmen zu gründen, es auf- und auszubauen, mit den Mitarbeitern nach vorn und nach oben zu gehen, macht Freude, ist für viele Menschen ein entscheidendes Stück Lebensqualität. Aber schon Goethe hat erkannt, daß es schwieriger wird, das Geschaffene zu erhalten und zu vermehren.

Es ist für uns eine große Freude, 40 Jahre nach der Unternehmensgründung und 20 Jahre nach der Mitbestimmung und Vermögensbildung in Arbeitnehmerhand festzustellen, daß wir den richtigen Weg gegangen sind.

Die Mitbestimmung der im Unternehmen beschäftigten Mitarbeiter hat zu einer Mitverantwortung geführt, die nicht nur ursächlich am großen Erfolg des Unternehmens eine hervorragende Begleitfunktion hatte, sondern die auch dazu führte, daß das menschliche Klima in einem Unternehmen wesentlich verbessert wurde.

Mitbestimmung und Mitverantwortung sind untrennbar miteinander verbunden. Das Mitverdienen und das Übergehen in die Unternehmensnachfolge durch die Mitarbeiter von beiden Seiten war auf freiwilliger Basis ein Weg, der nicht ganz einfach war, aber der uns beide glücklich und zufrieden gemacht hat.

Wir übergeben der Öffentlichkeit alle Unterlagen deshalb, weil wir glauben, daß die soziale Partnerschaft im Unternehmen eine Alternative für freiwillige Vereinbarungen von beiden Seiten ist. Wir glauben, daß es ein Beitrag ist, das Gegeneinander in unserer Gesellschaft ab- und das Miteinander aufzubauen. Vielleicht können manche Unternehmer, ihre Nachfolger oder aber auch Mitarbeiter in den Betrieben die eine oder andere Anregung »maßgeschneiderte Lösungen« für sich selbst finden.

Wir wollen eine Anregung zum Nachdenken geben,

weil wir fest davon überzeugt sind, daß die wirtschaftliche Weiterentwicklung in der Bundesrepublik ebenso wie in anderen Ländern davon abhängen wird, ob sich die sozialen Partner besser verständigen können. Der soziale Friede ist ein hohes Gut, das es gerade in den Betrieben zu erhalten gilt. Er wird uns nicht geschenkt, wir müssen ihn erarbeiten.
LONI UND JOSEF GRÜNBECK.

Walter Ernst:
Der gemeinsme Weg in die soziale Partnerschaft

Die Überlegungen des Firmengründers Josef Grünbeck, eine soziale Partnerschaft anzustreben, um die Zukunftsaufgaben zu bewältigen, haben zu der konsequenten Entwicklung eines Partnerschafts- und Beteiligungsmodells in mehreren Stufen geführt, das zur Nachahmung empfohlen, nachfolgend in seinen einzelnen Schritten beschrieben werden soll.

1949 erfolgte durch die Gründung der Einzelfirma Josef Grünbeck Wasserchemie und Apparatebau bereits die Grundsteinlegung für das Modell der Partnerschaft. Die Einzelfirma wurde nie in Frage gestellt. Herr Grünbeck und seine Ehefrau, Loni Grünbeck, wollten jedoch niemals auf der Stufe des »Ein-Mann-Betriebes« bzw. »Zwei-Mann-Betriebes« stehenbleiben, sondern es sollten Mitarbeiter beschäftigt werden, es sollte eine Entwicklung einsetzen, die ein Unternehmen wachsen läßt. Ein überdurchschnittlich hoher Arbeitseinsatz von Josef Grünbeck führte stetig zum Erfolg und zu einer, um das Wachstum zu gewährleisten, notwendigen Ausweitung des Betriebes.

1968 wurde die Firma im personellen Bereich ganz erheblich ausgeweitet, und damit stand auch bereits die Frage an, welche Form der Partnerschaft zwischen Unternehmer und Mitarbeitern angebracht ist. Diese Überlegungen führten dann zum sogenannten Grünbeck-Beteiligungsmodell, das am 1. 1. 1970 in Kraft gesetzt wurde und bis zum 31. 12. 1979 galt. Die Erfolgsbeteiligung der Mitarbeiter wurde festgeschrieben, 50 % des Bilanzgewinns jeweils an die Mitarbeiter ausgeschüttet. Diese individuellen Erfolgsanteile verbleiben dann als Mitarbeiter-Darlehen im Unternehmen, bei einer Verzinsung von maximal 2 % über dem Diskontsatz.

1980 begann die zweite Stufe des Beteiligungsmodells. Die Grünbeck Wasseraufbereitung GmbH wurde gegründet, die Einzelfirma Josef Grünbeck Wasserchemie und Apparatebau in die neue GmbH eingebracht. Parallel dazu wurde eine Grünbeck-Mitarbeiter-Beteiligungs-GmbH gegründet, die zur Aufgabe hat, die indirekte Kapitalbeteiligung an der Grünbeck Wasseraufbereitung GmbH für die beschäftigten Mitarbeiter zu ermöglichen. 71 Mitarbeiter aus dem Kreis der vorher am Erfolg beteiligten wurden Treugeber der Grünbeck-Mitarbeiter-Beteiligungs-GmbH, stellten dieser ihr angespartes Kapitel zur Verfügung, und die Grünbeck-Mitarbeiter-Beteiligungs-GmbH brachte es als Einlage in die Grünbeck Wasseraufbereitung GmbH ein. Ebenfalls parallel dazu wurde den freien Handelsvertretern des Hauses ermöglicht, sich direkt an der Grünbeck Wasseraufbereitung GmbH zu beteiligen. Die Altgesellschafter Josef und Loni Grünbeck, die Gesellschafter der Grünbeck-Mitarbeiter-Beteiligungs-GmbH und die freien Handelsvertreter wählten gemeinsam einen Firmenbeirat, der die Geschäftsführung berät und langfristig Aufgaben im Rahmen der Unternehmenssicherung übernehmen soll.

Unabhängig davon besteht für den Betrieb selbst ein Betriebsrat, der sich ausschließlich aus Betriebsangehörigen zusammensetzt und der vertrauensvoll mit den Inhabern und der Geschäftsleitung zusammenarbeitet.

5 Ziele wurden damit erreicht:
    Sicherung des langfristigen Fortbestandes des Unternehmens.

Beteiligung der Mitarbeiter am Wertzuwachs des Unternehmens.

Mitarbeiter können Einkünfte aus Kapitalvermögen erzielen und so die finanzielle Grundlage für ihren Ruhestand verbessern.

Freie Verfügbarkeit des Beteiligungskapitals durch die Anteilbörse.

Förderung der menschlichen Beziehungen zwischen Gesellschaftern und Mitarbeitern.

Für Herrn Grünbeck war dies jedoch nicht die Endstufe seiner Pläne. So wie er sich als Abgeordneter im Deutschen Bundestag immer wieder für die Vermögensbildung in Arbeitnehmerhand einsetzte, so dachte er auch stetig über eine Weiterentwicklung und Verbesserung des Partnerschafts- und Beteiligungsmodells im eigenen Unternehmen nach.

1986 wurde der Grundstein für die dritte Stufe des Grünbeck-Modells gelegt, in dem Betriebsrat und Geschäftsleitung in Abstimmung mit Herrn Grünbeck beschlossen, die Möglichkeit der stillen Beteiligung für alle Mitarbeiter im Rahmen des 5. Vermögensbildungsgesetzes zu schaffen. Allen Mitarbeitern wurde angeboten, daß sie bereits für das Jahr 1986 ihre vermögenswirksamen Leistungen im Betrieb in Form einer stillen Beteiligung anlegen konnten, bzw. daß sie, wenn sie bisher ihre vermögenswirksamen Leistungen bereits in andere Verträge eingezahlt haben, berechtigt sind, eine stille Beteiligung in vergleichbarer Höhe anzusparen. Für jeweils 312 DM jährliche Ansparleistung je Mitarbeiter zahlt die Firma Grünbeck eine steuer- und sozialversicherungsfreie Prämie von 100 DM bis zur maximalen Obergrenze von 300 DM.

Bis Ende des Jahres 1986 hatten bereits mehr als 120 Mitarbeiter die Möglichkeit der stillen Beteiligung aufgegriffen. 1988 waren es bereits 180 Mitarbeiter.

Aber auch die stille Beteiligung konnte und sollte nicht der letzte Schritt auf dem gemeinsamen Weg in die soziale Partnerschaft sein.

Der Politiker
Josef Grünbeck

Auf dem F.D.P.-Parteitag 1979: Hildegard Hamm-Brücher, Otto Graf Lambsdorff, Josef Grünbeck, Josef Ertl ...

und auf diversen Parteitagen am Rednerpult.

Josef Grünbeck in Siegerpose nach der Wahl zum Landesvorsitzenden der Bayerischen Liberalen im Februar 1989.

Wahlkampfstimmung ...

Grund zum Feiern. Dank Josef Grünbeck 12,9% F.D.P. im Kreis Dillingen.

Josef Grünbeck im "Bayerischen Landtag" bei der Erwiderungsrede zur Regierungserklärung von Ministerpräsident Max Streibl. Rechts oben Alterspräsident Fenneberg, links Staatssekretärin Monika Hohlmeyer.

Mit einer Besuchergruppe aus seinem Wahlkreis vor dem Landtag.

MdB Josef Grünbeck am Rednerpult des Deutschen Bundestages 1983.

Immer gern gesehen. Eine Besuchergruppe aus dem Wahlkreis 1994 in Bonn.

Im Airbus-Projekt in Toulouse, Juni 1988.

In Thailand zu Wirtschaftsgesprächen.

Mit Bundeswirtschaftsminister Günter Rexroth in China.

Zu Gast beim Bayerischen Arbeitgeberverband 1990.

Beim Bund der Steuerzahler mit Dr. Martin Bangemann.

Podiumsdiskussionen.

Fernsehsendung 1991 in Bremen.

Begegnungen ...

mit Franz Josef Strauß und Otto Graf Lambsdorff ...

Frau Ketturkat, Dr. Jäger,
Frau Dr. Trösch, Josef Grünbeck

und Josef Ertl ...

... auf einer Veranstaltung der Wirtschaftsvereinigung Lauingen mit dem bayerischen Wirtschaftsminister Anton Jaumann ...

mit Wolfgang Mischnik bei der Bundeswehr ...

und Jürgen Möllemann auf der Handwerksmesse in München 1991 ...

mit Schmid-Kempten in der Schwäbischen Parteizentrale ...

... und Johann Demharter zu Besuch bei der Polizei ...

sowie Hans-Dietrich Genscher bei der Firma Reitzner in Dillingen ...

Begegnung mit Manfred Brunner ...

dem bayerischen Umweltminister Thomas Goppel ...

und Bundestagspräsidentin Rita Süssmuth ...

mit Martin Bangemann ...

mit Münchens Oberbürgermeister Ude ...

und der bayerischen SPD-Vorsitzenden Renate Schmidt.

Der F.D.P.-Kreisverband Dillingen/Wertingen feierte 1989 sein 40jähriges Bestehen gemeinsam mit Otto Graf Lambsdorff.

Den 65. Geburtstag von Josef Grünbeck feierte der Kreisverband Dillingen in Höchstädt ...

und die Parteispitze in München.

Die Ehrung zum 70. Geburtstag v. l.: Stadtrat Günter Ballis, Josef Grünbeck, Kreisrat Josef Knaus, Bürgermeister Nemec von Dux sowie Kreisrat Günter Hiesinger.

1988 beschlossen Beirat und Gesellschafter der Grünbeck Wasseraufbereitung GmbH und der Beirat und die Gesellschafter (Treuhänder und Treugeber) der Grünbeck-Mitarbeiter-Beteiligungs-GmbH, die beiden Firmen in der Form zu verschmelzen, daß die Mitarbeiter-Beteiligungs-GmbH in die Grünbeck Wasseraufbereitung GmbH aufgeht und somit die bisherigen Treugeber direkte Gesellschafter der Grünbeck Wasseraufbereitung GmbH wurden. Gleichzeitig wurde eine Kapitalerhöhung geplant, an der sich jeder Mitarbeiter sofort beteiligen kann, wobei der Ausgabekurs der neuen Anteile von 1 : 2 als besonders attraktiv zu bezeichnen ist. Josef und Loni Grünbeck beteiligten sich an dieser Kapitalerhöhung nicht, damit der Anteil der Mitarbeiter am Firmenstammkapital ausgebaut wird und dadurch der Mitentscheidung und der Mitverantwortung ein noch breiterer Raum gegeben wird.

Am 12. 2. 1988 unterschrieben die Geschäftsführer der Grünbeck Wasseraufbereitung GmbH und der Grünbeck-Mitarbeiter-Beteiligungs-GmbH vor dem Notar den Verschmelzungsvertrag der beiden Firmen. Am selben Tage wurde in den Gesellschafter-Versammlungen dieser Firmen der Verschmelzungsvertrag einstimmig gebilligt, und die Beschlüsse wurden ebenfalls vom Notar protokolliert.

In der sich daran anschließenden großen Gesellschafterversammlung wurde ein Kapitalerhöhung von knapp einer Million DM beschlossen und die Übernahme der neuen Gesellschaftsanteile durch freie *und* festangestellte Mitarbeiter gebilligt.

Die Grünbeck Wasseraufbereitung GmbH hatte damit über 70 Gesellschafter *und* 180 stille Gesellschafter. Der aus dem Kreise der Gesellschafter gewählte Beirat berät und überwacht die Geschäftsleitung. Der von der Belegschaft gewählte Betriebsrat vertritt die Interessen aller Mitarbeiter des Hauses Grünbeck.

Die Fortschreibung und der Ausbau der bereits im Jahre

1980 genannten 5 Ziele ist inzwischen gelungen. Das Erreichen dieser Ziele ist jedoch nicht zugleich auch Abschluß der Überlegungen von Josef Grünbeck. Dieser hat sich gemeinsam mit seiner Gattin Loni dazu entschlossen – und *das* dürfte auf dem Wege zu einer sozialen Partnerschaft einmalig sein – im Erbfalle seine Geschäftsanteile auf die Mitarbeiter-Gesellschafter zu übertragen. Diese Entscheidung gilt *auch* für die stillen Gesellschafter, die bereit sind, im Erbfalle ihre stille Beteiligung in eine endgültige Beteiligung umzuwandeln.

Zusammengefaßt ist das »Grünbeck-Modell« des gemeinsamen Weges in eine dauernde soziale Partnerschaft beispielgebend.

Die Konsequenz, mit welcher ein Gründungsunternehmer seine Vorstellungen gemeinsam mit seinen Mitarbeitern verwirklicht, führte bereits im Jahre 1984 zur Verleihung des Partnerschaftspreises an Josef Grünbeck. Die Stiftung »Sozialer Wandel in der unternehmerischen Wirtschaft« hat frühzeitig erkannt, daß das Grünbeck-Modell diese Auszeichnung verdient *und* daß sich die Firma nach dieser Auszeichnung dynamisch weiterentwickelt hat.

Die Konsequenz, mit der Josef Grünbeck in mehr als 20 Jahren dieses Ziel verfolgt hat, ist besonders hervorzuheben. Es ist einmalig, daß ein Unternehmer in seiner sozialen Verantwortung auch über den Tag hinaus die Unternehmensnachfolge regelt und die Zukunft seines Lebenswerkes in die Hände der Mitarbeiter legt, die diese Weiterentwicklung gestalten sollen.

Der gemeinsame Weg in die soziale Partnerschaft ist gleichzeitig ein neuer Maßstab für diese unternehmerische Fürsorge.

Der Partnerschaftsvertrag

In diesem Vertrag sind Rechte und Pflichten der Gesellschaft und der Gesellschafter dokumentiert. Die Geschäftsleitung übernehmen nach diesem Vertrag Josef Grünbeck als Chef und seine Frau Loni als Prokuristin.

Die Interessen der Mitarbeiter werden vom Partnerschaftsausschuß vertreten, der sich aus einem oder zwei Mitgliedern der Geschäftsleitung, zwei weiteren des Betriebsrates und jeweils einem aus den Hauptabteilungen Vertrieb, Technik und Verwaltung zusammensetzt.

Dieser Partnerschaftsausschuß wird alle zwei Jahre neu gewählt. Ihm können *nur* Betriebs-Mitarbeiter angehören, die mindestens zwei volle Kalenderjahre im Betrieb beschäftigt sind. Den Vorsitz übernimmt die Geschäftsleitung. *Jedes* Mitglied hat eine Stimme. Bei Stimmengleichheit entscheidet die Stimme des Vorsitzenden.

An der Gewinnbeteiligung können nur voll beschäftigte Mitarbeiter teilnehmen. Lehrlinge sind ab dem 3. Lehrjahr ebenfalls gewinnberechtigt.

Die Firma Grünbeck gewährt jedem Mitarbeiter, der mindestens 12 Monate im Betrieb tätig ist, daran anschließend eine Gewinnbeteiligung. Das Geschäftsjahr ist das Kalenderjahr.

Auch in der Frage des Entstehens des Gewinnanspruches und der Auszahlung desselben wurde korrekt entschieden.

Das gesamte Regelwerk dieses Partnerschaftsvertrages ist klar und übersichtlich und umreißt, ohne Hintertürchen und Fallstricke, alle in Frage kommenden Details, wie beispielsweise: die Gewinnverteilung, die Berechnung der Gewinnanteile, das Urlaubsgeld, das Verhalten bei Verlustjahren, und selbstverständlich enthält er auch einen Kündigungspassus. Darin eingeschlossen auch eine Unterbrechung der Verträge, beispielsweise durch Fortbildung, Wehrdienst, oder längere Krankheit.

Das Partnerschaftsverhältnis wird bei Erreichen einer

Altersgrenze für Männer mit 55 und Frauen mit 50 Jahren aufgelöst. Der ausscheidende Mitarbeiter erhält die erste Rate seines Anteils beim Ausscheiden, während die Schlußrate ein Jahr darauf gezahlt wird.

Daß neben dem Zahlungsmodus bei Kündigungen der einen oder der anderen Seite, oder bei fristloser Kündigung – die nur in Abstimmung mit dem Betriebsrat erfolgen kann – auch eine vorzeitige Auszahlung in Härtefällen vorgesehen ist, zeigt das Bemühen um eine behutsame sinnvolle Gestaltung auf.

Alles in allem darf gesagt werden, daß mit diesem Partnerschaftsvertrag ein echtes Beispiel unternehmerischer Fürsorge erstellt wurde, dessen letzte Stufe mit dem Treuhand- und Schiedsvertrag seine Vollendung fand.

Die achtziger Jahre

Das TOMESA-Verfahren

Zu Beginn der achtziger Jahre, als der Trend dahin ging, aus sportlich orientierten Schwimmbädern Freizeitbäder zu entwickeln, kam allerorten der Wunsch auf, zusätzliche Einrichtungen zu schaffen, um Schwimmbäder ebenso wie Sauna- und Fitnesscenter attraktiver zu gestalten.

Entspannungsbäder waren »in«. Sie wurden unter dem Schlagwort Traumtanks bekannt. Dabei legte sich der Badegast in eine hochkonzentrierte Salzsole, die auf Körpertemperatur erwärmt war und wurde aufgrund der hohen Salzkonzentration im Wasser – wie im Toten Meer – vom Wasser getragen. Es handelte sich um einen Behälter, der geschlossen war. Damit war vor allem für jenen Personenkreis, der nicht von Platzangst gequält wurde, für intensive Entspannung gesorgt.

Als die ersten Interessenten mit ähnlichen Wünschen an die Firma Grünbeck Wasseraufbereitung herantraten, versuchten die engagierten Mitarbeiter des Unternehmens, diese Interessenten entsprechend zu bedienen. Die Suche nach ähnlichen Erzeugnissen auf dem deutschen und europäischen Markt verlief ergebnislos. Die Grünbeck Wasseraufbereitung GmbH orientierte sich nunmehr in den USA.

Bei diesen Überlegungen kam Karlheinz Wieser auf die Idee, daß man neben dieser Entspannung *auch* und vor allem eine medizinische Nutzung ins Auge fassen sollte. So zum Beispiel bei der Behandlung von Personen, die an der Psoriasis – der berüchtigten Schuppenflechte – erkrankt waren.

Mit einigen Mitarbeitern erarbeitete Wieser eine erste Konzeption und ging damit zum Chef, um ihm seine Idee vorzutragen. Hier die Aktennotiz, die Karlheinz Wieser zu diesem Vorkommnis anlegte.

In der TOMESA-Fachklinik Bad Salzschlirf hatte die

Firma Grünbeck die Aufgabe, eine Wasseraufbereitung für ein Solebecken zu erstellen. Im Rahmen dieses Solebeckens hatte der Inhaber der TOMESA-Fachklinik, Herr Karl Schneider, die Idee, der Behandlung von Psoriasis und Neurodermitis mit der direkten Kombination von Badevorgang *und* Lichteinwirkung.

Er berichtete Herrn Wieser, wie er sich eine solche Anlage vorstelle und daß dies doch auch als Einzelplatz-Therapie umzusetzen sein müsse.

Herr Wieser bat nunmehr den damaligen Vertriebsleiter, Herrn Hirschberger und den Geschäftsführer, Herrn Ernst, sich mit ihm dieser Sache anzunehmen.

Die drei Herren schlossen dann im Rahmen eines gemeinsamen Besuches in der TOMESA-Fachklinik die entsprechenden Verträge mit Herrn Schneider ab.

Diese führten zu einer sehr langwierigen Entwicklung der Einzeltherapieplätze und aller damit verbundenen und auch bereits beschriebenen Probleme, die insgesamt ein Kostenvolumen in Millionenhöhe ausmachte. Am Ende aber stand ein Ergebnis, das die Firma in *jeder* Beziehung optimistisch stimmte.

Es war – wie immer – Herr Grünbeck, der diese große Chance sofort erkannte und seinen Herren zurief:

»Dann macht das mal!«

Diese rasche Entscheidung brachte die Arbeit sofort in Gang. Von der ersten Idee bis zur Einsatzreife des TOMESA-Verfahrens und zur ersten praktischen Anwendung dieser wichtigen medizinischen Hilfe für alle Psoriasiskranken aber verging eine Zeit harten Forschens und Schaffens, als deren Ergebnis das neue integrierte Behandlungskonzept bei Psoriasis, Neurodermitis und weiteren chronischen Hauterkrankungen entstand, in welchem die Licht- und Wasserverhältnisse des Toten Meeres nachgestellt wurden. Diese Behandlung wurde optimiert und standardisiert. Sie ließ auch eine variable auf den Einzelmenschen zugeschnittene Behandlung zu.

Damit war ein entscheidender Schritt auf dem Wege der

erfolgreichen Behandlung der Psoriasis vulgaris – der Schuppenflechte – getan.

Für alle von der Psoriasis befallenen Menschen – etwa drei bis fünf Prozent der Erdbevölkerung – besteht damit die Chance, diese nur schwer erträgliche Krankheit zu besiegen.

Diese TOMESA-Therapie machte es möglich, die Bestrahlungs*und* Badezeit gleichzeitig durchzuführen. Noch während der Badezeit in einer Elektrolyt-Lösung, die genau der Zusammensetzung des Wassers des Toten Meeres entspricht, wird der Patient einer milden UV-Bestrahlung ausgesetzt, die ebenfalls den Lichtverhältnissen des Toten Meeres zum günstigsten Sonnenstand nachgeahmt ist.

Besonderer Wert wurde bei diesem System der Aufbereitung des Solewassers und der gesamten Steuerung gewidmet.

Für die Behandlung mit diesem Verfahren kommen *alle* Formen der Psoriasis in Betracht.

Der weitere Firmenaufbau

Während des Fünfjahresablaufes von 1981 bis 1986 expandierte die Firma Grünbeck nach allen Richtungen. Insbesondere in Hinblick auf weitere Entwicklungen brachte sie ständig neue Erzeugnisse hervor. In einer Reihe von dezentralisierten Forschungsvorhaben gelang es ihr, insgesamt 78 Patente und 25 Gebrauchsmuster zu erwerben.

Dies ist einerseits der Ausdruck und Erfolg innovativer Unternehmsführung, andererseits jedoch *auch* Voraussetzung und Anlaß, ein neues Investitionsvorhaben im baulichen Bereich zu entwickeln und dies über den Zeitraum von mehreren Jahren kontinuierlich durchzuführen.

Daß darüber hinaus die Expansion auch außerhalb des eigenen Betriebes voranschritt, zeigte die 1985 erfolgte Erwerbung des Stahl- und Behälterbaues der Firma Feigel und Zürn.

Damit verfügte das Unternehmen über einen eigenen Behälterbau und hatte solcherart alle Möglichkeiten der einwandfreien Koordinierung der Herstellung im Rhythmus zur vorhandenen Auftragskapazität und der eingehenden Aufträge.

Ein großer Vorteil dieser Firma war die Tatsache, daß dort auch alle Sandstrahlarbeiten und Beschichtungsvorgänge durchgeführt werden konnten.

»Damit waren wir«, so Josef Grünbeck, »auch in dieser Hinsicht von keiner Fremdfirma mehr abhängig.«

Allerdings konnte gerade in dieser Zeit nicht verhehlt werden, daß das Unternehmen Grünbeck, das Wohlstand und Arbeit nach Höchstädt gebracht hatte, gerade in den achtziger Jahren sowohl durch die Gemeinde, als auch durch das Landratsamt, und sogar von den Nachbarn des Betriebes durch Meldungen und ständige neue Vorschriften und Erlasse in ihrer Arbeit behindert wurden. Dazu Herr H. Rieß in einem Bericht:

»So besagte eine Vorschrift aus jüngster Zeit, daß wir mit unserem Gabelstapler nur 15 Minuten am Tage im Freien arbeiten dürften. Dies war nur eine von mehreren offenbar nicht durchdachten Auflagen.

Unsere Nachbarn, die Tennisfreunde von Motzenhofen, gewährten uns nicht einmal, daß wir tagsüber ihre Parkplätze benutzen durften, obwohl diese erst am späten Nachmittag von den Tennisspielern benutzt wurden.

Es hatte den Anschein, als habe das Freizeitvergnügen hier einen höheren Stellenwert als 25 bis 30 Arbeitsplätze.«

Doch zurück zum aktuellen Geschehen.

Bereits im Frühjahr 1984 wurden die ersten Schritte eines neuen Großbauvorhabens eingeleitet. Sie begannen nach erfolgreichen Verhandlungen mit der Stadt Höchstädt und der Firma Steiff mit dem Kauf von Grundstücken in einer Größe von insgesamt 3297 Quadratmetern.

Erste Baumaßnahme war die Errichtung eines neuen Betriebsparkplatzes für etwa 60 Autos auf der Westseite des Betriebsgrundstückes, da der alte Parkplatz auf der

Nordwestseite den Neubaumaßnahmen zum Opfer fallen mußte.

Im Jahre 1985 begannen dann die eigentlichen Baumaßnahmen. Es waren dies im einzelnen: Die Errichtung einer Fertigungshalle auf der Ostseite des Betriebsgeländes in eingeschossiger Stahlkonstruktion und Gasbeton-Plattenbauweise.

Die Halle hatte Abmessungen von 61 Metern Länge und 28 Metern Breite. Der umbaute Raum betrug 600 Kubikmeter bei einer Nutzfläche von 1500 Quadratmetern.

Diese Halle wurde als Fertigungsstätte für Rohrtrenner, Spülmaschinen und Enthärtungsanlagen in Betrieb genommen. Darüber hinaus wurden darin eine Dreherei und ein Versuchsraum, sowie die Lehrwerkstatt untergebracht. Damit fanden in dieser neuen Halle acht bis zehn Frauen und 15 bis 20 Männer neue Arbeitsplätze.

Auf der Nordseite des Betriebsgeländes wurde in der Verlängerung zum bereits bestehenden Bürogebäude ein dreigeschossiger Neubau mit insgesamt 3868 Quadratmetern Nutzfläche angefügt.

Im Kellergeschoß dieses Neubaues entstand ein großräumiger Schulungssaal und eine Whirlpool-Versuchsanlage. Das Erdgeschoß diente als Erweiterung für die technischen Büros. Im Obergeschoß war genügend Platz für die Verwaltungsabteilungen, die Büros für das Personal- und Rechnungswesen, und die Buchhaltung geschaffen worden.

Der übrige Teil des Neubaus wurde von einer automatischen Abfüllanlage für Dosierflüssigkeit im Trink- und Brauchwasserbereich errichtet.

Es blieb weiterhin auch noch Platz für einen Lagerraum zur Aufbewahrung des Leergutes und der Trocken-Chemikalien.

Dieser neue Lagerraum hat eine Abmessung von 28 mal 13 Metern, bei einem umbauten Raum von 1217 Kubikmetern und einer Nutzfläche von 248 Quadratmetern.

Daß den Sicherheitsvorschriften ganz besondere Aufmerksamkeit geschenkt wurde, war eines der Hauptanliegen Grünbecks. Immerhin lagern ja hier auch nicht ungefährliche Chemikalien.

Mit der Errichtung der Abfüllanlage hat Josef Grünbeck erneut drei weiblichen und zwei männlichen Mitarbeitern einen zukunftssicheren Arbeitsplatz zur Verfügung gestellt.

Nach diesen beiden Bauabschnitten folgte ein dritter, mit dem Ausbau einer bereits bestehenden Halle zu einem Hochregallager nach modernsten Gesichtspunkten.

Diese Art der Lagerorganisation war die Vorraussetzung dafür, daß alle zu einer bestimmten Fertigung gehörenden Einzelteile und Hilfsstoffe gelagert, optimal transportiert und raschestmöglich der Fertigung zugeführt werden konnten.

Damit wurden für das Unternehmen die Grundlagen für eine rationelle Materialwirtschaft und -zuführung nach den modernsten betriebswirtschaftlichen Gesichtspunkten geschaffen. Dazu gehört selbstverständlich eine EDV-gestützte und geführte Bearbeitung bei einem Minimum an Kosten und Arbeitsaufwand und einem Maximum an Effektivität. Alle diese Abschnitte verliefen planmäßig und wurden termingerecht durchgeführt.

Damit wurde die Grünbeck Wasseraufbereitung noch erfolgreicher. Nicht nur in der Herstellung und im Verkauf seiner Erzeugnisse, sondern auch in seiner Effizienz für den Arbeitsmarkt in Höchstädt. Damit hat die Stadt und der Kreis Dillingen in diesem Unternehmen einen Garanten für neue Arbeitsplätze ebenso, wie für die berufliche Aus- und Weiterbildung der darin beschäftigten Menschen. Die Firma Grünbeck sollte auch in Zukunft, was die folgenden Jahre unter Beweis stellten, aufgrund dieser Flexibilität und Innovationstechnik des Unternehmens nicht nur gute Wachstumschancen haben, sondern auch den Markt für Umwelttechnologie weiter voranbringen.

Am 1. Januar 1986 ging die Firma SBM – Stahl und Behälterbau Motzenhofen unter neuer Führung als ein Teil der Grünbeck Wasseraufbereitung in Betrieb. Die Geschäftsleitung übernehmen Josef Grünbeck und Herr Walter Ernst als Geschäftsführer, während Herr Herbert Rieß als Prokurist für den Alltagsablauf zuständig war. Herr Alfred Feiler übernahm die Werksleitung. Zu seiner Unterstützung wurde am 1. 10. 1988 Dipl. Ing. Thomas Fischer als weiterer Betriebsleiter eingestellt.

Im Sommer 1988 wurde dort auch ein Betriebsrat etabliert, der aus dem Vorsitzenden Alfred Henke und den beiden Beisitzern Klaus Heißerer und Gottfried Hudetschek bestand. Eine EDV-Anlage und ein Telefaxgerät wurden ebenfalls dort installiert.

Wenn trotz der guten Auftragslage dennoch der Ausstoß der Fertigung hinter den Erwartungen zurückblieb, so lag dies daran, daß nicht genügend Facharbeiter zur Verfügung standen. Nach und nach verbesserte sich dieser Engpaß, so daß der Ausbau des Unternehmens nach dem modernsten Stand der Technik angegangen werden konnte, nachdem bereits in einer Vorlaufphase der Maschinenpark erneuert wurde und neue modernste Schweißgeräte und ein Gabelstapler angeschafft wurden.

Bereits seit Übernahme dieser Firma wurden dort Fachkräfte angelernt, um ein versiertes Stammpersonal zu erhalten.

Das erste Halbjahr 1988 verlief aus der Sicht der Verkaufsabteilung erfolgreich. Der Umsatz der SBM konnte im Vergleich zum Vorjahreszeitraum um 25 % gesteigert werden.

Bereits im Oktober 1986 war der Grünbeck Wasseraufbereitung der Europapreis für unternehmerische Kreativität verliehen worden. Die Verleihung erfolgte vor einer großen Zahl von Ehrengästen im Rahmen des 2. Europäischen Innovations- und Technologie-Kongresses der mittelständischen Wirtschaft, der am 23. und 24. Oktober 1986 in München unter der Schirmherrschaft des bayerischen Wirtschaftsministers Anton Jaumann stattfand.

Die Jury, die unter dem Vorsitz von Herrn Wilhelm G. Poeten, dem Präsidenten von The Union Independent Companies aus insgesamt fünf Personen bestand, kam zu folgendem Ergebnis:
»Die Firma GRÜNBECK GMBH, Höchstädt in Bayern, beschäftigt sich mit der Entwicklung und Herstellung von Wasseraufbereitungsanlagen. Die Gesamtbeschäftigtenzahl des Unternehmens liegt bei knapp 400 Mitarbeitern. Sie hat eine betriebliche Mitarbeiterbeteiligung. Die Mitarbeiter sind sowohl am betrieblichen Ergebnis, als auch am Kapital der Firma beteiligt. Firma GRÜNBECK ist sowohl auf technischer, als auch auf sozialem Gebiet besonders engagiert und innovativ.
Es erfolgt eine laufende Information der Mitarbeiter über alle betrieblichen Probleme. In der firmeneigenen Zeitschrift stellen sich darüber hinaus die einzelnen Abteilungen mit ihren Produkten und Leistungen vor.
Entscheidungsprozesse in der Firma werden in sehr kollegialer Weise im Team durchgeführt. Die Bewertung der Mitarbeiter erfolgt nach der persönlichen Leistung in Bewertungsgesprächen.
Es finden regelmäßig Innovationsgespräche statt. Das Vorschlagwesen ist sehr gut ausgebaut und betrieblich institutionalisiert.
Die wirtschaftliche Entwicklung in den letzten fünf Jahren war positiv und von Dynamik gekennzeichnet.«
Zur Preisverleihung, die anläßlich der Abschlußveranstaltung dieses Kongresses beim Staatsempfang im Kaisersaal der Münchener Residenz stattfand, konnte der Präsident der Vereinigung für mittelständische Unternehmer in der Bundesrepublik, Herr Dr. Bergerhoff, die gesellschaftspolitische Bedeutung des Mittelstandes unterstreichen.
Der Europaabgeordnete Dr. Friedrichs übernahm die Verleihung des Goldenen Ehrenpreises an Josef Grünbeck. Er unterstrich in seiner Laudatio die dringend notwendige Kooperation der mittelständischen stukturrierten Wirtschaft in Europa. Als er auf die Innovationsleistungen

der Firma Grünbeck zu sprechen kam, lobte er insbesondere die über 90 weltweiten Patentanmeldungen der Firma im Bereich der Umwelttechnologie. Er verwies aber auch auf die Erfolge dieses Unternehmens aus seiner Zusammenarbeit mit Wirtschaft und Wissenschaft bis hin zum Vorschlagwesen bei der eigenen Belegschaft.

Auch das Kooperationsmodell Grünbeck mit Japan zeige, daß man auf internationalem Wege als mittelständisches Unternehmen Erfolge erzielen könne.

Ganz besonders würdigte Dr. Friedrichs das soziale Engagement von Josef Grünbeck und führte dazu aus: »Er ist seit über 20 Jahren ein unermüdlicher Kämpfer für die Mitbestimmung der Arbeitnehmer und die Beteiligung breiter Schichten der Bevölkerung am Produktivkapital. Sein erfolgreicher Rechtsstreit beim Bundesfinanzgerichtshof ebenso wie beim Bundessozialgericht, über die Steuer- und Beitragsfreiheit der Darlehen für Mitarbeiter, zeichnet ihn auch dahingehend aus, wie er beharrlich für bestimmte Ziele zu kämpfen versteht.«

Josef Grünbeck dankte im Namen *aller* Preisträger für die ihnen verliehene Auszeichnungen. Er führte aus, daß er es als richtig erachte, daß die Unternehmer zu mehr offensiver Selbstdarstellung in der Gesellschaft hinfinden sollten.

Seine Worte dazu lauteten: »Gerade der Mittelstand ist der *größte* soziale Leistungsträger in unserer Gesellschaft, da mittelständischen Unternehmen fünfzig Prozent der gesetzlichen Sozialversicherungsbeiträge bezahlen, darüber hinaus 100 Prozent der tarifvertraglichen Vereinbarungen gewährleisten und letztendlich noch über 30 Prozent des Sozialpaketes an freiwilligen Leistungen aufbringen.

Ich appelliere vor allem an die junge Generation, die Faszination einer unternehmerischen Gestaltungsfreiheit zu nutzen und in sozialer Verantwortung, mit fachlichem Wissen und nie erlahmender Kreativität die mittelständische Wirtschaft in Europa weiterzuentwickeln.«

In seinen Unterlagen zu diesem Wettbewerb hatte Josef Grünbeck das Erfolgsziel seines Unternehmens bis zum Jahre 1990 auf einen Umsatz von 80 Millionen fixiert.

Die Erweiterungsphasen

Daß eine solche Voraussage mit einiger Aussicht auf ihr Eintreffen gemacht werden konnte, lag an den bereits begonnenen Erweiterungsbauten für die Firma Grünbeck. So groß, umfangreich und scheinbar unmöglich diese auch waren, ging es im September 1990 mit Elan an die sechste Betriebserweiterung heran.

Nach dem ersten Spatenstich, der gleichzeitig vom Firmenchef Josef Grünbeck und dem Präsidenten des Bundesumweltamtes Dr. Heinrich Lersner vorgenommen wurde, trafen sich alle Freunde und Geschäftsparter mit der Belegschaft des gesamten Unternehems in der Nordschwabenhalle. Es galt neben dem ersten Spatenstich *auch* das 40jährige Jubiläum der Firma *und* gleichzeitig damit den 65. Geburtstag des Firmengründers zu feiern.

Der geplante Neubau würde die Summe von vier Millionen DM verschlingen und sollte bereits im Frühsommer 1991 fertiggestellt sein. Nach den Angaben des Architekten, Herrn Hans Heppner aus Nördlingen, würde des Gebäude dreigeschossig errichtet werden, mit einer Grundfläche von 46 mal 26 Metern. Heppner, der seinem Auftraggeber für das neue Lebensjahrfünft weiterhin die gleiche vorwärtsstrebende Dynamik und Schaffenskraft gewünscht hatte, dankte in seiner Rede, in welcher er über den Neubau berichtete und den zuständigen Behörden für die zügige Bearbeitung aller Planungsunterlagen.

Es wäre ein Wunder gewesen, wenn Josef Grünbeck nicht zu dieser denkwürdigen Gelegenheit ebenfalls das Wort ergriffen hätte, um Neuheiten der Firma vorzustellen, die nicht nur in seinem eigenen Unternehmen, sondern auch in einer Reihe von Partnerfirmen entwickelt und hergestellt wurden.

Diese neuen Patente und die daraus resultierenden Arbeiten machten nach Grünbecks Worten eine weitere Erhöhung der Mitarbeiterzahl von derzeit insgesamt 530 notwendig.

»Zu den Neuentwicklungen gehören«, laut Grünbecks Vortrag, »unter anderen ein neues patentiertes Regenerationsverfahren zur umweltfreundlichen Wasserenthärtung und Entsalzung.«

Hinzu kommt das TOMESA-Verfahren, ein Therapiesystem zur Bekämpfung von Hautkrankheiten, das bereits im vorangegangenen Abschnitt von seinem Entwicklungsbeginn bis zur Einsatzreife dargelegt worden ist.

»Ein hoher Entwicklungsaufwand war auch notwendig, um das neue Dosierpumpen-Programm – die Genodos-Pumpe – zur Marktreife zu bringen.

Bei diesem Dosierpumpen-System handelt es sich um die erste auch gegen Druck selbstansaugende und selbstentlüftende Membran-Dosierpumpe.«

Als weitere Neuheit stellte Grünbeck den Chloranimator zur Reduzierung von belastenden Reizstoffen im Schwimmbadwasser vor.

Das zur Rohr- und Behälterreinigung entwickelte Verfahren, das ohne Chemie, mit Ultraschall betrieben wird, fand ebenfalls die Aufmerksamkeit der Zuhörer, die Josef Grünbeck mit herzlichem Applaus bedachten.

Die Firma Grünbeck hatte es sich zur Aufgabe gestellt, auch ein umweltfreundliches Verfahren zur Bekämpfung der Kalkverkrustungen aus Rohrleitungssystemen an Maschinen und Aggregaten zu entwickeln. Dieses arbeitet mit hochfrequenten Ultraschallschwingungen und ist frei von schädlichen Substanzen.

Die eigentliche Feier fand unter Beteiligung zahlreicher Ehrengäste mit allen Mitarbeitern des Unternehmens in der blumengeschmückten Nordschwabenhalle statt.

Unter den Ehrengästen sah man neben den in großer Zahl gekommenen Kommunalpolitikern auch Vertreter aus der Wirtschaft und den Präsidenten des Bundesumweltamtes, Dr. Heinrich von Lersner, der es sich nicht nehmen ließ, diesem umweltbewußten Unternehmer und seinem Werk die Ehre zu geben.

Daß der Präsident des Deutschen Patentamtes Dr. Häuser ebenfalls zugegen war, zeigt die Wertschätzung, derer sich die Grünbeck Wasseraufbereitung auch dort erfreut.

Geschäftsführer Walter Ernst hieß alle Gäste herzlich willkommen und umriß in seinen einleitenden Worten Sinn und Absicht dieser Firma und übermittelte dem »Chef« die Glückwünsche aller Mitarbeiter. Im Namen der Stadt Höchstädt gratulierte Bürgermeister Gerhard Kornmann dem Firmengründer und Jubilar.

In seiner Würdigung führte Dr. Heinrich von Lersner aus, »daß der Wirtschaftsmarkt Umwelt in *erster* Linie von mittelständischen Unternehmen geprägt ist. Kleinere und mittlere Betriebe haben auf diesem weitgespannten Sektor eine gute Chance; weniger erfolgversprechend ist diese Branche für große Unternehmen.«

Dr. von Lersner sprach auch die Diskrepanz zwischen Ökologie und Ökonomie an. Sprachlich seien beide zwar Geschwister, sagte er, aber sie hätten sich weit voneinander entfernt.

Was den Umweltschutz angehe, so anschließend Josef Grünbeck, sei man jetzt auf jener Stufe angekommen, bei der es darum gehe, umweltverträgliche Stoffe in Produktion und Vermarktung zu fordern. Das aber sei in einem freiheitlichen denkenden Staatswesen nicht ganz einfach.

»Ziel muß es deshalb sein«, so Grünbeck, »mit einem Minimum an Eingriffen in die Freiheit zu erreichen, daß Produzenten, Handel und Verbraucher durch ihre selbständige Entscheidung einem staatlichen Eingriff zuvorkommen, ihn praktisch unnötig machen.

Der Produzent von heute muß sensibel genug sein, um zu erkennen, was der Markt – mit einem Blick auf die Umweltverträglichkeit – verlangt. Inzwischen, das zeigt sich seit langem bereits in unserem Unternehmen und greift auch in den anderen Betrieben, beginnt das ökologische

Gewissen der Arbeitnehmer die Firmenpolitik zu beeinflussen.«

In seinem Rückblick erklärte Josef Grünbeck, daß er es als besondere Gnade empfinde, daß ein Mensch im Alter von 65 Jahren noch so viele Zukunftsperspektiven in Gang setzen und deren Aussichten auf Erfolg mit beeinflussen könne.

»Es ist gut, in diesem Alter nicht schon das Handtuch zu werfen. Es erfüllt mich heute mit Zufriedenheit und Stolz, daß ich bereits vor nunmehr 21 Jahren in meinem Unternehmen die soziale Partnerschaft entwickelt habe.

Mit der bis heute entwickelten Erzeugungspalette haben wir in Forschung und Entwicklung einen vorläufigen Höhepunkt erreicht. Die neuen Verfahren, von denen ich einige aufgezeigt habe und denen andere in Kurzdarstellungen folgen sollen, werden mit Sicherheit die Technologie in der gesamten Wasseraufbereitung nachhaltig verändern, deren Vorreiterrolle wir seit Jahren übernommen haben.«

Aus dem Herstellungsprogramm
der Grünbeck-Wasseraufbereitung

Neben Meß- und Regelgeräten für eine perfekte Wasserqualität, die unter Kennzeichnung Compact 200 in den Handel gebracht werden und neben der Temperatur auch die pH-Werte des Wassers, seinen Chlorgehalt und Redox regulieren, steuern und überwachen, ist eine sofortige Funktionsbereitschaft desselben sowie die Wartungsarmut die beste Gewähr für einen effizienten Betrieb. Die Elektronik der Meß-Regelgeräte und der Kommunikationsteil sind störungssicher in galvanischer Trennung angelegt.

Aus dem weiteren Lieferprogramm wären zu nennen: die Wasseraufbereitung für Schwimmbäder und Whirl Pools, sowie das gesamte Zubehör: Badewasserfilter für Privat-, Hotel- und Freizeitbäder, Chlorominatoren für reizstoffarmes Badewasser, chlorfreie Desinfektion, Dosierungsautomaten und UV-Emtkeimungsanlagen.

Eine Serie von Filteranlagen steht zur Verfügung, weil diese die Grundvoraussetzung für ein dauerhaftes Badevergnügen sind. Als Herz eines jeden Schwimmbades, ganz gleich welcher Größe, sind Filter zur Wasseraufbereitung und Desinfizierung in allen Größen vorhanden.

Die chlorfreie Desinfektion ist durch die GENO-UV-Entkeimungsanlage einem der umweltfreundlichsten Desinfektionsverfahren sichergestellt. Durch diese spezielle Lichttechnik wird die desinfizierende Wirkung des Sonnenlichtes in optimaler Form nachempfunden.

Nach der UV-Entkeimung während der Filterlaufzeit muß eine Depotwirkung im Becken selber erreicht werden. Dies geschieht durch ein zusätzliches Gerät, das entkeimt und die Oxydation und Algenbildung unterbindet. Das dazu verwandte GENO-Aktivgerät arbeitet mit einer Aktivsauerstoffverbindung und einem Aktivator.

Die durch Ionenaustausch erzielte Wasserentsalzung ist für die Trinkwasseraufbereitung ebenso wie für die Aufbereitung von Industriewässern und Wasser in Gewerbebetrieben eine Notwendigkeit.

In fast allen Fertigungsprozessen wird Wasser von besonderer Qualität erforderlich. Moderne Technologien, so beispielsweise die Computerindustrie, benötigt Reinstwasser von höchster Qualitätsstufe.

Ebenso aber müssen auch Abwasser aus der Industrie, aus Gewerbegebieten und Kommunen gereinigt, entgiftet, neutralisiert und biologisch aufbereitet werden. Dies einmal um die Umwelt zu schonen und zum anderen, um den Menschen vor folgenschweren Schäden zu schützen.

Wasser – das kann nicht oft genug betont werden – ist als Grundbedingung für die Entwicklung allen Lebens und des Überlebens auf unserem Planeten notwendig.

Es war die Grünbeck Wasseraufbereitung, die diese Tatsache nicht nur seit mehr als 40 Jahren erkannt hat, sondern es sich zur Aufgabe stellte, auf dem Gebiet der Wasseraufbereitung intensiv zu forschen und zu arbeiten.

In einem breitgefächerten Leistungsangebot sind Komplettlösungen für eine Reihe von Aufbereitungsprozessen zusammengefaßt.

»Der Sektor Trink- und Brauchwasser, das Kesselspeisewasser, Industrieabwässer und jene aus den Kommunen, ferner eine Reihe von Sonderanwendungen für fast alle Branchen und Bereiche, die Wasser von besonderer Qualität benötigen, gehören dazu.«

Auf diesem Gebiet hat die Grünbeck Wasseraufbereitung eine ständig systematische Entwicklungsarbeit geleistet und ein ebenso umfassendes Know how auf allen Anwendungsgebieten erreicht.

Im breitgefächterten Lieferprogramm sind für alle Fälle entsprechende Geräte vorhanden. Genaue Analysen und – falls notwendig – auch Versuche im Labormaßstab oder Pilotenarbeit an Versuchsanlagen sind machbar und werden laufend durchgeführt. Die Beratung der Kunden und ein umfassender Service nach der Installation einer jeden Anlage sind Selbstverständlichkeit.

Die Entsalzung der Oberflächen-, Quellen und Grundwasser, die alle gelöste Salze enthalten, die bei den verschiedenen Einsatzbereichen Störungen und Ausfälle hervorrufen können, geschieht nach dem Ionenaustausch-Verfahren. Danach kann das voll entsalzene Wasser beispielsweise auch zum Ansetzen von galvanischen Bädern, als Füllwasser für große Batterie-Aggregate, zur Rückverdünnung von Fruchtsaftkonzentraten in der Getränkeindustrie, für die Parfüm- und Kosmetikindustrie, zur Herstellung von Halbleiterplatinen und medizinischen Geräten, sowie für die Farbindustrie verwandt werden.

Dafür hat die Grünbeck Wasseraufbereitung eine Gegenstrom Schwebebett-Entsalzungsanlage für die Erzeugung von 500 Kubikmetern entsalzenen Reinwassers mit einem Vorratsbehälter von 100 Kubikmetern Fassungsvermögen entwickelt.

Bei dieser Anlage ist die Regenerationsdauer erheblich kürzer und der Aufwand an Regeneriermitteln um 50 Prozent geringer als bei dem herkömmlichen Gleichstromverfahren. Entsprechend geringer ist einmal der Eigenwasserbedarf und zum anderen, das entstehende Abwasser, das vor der Ableitung in die Kanalisation neutralisiert werden muß.

Ob GENO Feinfilter, Wasserfilter, Rückspülfilter, der Ionenselektor GENO-max, der GENO-Ultraschallreiniger von Rohrbündelwärmeaustauschern, der Dosiercomputer EXADOS, die Enthärtungsanlage WINNI-mat VFB, der GENO-Systemtrenner und viele andere Erzeugnisse mehr, sind immer neue Möglichkeiten, das Wasser so zu bekommen, wie es benötigt wird und die Wasseranlagen größtmöglich zu schonen.

Über einige der Erzeugnisse sei im Folgenden in jeweils kurzen Übersichten ein erster Überblick geboten:

Genodos – Dosierpumpen
Ein neues Pumpenprinzip

Hoher Entwicklungsaufwand war notwendig, um das neue Dosierpumpen-Programm – Genodos-Pumpe – zur Marktreife zu führen.

Bei diesem Dosierpumpen-System handelt es sich um die erste auch gegen Druck selbstansaugende und selbstentlüftende Membrandosierpumpe, welche speziell auch für »ausgasende Medien« (z.B. Clorbleichlauge oder Salzsäure) eingesetzt wird.

Die pantentierte Dosierpumpen-Generation »Genodos« ist für maximale Fördermengen von 0,9 l/h bis 9 l/h einsetzbar.

Auch verschiedene Elektronik-Bausteine mit unterschiedlichem Steuerungs- und Service-Komfort sind in 4 Pumpentypen im System kombinierbar.

Die Montage der Genodos-Pumpe kann über eine integrierte und verschiebbare Befestigungskonsole an der

Wand, auf dem Boden, oder direkt auf dem Dosierbehälter erfolgen. Auch eine Montage mittels Rohrschelle direkt an einem Wasserzähler oder an der Rohrleitung ist möglich. Die Genodos-Pumpe ist für alle wichtigen Handhabungs- und Montageschritte von der Vorderseite zugänglich, was ihre Service-Freundlichkeit beträchtlich erhöht. Durch die einfache Modulbauweise sind spezifische Kundenwünsche möglich, so kann z. B. der reine Dosierpumpen-Antrieb mit Pumpenkopf in beliebige Gehäuse eingebaut werden, wobei die Ansteuerung der Dosierpumpe durch kundeneigene Steuerungen erfolgen kann.

Zur Abrundung der Dosieranleitung nach unten wurde die »Genodos-Hohlkolbenpumpe« für Dosiermengen bis max. 0,15 l/h entwickelt.

Mit der »Genodos-Pumpe« wurde eine neue »Dosier-Pumpen-Generation« geschaffen, die höchsten technischen Komfort sowie einfache Bedienung bietet.

Neues Regenerationsverfahren zur umweltfreundlichen Wasserenthärtung und Entsalzung

Der Firma Grünbeck Wasseraufbereitung GmbH aus Höchstädt/Donau wurde das Patent für ein Verfahren zur Wasseraufbereitung erteilt, das als eine weltweit revolutionierende Neuerung gegenüber bisher verwendeten Verfahrenstechniken bezeichnet werden kann.

Es handelt sich um ein Verfahren des Ionenaustausches, das sowohl zur Wasserenthärtung als auch zur Entsalzung eingesetzt werden kann und ohne jeglichen Einsatz von Chemikalien einen optimierten Erfolg erbringt.

Das Verfahren macht eine dezentrale Enthärtung/Entsalzung direkt an technischen Geräten wie z. B. Dampfkesseln, Klimaanlagen, Spülmaschinen, Waschmaschinen oder Kaffeeautomaten möglich.

Mit diesem neuen Verfahren kann die Firma als erste den Wünschen des Umweltbundesamtes nach einem Umwelt und Gesundheit entlastenden Verfahren zur Wasserenthärtung uneingeschränkt Rechnung tragen.

Die Entwicklung dieses Verfahrens hat fast 3 Jahre gedauert und über 2 Millionen DM gekostet. Die Umsetzung bis zur Marktreife sowohl auf dem europäischen als auch für den Weltmarkt wird in ca. 1 bis 2 Jahren erreicht sein.

Mit diesem neuen Regenerationsverfahren ist der entscheidende Schritt zu einer Technologie gelungen, die zur Reduzierung von Tausenden Tonnen an Chemikalieneinsatz in der Wasseraufbereitung beitragen wird.

Ultraschall – Neues Verfahren
zur Rohr- und Behälterreinigung ohne Chemie

Nach dem bisherigen Stand der Technik besteht für verkrustete Rohrleitungen nur die Reinigungsmöglichkeit mit geeigneten Chemikalien bzw. einer Druckspülung mit einem pulsierenden Luft/Wasser-Gemisch. Die Entsorgung des Abwassers ist problematisch und teuer.

Die Firma Grünbeck hat es sich zur Aufgabe gestellt, ein umweltfreundliches Verfahren zu entwickeln, welches mittels hochfrequentierter Ultraschallschwingungen Kalkverkrustungen aus Rohrleitungssystemen, Maschinen und Aggregaten entfernt. Dabei werden die von einem Generator erzeugten hochfrequentierten Schwingungen mit Hilfe eines geeignet angeordneten Paares piezoelektrischer Keramikscheiben in mechanische Schwingungen umgewandelt.

Die dabei abgegebene Energie kam zur Reinigung von verkrusteten Rohrleitungssystemen, Behältern, Wärmetauschern und Kühlregistern eingesetzt werden.

Die positiven Versuchsergebnisse bei einigen der genannten Anwendungen bestätigen die Erwartung, in naher Zukunft ein Gerät an den Markt bringen zu können, das hartnäckige Verkrustungen sowie festhaftende Korrosionsprodukte ohne den Einsatz von Chemikalien beseitigen kann.

»GENO-Mini-Rohrtrenner«
die »Zuverlässigen unter den Kleinen«

Die DIN 1988 sieht in Teil 4 »Schutz des Trinkwassers, Erhaltung der Trinkwassergüte« die Notwendigkeit der Einzel- und Sammelsicherung für das öffentliche Trinkwassersystem gegen Eindringen von Schadstoffen vor.
Zur Sammelsicherung, d. h. zur Absicherung mehrerer Gefahrenquellen zugleich, hat die Firma Grünbeck bereits seit vielen Jahren eine gut funktionierende und zuverlässige »Rohrtrenner«-Serie ½" bis DN 100 für die Einbauarten 1–3.
Zur Einzelabsicherung, direkt vor trinkwassergefährdenden Einrichtungen, und zur Etagenabsicherung bietet die Firma ab sofort mit dem GENO-Mini-Rohrtrenner eine ebenso praktische wie preisgünstige Lösung an.
Der Geno-Mini-Rohrtrenner wird als Typ RTA für die Einbauart 1 und als Typ RTB für die Einbauarten 2 und 3 jeweils in den Größen R ½" und R ¾" geliefert. Die Geno-Mini RT sind DVGM-geprüft und zugelassen.
Der Typ RTA (für leichtere Gefahrenklassen) ist ständig in Durchflußstellung und trennt lediglich dann, wenn versorgungsseitig der Druck unter den eingestellten Ansprechdruck abfällt.
Der Typ RTB für höhere Gefahrenklassen ist dagegen ständig in Trennstellung und öffnet nur für die Zeit der Wasserentnahme, um danach sofort wieder in Trennstellung zu gehen.
Die max. Absicherung beider Geno-Mini-Rohrtrenner ist 5 m/Wassersäule.
Sie sind für einen max. Betriebsdruck von 10 bar und Betriebstemperaturen bis 50° ausgelegt.
Das breite Anwendungsfeld dieser ergänzenden Serie

umfaßt z. B. Desinfektionsanlagen, chemische Reinigungen, Heizungsanschlüsse mit Inhibitoren, gewerbliche Geschirrspüler, Laboratorien, Zahnarztstühle und vieles mehr.

Chlorominator (R) – Die Neuheit zur Wasseraufbereitung für Schwimmbäder

In vielen öffentlichen Schwimmbädern entspricht die Badewasseraufbereitung und die Beckenhydraulik nicht den geltenden Vorschriften.

Dies trifft vor allen Dingen bei Bädern der »fünfziger, sechziger und teilweise der siebziger Jahre« zu.

Ungenügende Wasseraufbereitung im Schwimmbad führt zum Einsatz erhöhter Clormengen zur Desinfektion. Dies bedingt einen ständig steigenden Gehalt an gebundenem Clor (Chloramine), das Auslöser für Reiz- und Geruchsbelästigungen ist.

Abhilfe kann hier der Chlorominator schaffen, für dessen Erfindung der Hersteller den *Umweltpreis 88* der dänischen Regierung erhalten hat. Ca. 15 % des Umwälzwassers (Filterablaufwasser) werden mittels eingebauter Pumpen durch die Bestrahlungskammern des »Chlorominators« geleitet und anschließenden die Reinwasserleitung zurückgeführt. Langjährige Versuchsreihen haben zu dem Ergebnis geführt, daß eine Verstärkung der Reaktionswirkung des Chlors durch zusätzlichen Energieeintrag in Form von Bestrahlung mit kurzwelligem Licht zu erzielen ist. Diese Erkenntnisse sind im Chlorominator technisch umgesetzt.

Durch diese foto-chemische Prozesse wird ein erheblicher Abbau von Belastungsstoffen im Schwimmbadwasser und damit eine Verminderung des Hallenbadgeruches und der Augenreizung erreicht.

Zusätzliche Vorteile bringt der Chlorominator durch die Einsparung von nicht unwesentlichen Mengen an Frischwasser.

Der Chlorominator besticht durch seine einfache Installationsmöglichkeit und kann problemlos bei bestehenden Aufbereitungsanlagen nachgerüstet werden. Seine Modulbauweise erlaubt die Anpassung an alle Beckengrößen.

Vier Jahre später

Rückblick und Ausblick

Nach seinem Ausscheiden aus dem Deutschen Bundestag im Herbst 1994 hat Josef Grünbeck im GENO-SPIEGEL, der Hauszeitung seines Unternehmens, in einem Brief an alle Mitarbeiter der Firma zum Ausdruck gebracht, daß er den Wandel der letzten drei Jahre in der Firma mit besonderer Intensität erlebt habe. In einem Rückblick nannte er die errungenen Erfolge und die Steigerung des Jahresumsatzes und verhieß seinen Mitarbeitern, daß das Jahr 1995 ein entscheidendes Jahr für das Unternehmen werden würde.

Dies nicht nur hinsichtlich der Möglichkeiten, die sich dem Unternehmen im Inland böten, sondern vor allem aufgrund der Tatsache, daß Europa mehr und mehr zusammenwachse und daß damit auch der Frieden sicherer werde. Er betonte:

»Wir schießen nicht mehr aufeinander, sondern reden miteinander.«

»Die Wettbewerbsfähigkeit der europäischen Länder«, so Josef Grünbeck weiter, »wird weltweit größer. Allerdings gibt es im vereinten Europa auch soziale und wirtschaftliche Probleme, die für unsere nationale Wirtschaft eine Herausforderung bedeuten. Die Verlagerung von Investitionen in den Osten Europas wird sich fortsetzen, weil dort die Arbeitskosten ungleich geringer sind *und* die Bürokratie nicht so hohe Hürden vor ein zu erreichendes Ziel legt, wie dies bei uns im Westen der Fall ist.

Wir werden aber durch billige Zulieferanten aus Osteuropa wieder wettbewerbsfähiger. Dies wird sich auf den übrigen Weltmarkt auswirken.

Was bedeutet dies alles für unsere Firma?

Wir müssen uns ausdehnen. Nicht nur, was die Modernisierung der Produktpalette betrifft, sondern auch was

das Vertriebsnetz in Europa angeht. *Hier* müssen wir neue Wege gehen. Damit haben wir, wie Sie alle wissen, bereits begonnen:
So mit der Grünbeck-Prozesstechnik GmbH (GPT) in Österreich, die uns den Markt nach Osteuropa öffnet.
Die Firma Lubbers und Grünbeck-Prozesstechnik GmbH vertritt uns in Belgien, Luxemburg und Holland.
In Polen werden wir über die GPT Wien eine eigene Firma installieren. Die vorbereitenden Arbeiten sind abgeschlossen. In anderen Ländern verhandeln wir mit potenten Firmen.
In den vergangenen Jahren wurde vor allem der Außendienst innerhalb der Bundesrepublik einschließlich der neuen Bundesländer ausgebaut. Die neuen Verkaufsbüros in Köln und Essen funktionieren. In der Verbesserung unserer Außendienststrukturen schaffen wir eine entscheidende Voraussetzung für eine Umsatzsteigerung.
Nach Übernahme der Firma AQUA SYSTEMS in Dänemark sehen wir auch dort eine große Chance, die UV-Entkeimung durchzusetzen. Darüber hinaus sind auch bei der Firma OKKAIDO – die den Vertrieb des TOMESA-Systems übernommen hat, entscheidende Weichen gestellt worden. Dies insbesondere zur Unterstützung der Krankenkassen für den weiteren Ausbau des TOMESA-Systems.
Auf allen diesen Gebieten und in allen damit zusammenhängenden Fragen sind wir *auch* finanziell, potentiell, personell und technisch in einer Weise gefordert, wie es in der Firmengeschichte in diesem Ausmaß noch nie vorher der Fall gewesen ist.
Wie dem auch sei: In den Herausforderungen sehe ich zugleich auch unsere großen Chancen. Und diese Chancen müssen wir nützen.
Die gesamte Belegschaft sollte mehr Sorgfalt im Umgang mit der Technologie üben und Reibungsverluste vermeiden helfen, welche die Ertragslage verschlechtern. Jeder von Ihnen sollte sich für zuständig und verantwortlich

erklären und mit seinen Kollegen zielstrebig und tolerant umgehen. Gegenseitige Schuldzuweisungen helfen nicht weiter. Entscheidend ist, unsere Sache voranzubringen!
Daß die Zahl der Verbesserungsvorschläge rückläufig ist, kann kein Argument dafür sein, daß bei uns alles bestens läuft. Es gibt *nichts* auf der Welt, das man nicht verbessern könnte! Denken Sie alle darüber nach, *was* in Ihrem Bereich besser gemacht werden kann.«
(Siehe dazu Anlage: Reibungsverluste abbauen – Kundenvertrauen aufbauen.)
Der Weg auf die magische Umsatzzahl von 100 Millionen im Jahre 1995 wurde angegangen. Dazu hat der Vertriebs-Geschäftsführer Wolfram Schwenzel zu Ende des Jahres 1994 folgendes chinesisches Motto gesetzt:
»Wer, wenn nicht wir!
Wo, wenn nicht hier!
Wann, wenn nicht jetzt?«
Wolfram Schwenzel war es auch, der am 22. 12.1994 in einer Rückschau auf das Jahr 1994 feststellte, daß sich das Unternehmen im freien Wettbewerb behauptet habe. Dieser Erfolg beruhe auf der partnerschaftlichen Zusammenarbeit aller.
Er erwähnte auch die konsequente Umsetzung der ISO 9001, die allen bewußt gemacht habe, daß der Arbeitsstil und die Arbeitsqualität verbessert werden mußten. Es gelte also zu arbeiten, denn »man muß schon ziemlich lange mit offenem Maul herumstehen, ehe einem eine gebratene Taube hineinfliegt.«
(Bei der Bezeichnung DIN EN ISO 9001 handelt es sich um eine Urkunde der TÜV-Zertifizierungsgemeinschaft e. V., in der bescheinigt wird, daß das Unternehmen Grünbeck Wasseraufbereitung GmbH Höchstädt an der Donau für den gesamten Geltungsbereich Entwicklung, Herstellung und Vertrieb von Geräten und Anlagen zur Behandlung von Trink- und Brauchwasser, Schwimmbadtechnik und Abwasserbehandlung, ein Qualitätsmanagement eingeführt hat und anwendet, welches die Forderungen ISO

9001 erfüllte. Mit einem vom TÜV CERT-Verband-Zertifikat vom 27. 2.1995 wurde dies bestätigt.)

Die Verkaufsorganisation, die aus 30 Verkaufsbüros bestand, mußte 1994 in acht Regionen neu besetzt werden, dennoch nahmen die verkauften Stückzahlen zu. Während im Jahre 1994 das Unternehmen bis zum 30. 11. 37386 Aufträge abgewickelt hatte, waren es im gleichen Zeitraum des Jahres 1994 bereits 40000 Stück. Dies bedeutete, daß in der Woche 834 Aufträge erledigt worden waren, am Tage also 167!

Die Umsatzzuwächse betrugen bei der Serie 4,4 Prozent. Bei den Projekten 0,6 Prozent und im TOMESA-Anlagenverkauf 24,27 Prozent.

Das Jahr 1995 wurde zum Schlüsseljahr erklärt und die ISH in Frankfurt zum Höhepunkt, auf dem Weichen gestellt werden mußten, um das Unternehmensziel, 100 Millionen DM Umsatz, zu schaffen und sportlich elegant zu überspringen.

Mit dem Ausscheiden von Josef Grünbeck im Herbst 1994 aus dem Deutschen Bundestag waren nach der Überzeugung der gesamten Belegschaft die Chancen, das angepeilte Unternehmensziel, die 100-Millionen-Grenze des Umsatzes zu erreichen, schon praktisch gesichert.

Daß dies nicht ohne die Bezwingungen der technischen, ökonomischen und ökologischen Herausforderungen geht, steht fest. Sie durften nicht ignoriert, sondern mußten angepackt und überwunden werden.

Daß dazu der Mut der kreativen innovativen Lösungen gehört, ist erkannt worden. Dieser Forderung hat sich das Unternehmen gestellt und ist mit dem Kauf des Technologieunternehmens Aqua System in Dänemark auch auf dem Gebiete der UV-Technik auf dem besten Wege, zum Marktführer zu werden.

Die Firma Aqua Systems ist Spezialistin für UV-Entkeimungsanlagen von kleinstem Maßstab für die Keimfreimachung der Wässer im Haushalt, bis hin zu großen industriellen Entkeimungsanlagen für die Nahrungsmittel-,

Getränke- und Luftreinerhaltungs-Industrie. Darüber hinaus hat sie das beste technische Know-how zum Einsatz von UV-Entkeimungsanlagen im Abwasser.

Die Grünbeck-Wasseraufbereitung will dabei weiterhin wichtige ökologische Fortschritte in der Reduzierung von Chlor machen. Die Bundesregierung hat ein entsprechendes Forschungsvorhaben dazu abgeschlossen, nach welchem nunmehr das Chlor sowohl in der Fabrikation, als auch in der Anwendung reduziert werden muß, damit die Kohlenwasserstoffe insgesamt zurückgedrängt werden. Dazu erklärte Josef Grünbeck in einem Statement vom 26.10.1994:

»Wir sind uns darüber im klaren, daß dies ein wesentlicher Schritt in der umweltverträglichen Technologie bedeutet. Wir werden uns nicht nur in der Bundesrepublik, sondern in Europa *und* darüber hinaus ausdehnen und überall dort das Chlorvorkommen reduzieren, oder durch andere unschädliche Methoden ersetzen, wo dies durch die UV-Entkeimung geschehen kann.

Mit der Firma Aqua Systems haben wir einen technologisch höchstleistungsfähigen Partner in unserer Unternehmensgruppe hinzugewonnen. Dies ist ein großer Schritt nach vorn in unserem Bemühen, wirkliche Umweltverbesserungen durchzusetzen.«

Die geplanten BMFT-Forschungsvorhaben zur Entwicklung einer kontinuierlichen Legionellen-Meßtechnik gehört ebenfalls dazu. Hinzu kommt noch Mitwirkung einiger Firmenmitarbeiter in den DVGW-Gremien. Dort sind sie aktiv dabei, wenn neue technische Regeln und Normen erarbeitet werden und können in diesem Verband die Einführung neuer Hochfrequenztechnologieverfahren für die Wasseraufbereitung an vorderster Stelle miterleben und gestalten.

Mitarbeiterstimmen zum Chef und zur Firma

»Josef Grünbeck ist ein Mensch, der auch Außenseitern eine Chance gibt.« Frau Johanna Öxler, geborene Rosenwirth, kann dies aus eigenem Erleben sagen, denn sie hat diese Erfahrung persönlich machen können.
Im September 1978 trat Frl. Rosenwirth ihre kaufmännische Lehre in der Firma Grünbeck an und ging durch eine zweijährige strenge Schulung. Als sich schließlich herumsprach, daß die Sekretärin von Herrn Grünbeck, Frau Sylvia Kosch, aus persönlichen Gründen bald die Firma verlassen werde, war das Rätselraten nach einer Nachfolgerin groß.
Dieses Rätselspiel wurde beendet, als im Dezember 1980 Fräulein Rosenwirth zu einem Gespräch mit Herrn Grünbeck gebeten wurde. Ihre Eindrücke darüber faßte sie in folgenden Worten zusammen:
»Dieses Gespräch bleibt mir bis heute unvergessen. Ich erhielt von Herrn Grünbeck das Angebot, Nachfolgerin von Frau Kosch zu werden.
Für mich war dies eine totale Überraschung, denn zum einen war ich gerade erst siebzehn, und zum anderen hatte ich meine Lehre noch nicht abgeschlossen, wobei noch hinzukam, daß ich nur den qualifizierten Hauptschulabschluß hatte.
Nach einigen Tagen Bedenkzeit, in denen zu Beginn ein klares ›Nein!‹ stand, das sich schließlich zum etwas gewagten ›Ja!‹ änderte, gab ich meine Zusage. Die folgenden Wochen wurden für mich schwer, denn völlig Neues kam in dieser Position auf mich zu. Dennoch hatte ich bis auf sehr wenige Ausnahmen immer das sichere Gefühl, daß der Chef, Herr Josef Grünbeck, hinter mir steht. Ohne dieses mir entgegengebrachte Vertrauen – für das ich heute noch sehr dankbar bin – wäre mit Sicherheit keine langjährige Zusammenarbeit möglich gewesen. Diese fast zehnjährige Tätigkeit als Sekretärin des Chefs war von vielen Eindrücken geprägt, wobei die positiven eindeutig überwogen.«

Nach dreijähriger Tätigkeit im Betrieb Grünbeck eröffnete sich auch für Dr. H. Büchler ein neues Tätigkeitsfeld, als Josef Grünbeck ihm die zum 1. 1.1995 neugeschaffene Vertretung in Portugal anvertraute. Dazu Dr. Büchler: »Für mich eröffnete sich ein neues Gestaltungsfeld. Der Markt auf der iberischen Halbinsel erwartet von mir und meinen neuen Kollegen in der ALVATC Lda. eine große Leistungsbereitschaft, viel Einsatz und einen stetigen Optimismus.

Mit unseren Grünbeck-Produkten und dem Grünbeck Know-how im Rücken, haben wir eine faire Chance, uns langsam aber kontinuierlich unseren Platz zu erarbeiten. Dabei sind wir auf die gute Arbeit im Stammwerk angewiesen. Wir vertrauen darauf, daß sie sie leisten werden.

Allgemein hat eine Phase der Konsolidierung begonnen. Die Bereinigung unserer breiten Produktpalette ermöglicht die Konzentration auf das Wesentliche. Unsere Präsenz auf dem Markt wird mit fachlicher Kompetenz weiter ausgebaut. Die Straffung unserer internen Abläufe schafft Spielraum für eine flexible Preispolitik und gestattet auch kürzere Durchlaufzeiten für einige Aufträge.

Bei dieser Fülle sind wir alle mit unserer vollen Leistung gefordert. Mitdenken und Mitgestalten eines jeden von uns sind notwendig, um die Organisation noch effizienter zu gestalten.

Unsere stete Bereitschaft zum Lernen ist dabei ebenso gefragt, wie die klare Einsicht, daß *jeder* von uns nur dann mehr verdienen kann, wenn das Unternehmen als Ganzes mehr erwirtschaftet. Daran aber sollten wir alle gemeinsam arbeiten und uns eine ertragreiche Zukunft mit kontinuierlichem Wachstum auf einem soliden Fundament zu sichern.

Nur die Tüchtigsten werden in diesem offenen gesamtdeutschen Markt überleben. *Wir Grünbecker werden dabei sein!*«

Die Aufschlüsselung der Zahl der Beschäftigten zum Jahresende 1994 zeigte an, daß diese von 425 Mitarbeitern im Jahre 1993 auf 432 im Jahre 1994 angestiegen war. Dabei handelte es sich ausschließlich um Mitarbeiter im Werk Grünbeck Wasseraufbereitung.

Das Jahr 1993, das mit einem Auftragsvolumen von 80,800 Millionen abgeschlossen hatte, erbrachte im Jahre 1994 83 Millionen. Es war bei nur gering gesteigerter Mitarbeiterzahl mehr Arbeit geleistet worden.

Daß Umsatz allein aber nicht alles ist (selbst wenn ohne Umsatz alles nichts ist), zeigten die Umstände der Verkaufserlöse in dem schwierigen wirtschaftlichen Umfeld des Jahres 1994, unter welchen Bedingungen die Umsatzsteigerung durchaus respektabel ist.

Die Aktivitäten des Unternehmens haben sich sowohl im In- als auch im Ausland bemerkenswert gesteigert. Auch wenn das Auslandsgeschäft einen achtprozentigen Anteil am Gesamtumsatz aufwies, war dies bereits eine Steigerung, die die Grundlage zu einem raschen Weiterausbau bildete.

Das Wiener Tochterunternehmen der GPT unter der Leitung des dortigen Geschäftsführers Andreas Feix, welches das gesamte Projektgeschäft mit unserem Nachbarland abwickelt *und* für die Betreuung aller dortigen potentiellen Kunden und Märkte verantwortlich zeichnet, ist gut gelaufen.

Von Bulgarien über Ungarn und Polen bis hin zu den Baltischen Republiken zeichnen sich unter diesen neuen Ausblicken hochinteressante Märkte ab.

Die Weltbank und die Europäische Investitionsbank finanzieren nunmehr Infrastrukturprojekte, zu denen vor allem die Wiederherstellung der Kraftwerke auf thermischer Basis und selbstverständlich – die gesamte Wasserversorgung- und Abwasserreinigungsanlagen gehören.

Die Grünbeck Wasseraufbereitung konnte sich noch im Jahre 1994 zwei solcher von der Weltbank finanzierte Projekte sichern und damit einen wesentlichen Schritt in eine neue, bis jetzt noch nicht vertraute Dimension legen, als da sind: größere, von internationalen Banken finanzierte Projekte im Ausland zu realisieren.

Darüber hinaus war auch die erste Vertretung in Österreich, die Firma Hans Pechno GmbH, mit einem guter Verkaufsjahr am Erfolg beteiligt.

Das erste Jahr der Grünbeck-Vertretungen in den Benelux-Ländern, die von Holland aus durch die Vertretungsfirma Hans Lubbers mit seinen Söhnen betrieben wird, konnte trotz stärksten Wettbewerbsdruck beachtliche erste Leistungen aufweisen. Sie brachte zwar technisch schwieriger zu realisierende Projekte ins Haus, machte aber *gerade damit* den Namen Grünbeck in weiteren europäischen Regionen bekannt.

Von der Übernahme der Firma Aqua System in Dänemark wurde bereits berichtet. Hier noch die Ergänzung, daß die Übernahme durch gravierende Liquiditätsschwierigkeiten dort notwendig geworden war, nachdem die Annahme eines Riesenauftrages Aqua System an den Rand ihrer Existenzfähigkeit gebracht hatte. Ein neuer Aufsichtsrat und eine neue Geschäftsführung haben dort seine Arbeit aufgenommen.

Über mögliche Vertretungen im ostasiatischen Raum wurden bereits viele Gespräche geführt. Aber auch mit den bislang noch nicht einbezogenen europäischen Ländern war dies der Fall.

Daß die technische Weiterentwicklung – wie an einigen hervorstechenden Beispielen bereits berichtet – zum Standard des Unternehmens gehört und sich Grünbeck Wasseraufbereitung in einem technischen Wandel befindet, ist ebenfalls aus den dargebotenen Details erkennbar geworden. Daß sie die Nase in allen Bereichen der Wasseraufbereitung vorn hat, wurde durch einige sensationelle Objekte bestätigt. Hier drei wesentliche Ereignisse des Jahres 1994.

Erstens: der GENO-max, der seine Marktreife erreichte. Hinzu kommt die erste membran-technische Anlage zur Wasseraufbereitung im Haushalt, die zu einem äußerst attraktiven Preis angeboten werden konnte und einen entscheidend wichtigen Beitrag zur Gesunderhaltung der Familien leistet.

Hinzu kam die erstmalige Auslieferung einer Anlage zur Reinstwasserherstellung in der Mikroindustrie, die inzwischen erfolgreich in Betrieb gegangen ist.

Letztere gewinnt für Grünbeck eine besondere Bedeutung, weil das Unternehmen damit zu jenen Firmen aufgeschlossen hat, die behaupten dürfen, daß sie Wasser in reinster Form und allerhöchster Qualität aufbereiten können.

Viele kleinere und größere technische Errungenschaften kamen hinzu. Sie zeigen den Einsatz aller Kräfte mit ihren konstruktiven Beiträgen auf.

Daß neben der Fertigung auch der für die Produktion eingesetzte Dienstleistungsbetrieb einen weiteren Sprung nach vorn machte, geschah mit Hilfe der EDV. Der Informationsaustausch in der Firma gestaltete sich in den Jahren sehr mühsam. Eine MDT-Anlage wurde durch einen Zentralrechner ersetzt. Da Zentralrechner mit Abfrageterminals und Einsatz von Schreibmaschinen nicht mehr zeitgerecht waren, wurde der gesamte EDV-Bereich umgestellt.

Ein neuer leistungsfähiger Zentralrechner und die Ausrüstung von 110 Arbeitsplätzen mit PC, die jeweils an den Zentralrechner angeschlossen und im ganzen Unternehmen vernetzt sind, haben beinahe über Nacht das neue Kommunikationszeitalter auf allen Plätzen eingeleitet.

Viele Einzelprogramme wurden in kurzer Zeit entwickelt. Es fehlt noch einiges, doch dafür liegt ein Rahmenkonzept vor. Die wesentlichen Hardware-Investitionen sind bereits getätigt, und Herr Tischendorf und sein EDV-Team haben im laufenden Jahr 1995 bereits bewundernswerte Arbeit geleistet. Die durch ihn hergestellte Software erforderte Kosten, die bei nur einem Fünftel, gemessen an den herkömmlichen Marktpreisen, liegen.

Daß die Firma im laufenden Jahr 1995 bereits den enormen Nutzen verspürt hat und sich diese Entwicklung fortsetzen wird, ist für alle erweislich klar.

Als Dr. H. Bücher, der drei Jahre zuvor als Technischer Leiter in die Firma eingetreten war, seinen Bericht zur

Lage abgegeben hatte, schloß er zum Schluß seiner Dankesrede, die allen Mitarbeitern galt, auch den Firmenchef ein:

»Mein Dank gilt vor allem Herrn Grünbeck, der die Rahmenbedingungen so geschaffen hat, daß wir die finanziellen und personellen Möglichkeiten hatten, um technische und organisatorische Neuerungen einzuführen und durchzuziehen. Seine Begeisterungsfähigkeit für neue Ideen, für neue Marktmöglichkeiten ist gewaltig. In Anbetracht der großen Erfahrungen, die Herr Grünbeck hat, ist auch sein Mut, immer wieder Neues zu beginnen und der Firma stets aufs neue weitere Erfolgsmöglichkeiten zu schaffen, bewundernswert. Ich danke ihm für die uns allen hier gebotenen Möglichkeiten ganz herzlich und bin überzeugt, daß er Ihnen allen, wenn Sie die richtigen Ideen bei ihm vorbringen, auch in Zukunft weiterhin diese großen Chancen und Möglichkeiten einräumen wird.«

Geschäftsführer Walter Ernst

Herr Walter Ernst trat am 1. Oktober 1984 als Geschäftsführer in die Firma Grünbeck Wasseraufbereitung ein. In sechs Jahren erfolgreicher Tätigkeit erwies er sich als kompetenter Sachwalter und geschäftsführender Gesellschafter und trug in dieser Eigenschaft die Gesamtverantwortung für die dynamische Weiterentwicklung der Firma.

In der Zeit seiner Tätigkeit wurde der Umsatz verdoppelt und eine Vielzahl neuer Technologien auf dem Markt eingeführt.

Seine besonderen Arbeitsschwerpunkte waren: die von dem Firmeninhaber geschaffene »soziale Partnerschaft«, die durch seinen Einsatz zum Mitarbeiter-Beteiligungsmodell weiterentwickelt wurde. Dabei hatte er die steuerrechtlichen *und* die gesellschaftlichen Fragen in den diversen Verträgen ausformuliert und an deren Umsetzung maßgeblichen Anteil.

Ferner hatte er allein, oder gemeinsam mit einer der Hauptabteilungen des Hauses, sowohl die Abwicklung aller Patent- und Warenzeichenfragen, als auch die Entwicklung und Weiterentwicklung von Seriengeräten, Anlagen und Verfahrenstechniken geführt.

Als die Position des technischen Leiters über den Zeitraum von annähernd zwei Jahren vakant blieb, gelang ihm die Koordination der technischen Abteilungen. Darüber hinaus war er den zuständigen Abteilungsleitern eine unersetzliche Hilfe.

Geben wir Josef Grünbeck zu anderen Aspekten und Teilbereichen das Wort, die Herr Ernst organisierte. »Mit der betriebseigenen EDV-Anlagen-Abteilung und einem externen Programmierbüro traf er die Entscheidungen für eine völlig neue Weichenstellung und baute ein zentrales EDV-System mit auf. Dazu gehörte auch die Einführung von CAD-Systemen in den Bereichen Elektroplanung, Projektkonstruktion und Serienentwicklung, sowie die Vernetzung der Kommunikationssysteme mit der EDV.«

Daß er in allen Personalfragen die richtige Auswahl und Einstellung von Führungskräften – nach Rücksprache mit Josef Grünbeck – traf, zeigte seine Menschenkenntnis und sein besonderes Einfühlungsvermögen.

Mit dem Betriebsrat ebenso wie mit der gesamten Belegschaft *und* den Gesellschaftern hat er dank seines ausgleichenden Wesens *und* durch konsequente Handlungsweisen Hochachtung und Respekt gewonnen.

Der Außendienst wurde während der Zeit von Hern Ernst im Betrieb ausgebaut und bereinigt, dies war oftmals mit schwierigen Verhandlungen verbunden, die er stets erfolgreich zum Abschluß bringen konnte.

Zwischen dem Hause Grünbeck und den Verwaltungsorganen der Wirtschaft, der Industrie- und Handelskammer und der Handwerkskammer schuf er ein gutes Klima vertrauensvoller Zusammenarbeit. Daß er darüber hinaus immer wieder als Organisator und Koordinator von Veranstaltungen auftrat, die zu besseren Kontakten zu Verbänden, Parteien, Gewerkschaften und Kirchen führten, zeichnet ihn auch in bezug auf die positiven Wirkungen seiner Arbeit auf das gesellschaftliche Umfeld aus. Dies bis in den betrieblichen Alltag hinein.

Während seiner Zugehörigkeit zur Firma wurden von ihm Neubaumaßnahmen mit einem Volumen von insgesamt 5 Millionen DM vorbereitet und begonnen. Dazu hatte er alle Gespräche mit dem Firmenchef und den zuständigen Hauptabteilungsleitern geführt und bearbeitete darüber hinaus federführend alle Investitionsanträge und die Abwicklungen im Bereich der internen und externen Forschungen.

Dabei verhandelte er mit der Arbeitsgemeinschaft industrieller Forschungseinrichtungen (AIF) und den einschlägigen Institutionen der Bundesregierung und der Bayerischen Staatsregierung erfolgreich.

Geben wir an dieser Stellte Josef Grünbeck zu weiteren Aufgaben seines Geschäftsführers das Wort:

»Parallel zu den genannten Funktionen innerhalb der Grünbeck Wasseraufbereitung hat Herr Ernst auch die Geschäftsführer der GWT – Gesellschaft für Wasser und Verfahrenstechnik-mbH – in Höchstädt inne. Diese diente anfänglich zur Erlangung von Forschungsmitteln und später zur Nutzung neuer Vertriebsschienen. Zugleich war er Geschäftsführer der SBM Stahl- und Behälterbau GmbH Motzenhofen mit ca. 30 Mitarbeitern; deren Sanierung ist durch ihn weitgehend abgeschlossen worden.

Herr Ernst war für mich ein hervorragender Kollege und zugleich eine bei allen Führungskräften *und* allen Mitarbeitern hochgeschätzte Persönlichkeit. Ebenso genoß er bei unseren externen Vertragspartnern hohes Ansehen. Seine ruhige, ausgleichende Art, seine Sachkompetenz und sein außerordentlicher Einsatz in allen Belangen waren die Grundlage für sein erfolgreiches Wirken.

Durch meine oftmals lange Abwesenheit, die durch meine politischen Tätigkeiten und Ämter gegeben waren, war eine absolute vertrauensvolle Zusammenarbeit notwendig. *Diese* hat vom ersten bis zum letzten Tag seines

Wirkens für unsere Firma bestanden. Mit einem Satz zusammengefaßt:
Auf Walter Ernst konnte ich mich jederzeit verlassen!«

Sein Ausscheiden aus der Firma zum 31. Dezember 1990 wurde von allen Firmenangehörigen tief bedauert. Doch seine Gründe wurden akzeptiert, zumal er ja als Gesellschafter auch als Mitglied des Beirates dem Hause erhalten blieb und seine Entwicklungen begleitete.

Als Herr Walter Ernst am 1. Januar 1995 nach vier Jahren der Abwesenheit wieder in die Firma zurückkehrte, und seine alte Position einnahm, wurde dies von Führung und Belegschaft als besonderer Glücksfall bewertet. Mit dem alten Elan ging er wieder an die Arbeit und wurde zum ruhenden Pol in der Firma, in der er noch Geschäftsführer der Stahl- und Behälterbau GmbH Motzenhofen wurde und die gleiche Position auch in der GWT – Gesellschaft für Wasser- und Verfahrenstechnik in Höchstädt, der GPT – Grünbeck Prozeßtechnik GmbH in Wien, sowie Verwaltungsvorsitzender der 100prozentigen Grünbeck-Tochter Aqua System A/S in Herning, Dänemark, einnahm.

Die Öffentlichkeitsarbeit

Daß Josef Grünbeck immer bereit war, an die Öffentlichkeit zu gehen und im Diskurs mit ihr neue Fragen zu stellen und Antworten zu erheischen, ist aus einer Reihe von Veranstaltungen bekannt.

Eine, von der bislang noch nicht die Rede war, ist die Pressekonferenz, zu der Josef Grünbeck als Angehöriger der Arbeitsgemeinschaft zur Förderung der Partnerschaft in der Wirtschaft e. V. bereits zum 28. April 1988 ins Restaurant »Tulpenfeld« in Bonn einlud.

Es ging darum, das Grünbeck-Beteiligungsmodell zur Erweiterung der Beteiligung von Mitarbeitern am Produktivkapial vorzustellen. Hinzu kam das Thema der innerbetrieblichen Mitbestimmung, die ja mit dem erstgenannten untrennbar verbunden ist.

Der Bundesminister für Arbeit und Sozialordnung, Dr. Norbert Blüm, hat dazu grundsätzliche Ausführungen über die Ziele der Bundesregierung gemacht, die volle Aufmerksamkeit finden.

Josef ‹Grünbeck stellte bei dieser Gelegenheit der Presse eine Mappe zu seinen vierstufigen Beteiligungsmodell vor, in der alle Verträge enthalten waren.

Der geschäftsführende Gesellschafter, Walter Ernst, stand mit dem Personalleiter, Alfred Maneth, dem Beiratsvorsitzenden Fritz-Peter Massar, dem Wirtschaftsprüfer Johann Demharter und dem Notar Walter Singer zur Beantwortung der vielen Fragen zur Verfügung.

Es wurde eine durchschlagende Veranstaltung, die ein weiteres Presseecho hervorrief und das Grünbeck Beteiligungsmodell in aller Munde brachte.

Am Montag, dem 2. Mai 1994, besuchte der Präsident der Bundesanstalt für Arbeit, Bernhard Jagoda, die Firma Grünbeck, um sich über sie zu informieren.

Es ging dabei vor allem um die Innovationen, die im Unternehmen in den letzten Jahren gemacht wurden und die zu einer Vielzahl neuer Arbeitsplätze führten.

Darüber hinaus sollte über die Entwicklung des Grünbeck-Modells und dessen erste Bilanz gesprochen werden, um die »Soziale Partnerschaft« zu dokumentieren, die in dieser Firma Geschäftsführung und Mitarbeiterstamm eingegangen waren.

Neben Josef Grünbeck war auch der Vorsitzende des Betriebsrates Siegbert Pollithy als Miteinlader genannt worden.

Nach der Begrüßung Bernhard Jagodas im Technikum des Unternehmens Grünbeck trat der Präsident der Bundesanstalt für Arbeit ans Rednerpult. Er referierte über die Bedeutung von Innovation im allgemeinen und im Hause Grünbeck im besonderen, hob die für das Arbeitsklima eminente Bedeutung der Beteiligung aller Arbeitnehmer am Gewinn der Firma hervor und bemerkte, daß dieses System Schule machen möge.

Die Gesprächsrunde im Technikum der Firma wurde – wie nicht anders zu erwarten – von Josef Grünbeck und Bernhard Jagoda geprägt. Die Abgeordneten Hans Raidel und Georg Winter waren allerdings ebenso engagiert dabei, wie Höchstädts Bürgermeister Gerhard Kornmann. Dieser bat den Gast, sich in das Ehrenbuch der Stadt Höchstädt einzutragen.

»Ich selber«, so Bürgermeister Kornmann, »möchte die Firma « als Hoffnungsträger unserer Kommune bezeichnen.«

Josef Grünbeck und Bernhard Jagoda waren sich darin einig, daß das »zarte ›Plänzchen Wirtschaftswachstum« geplegt werden müsse, denn eines stehe fest: Wenn in Deutschland der errungene Wohlstand erhalten bleiben soll, dann reicht es *nicht* aus, im Dienstleistungsbereich etwas mehr zu tun und ein Billiglohn-Land anzustreben. Dienstleistungen seien gut, aber es müßten vor allem Werte erschaffen werden, aus denen auch die Dienstleistungen bezahlt werden konnten.

Der Wohlstand in Deutschland müsse Jahr für Jahr neu erarbeitet werden, und, so Jagoda weiter: »Mir gefällt der quirlige Unternehmer und Abgeordnete aus Höchstädt, der so viele neue gute Ideen hat.«

Der Betriebsratsvorsitzende der Firma, Siegbert Pollithy, überreichte dem scheidenden Präsidenten der Bundesanstalt für Arbeit noch einen echten Grünbeckschen Bierkrug.

Bernhard Jagoda hatte während dieses Besuchs in Höchstädt erkannt, was »Grünbeck« ausmacht:

»Ein kundenfreundliches, innovatives Unternehmen, in dem Menschen mit Dynamik und Erfolgsdenken arbeiten. Zur Sicherung ihres Unternehmens und der gemeinsamen Zukunft.«

Weitere Besuche, Treffen und Kongresse

Als mittelstandspolitischer Sprecher der FDP, der gleichzeitig als Unternehmer mit dem Medium Wasser auf das engste vertraut ist, wurde Josef Grünbeck immer wieder gebeten, zu diesem oder ähnlichen Problemen und Fragen Stellung zu nehmen.

So wurde er gebeten, den Internationalen Bäderkongreß und die damit verbundene Ausstellung INTERBAD in Stuttgart eingangs November 1988 zu eröffnen.

Als Schirmherrin war die Bundesministerin für Jugend, Familie, Frauen und Gesundheit, Frau Prof. Dr. Süssmuth, gewonnen worden.

Josef Grünbeck wies in Stuttgart auf die Bedeutung des Schwimmens als Bewegungs- und Heiltherapie hin und erklärte, daß die Wasserqualität in Schwimmbädern, im Interesse der Gesundheit der Bevölkerung, auch in Zukunft laufend verbessert werden müsse und daß **man bemüht sei**, schädigende Stoffe, so auch das Chlor, aus dem Schwimmbadwasser zu entfernen und durch andere Desinfektionsmöglichkeiten zu ersetzen.

Josef Grünbeck verstand es, seine Zuhörer mitzureißen. So konnten erneut Menschen dafür gewonnen werden, etwas zur Gesunderhaltung ihrer selbst und anderer Mitmenschen beizutragen.

Als Gastgeber einer Bonn-Besuchergruppe unter der Regie des ehemaligen Kreisgeschäftsführers der Handwerkskammer Nordschwaben, war Josef Grünbeck im Oktober dieses des genannten Jahres, für mehrere Tage deren Ansprechpartner.

Es gab Gespräche im Wirtschaftministerium und vor allem im Unweltministerium. Staatssekretär Martin Grüner vom Umweltministerium konnte sich in Fragen der Klärschlammbeseitigung und der Müllentsorgung in Nordschwaben ganz auf das kompetente Wissen von Josef Grünbeck verlassen.

Als Josef Grünbeck am Dienstag, dem 2. August 1989

als Landesvorsitzender der bayerischen FDP bei dem bayerischen Ministerpräsidenten Franz Streibl Besuch machte, der ihm zur gleichen Zeit den bayerischen Verdienstorden verlieh, wurder er vor allem als Förderer des Sports und als Unternehmer mit sozialer Verantwortung und Zukunftsperspektiven begrüßt. Streibl dazu:

»Besonders gefällt mir Ihre fortschrittliche Entwicklungsarbeit auf dem Gebiete der Umwelttechnologien. Bayern, lieber Herr Kollege Grünbeck, braucht mehr solcher Männer, die von der kommunalpolitischen Ebene als Stadtrat, Kreisrat bis hin zum Landtag und zum Bundestag tätig geworden sind, und die auch das Wissen des mittelständischen Unternehmers in Sachen Umweltschutz mitbringen.«

Als Josef Grünbeck aus Anlaß seines 65. Geburtstages seine Mannschaft um sich versammelte, wurde er von Fritz P. Massar, dem Inhaber der Koblenzer Grünbeck-Vertretung und Beiratsvorsitzenden der Grünbeck Wasseraufbereitung besonders beglückwünscht. Dabei machte Massar eine besondere Anmerkung, die hier wiedergegeben werden soll:

»Unser Jubilar ist nach wie vor ein Stachel im Fleisch der Meinungslosen und Angepaßten, der Ja-Sager und Karrieredenker. Er ist Pfeffer und Salz im täglichen Einheitsbrei der politischen Nachrichten und schont auch seine Freunde nicht, wenn es um Sachentscheidungen geht, von denen er überzeugt ist.

Er kämpft wacker, zielstrebig und unnachgiebig, und läßt sich nicht unterkriegen. Er ist es, der den Karren vorne zieht, und uns alle auffordert, kräftig von hinten zu schieben. Dabei zieht er manchmal vorne so schnell, daß uns hinten die Luft ausbleibt.

Es hat sich in den vergangenen fünf Jahren vom 60. zum 65. Geburtstag nichts geändert.

Er zieht – und wir leiden unter Atemnot!«

An diesen 65. Geburtstag seines Chefs kann sich auch Gerd Steimel noch besonders gut erinnern, der insgesamt

22 Jahre im Unternehmen gearbeitet hat und ein Ereignis an diesem Ehrentage seines Chefs als für ihn selber entscheidend erlebte.

»Es waren viele Ehrengäste anwesend. Josef Grünbeck spielte nach dem offiziellen Teil auf dem Klavier und begleitete anschließend ein selbstverfaßtes Gedicht. Als er die Bühne verließ, kam er zu mir und meiner Frau, und ich sagte zu ihm:

›Ich wußte gar nicht, daß Sie so gut Klavier spielen können!‹ Er erwiderte: ›Und jetzt spiele ich ein Lied für euch zwei!‹

Er ging ans Klavier zurück und spielte die ›Träumerei‹ von Schumann. Nie vorher und nie nachher hat jemand für mich und meine Frau ein Lied gespielt. Es war wirklich eine Träumerei, aus der man nie erwacht.«

Als wenige Tage später darauf die Werkstechniker zu einer Rücksprache im Büro des Chefs gebeten wurden, herrschte allgemeine Ratlosigkeit, weil in der Technik einiges seit Tagen nicht mehr funktionierte. Es ging dabei um eine ziemlich große Anlage, die bei einem neuen Kunden aufgestellt worden war und sich beharrlich weigerte, so zu funktionieren, wie dies von dem Kunden erwartet wurde.

Josef Grünbeck durchschnitt den »gordischen Knoten«, indem er zum Schluß der Besprechung die Weisung ausgab: ›Liefern Sie dem Kunden eine komplette neue und funktionierende Anlage.‹ So geschah es. Die Anlage wurde eingebaut; der Kunde war so zufrieden mit diesem Service, daß er die Selbstkosten sogar übernahm.«

Zwei Tage später erhielt der dafür verantwortliche Techniker Gerd Steimel einen an ihn und seine Frau gerichteten persönlichen Brief. Als Anlage desselben einen Scheck über DM 200.–. Als Verwendungszweck hatte Grünbeck geschrieben:

»Ihr Mann hat sich sehr bemüht. Bitte bereiten Sie Ihrer Familie eine kleine Freude.«

Das große Jubiläum

Wissenschaftliche Tagung und Geburtstag

Das, was im Jahre 1949 als Ein-Mann-Betrieb begann und als einer von über 100 weiteren Betrieben ähnlicher Art ins Rennen ging, zeigte sich im Jahre 1995 von einer Seite, die niemals vorher hätte erwartet werden können.
Von den 100 Klein- und Kleinstbetrieben dieser Sparte waren nach 46 Jahren noch fünf übrig geblieben, und einer der größten war die Grünbeck Wasseraufbereitung in Höchstädt.
Als der seinerzeitige Bundeswirtschaftsminister Otto Graf Lambsdorff am 16. September 1985 in Höchstädt seinem Parteikollegen gratulierte, sagte er zum Schluß:
»Die soziale Marktwirtschaft hat ohne den Mittelstand keine Chance.«
Bundeswirtschaftsminister Dr. Günter Rexrodt führte diesen Satz 10 Jahre später zu Ende, als er daran anschloß:
»Die soziale Marktwirtschaft und der innovative Mittelstand hätten ohne den Einsatz von Unternehmern vom Schlage eines Josef Grünbeck keine Chance.«
Zwischen diesen beiden Kernsätzen, im Zeitraum von 10 Jahren ausgesprochen, verlief das Leben des Jubilars Josef Grünbeck, dessen Lebensmaxime es war, daß *nur der Mensch* Mittelpunkt und Motor der Modernisierung durch Innovation sein könne.
Zum 70. Geburtstag des Firmengründers Josef Grünbeck hatte die Firma Grünbeck Wasseraufbereitung zu einer wissenschaftlichen Tagung nach Höchstädt an der Donau eingeladen. Das Thema derselben lautete: HYGIENE UND GESUNDHEITSTECHNIK.
In der Einleitung dazu heißt es:
Sehr geehrte Damen und Herren,
Josef Grünbeck, der Gründer unserer Firma, feiert am 17. September dieses Jahres seinen 70. Geburtstag.

Unsere Firma lebt seit Bestehen von ständigen kraftvollen Impulsen im Bereich der Innovation, sowohl auf technologischem als auch auf sozialem Gebiet.

Die technische Innovation hat für uns in den letzten Jahren – nicht zuletzt auch durch die Erfolge der sozialen Innovation: Mitbestimmung, Mitverantwortung, Mitbeteilung – enorm an Bedeutung gewonnen. Wir wollen deshalb dem Gründer unserer Firma ein schönes Geburtstagsgeschenk machen und haben dazu bedeutende Wissenschaftler eingeladen.

Am Samstag, den 16. 9. 95, beginnen wir um 14. 00 Uhr mit dem wissenschaftlichen Kongreß unter der Schirmherrschaft und in Anwesenheit von
BUNDESWIRTSCHAFTSMINISTER
DR. GÜNTHER REXRODT,
der die Tagung mit dem Referat eröffnen wird:
»Der Mittelstand braucht Strukturwandel durch Innovation – a. B. Josef Grünbeck«
Der Bundeswirtschaftsminister würdigt dabei den langen Weg der Forschung und Entwicklung von Produktion bis hin zur Marktreife.

Darüber hinaus ist es uns gelungen, namhafte Wissenschaftler für die aktuellen Fragen der »Hygiene- und Gesundheitstechnik« als Referenten zu gewinnen.

Prof. Dr. Hans Wolf und
Prof. Dr. med. rer. nat. Werner Ehret:
»Die Bekämpfung der Legionellen durch ein weltweit patentiertes Verfahren mit Ultraschall und UV-Technologie«
Dr. Dieter Eichelsdörfer:
»Der Chlorominator – die Hygiene- und Gesundheitstechnik in öffentlichen Bädern
Prof. Dr. Dr. h. c. Heinz Bernhardt: Vors. des DVGW-Arbeitskreises Desinfektionsanlagen.
»UV-Entkeimung und Aktivsauerstoff – eine Alternative zum Chlor«
Prof. Dr. sc med. Nils Sönnichsen:

»Das Tomesa-Verfahren – eine Hoffnung für alle, die an Psoriasis oder Neurodermitis erkrankt sind«

Nach jedem Vortrag ist genügend Zeit zur Diskussion.
 Am Abend dürfen wir Sie zu einem musikalischen Lekkerbissen einladen und Ihnen gleichzeitig die besten Schmankerl aus der bayerischen Küche anbieten.
 Wir würden uns freuen, wenn Sie uns die Ehre geben, und bitten mit beigefügter Antwortkarte um Ihre Anmeldung.

Falls Sie am nächsten Tag noch Lust haben, den Vormittag mit uns zu verbringen, so sind Sie herzlich eingeladen.
 In unserem Bierzelt am Firmengelände läuft ab 9.00 Uhr vormittags ein original bayerischer Frühschoppen unter dem Titel:
 DIE BELEGSCHAFT UND FREUNDE
 DES HAUSES
 GRATULIEREN DEM GRÜNDER
 JOSEF GRÜNBECK
 ZUM 70. GEBURTSTAG

Auch hier gibt es bayerische Schmankerln aus bester Küche. Musik und Gesang werden sich mit lustigen und humorvollen Beiträgen ablösen. In einer lockeren Atmospäre wollen wir den Geburtstag mit unserem GRÜNDUNGSVATER JOSEF feiern. Wir hoffen, daß Sie auch hierbei unsere Gäste sind und freuen uns auf Ihren Besuch.
 Grünbeck Wasseraufbereitung GmbH
   Walter Ernst   Max Schmid
  Geschäftsführer   Betriebsratsvorsitzender
 Die Geburtstagsrede für den Jubilar hielt
 BUNDESWIRTSCHAFTMINISTER
 DR. GÜNTHER REXRODT.

Lieber Herr Grünbeck,
verehrte Frau Grünbeck,
meine sehr verehrten Damen und Herren!

Die Soziale Marktwirtschaft hat ohne den Mittelstand keine Chance. Mit diesem Wort schloß Graf Lambsdorff seine Rede zu Ihrem 60. Geburtstag, lieber Herr Grünbeck. Ich möchte heute, 10 Jahre später, hinzufügen: **Die soziale Marktwirtschaft und der innovative Mittelstand hätten ohne den Einsatz der Leute vom Schlage Josef Grünbecks keine Chance.**

Sie, lieber Herr Grünbeck, haben im Bundestag über viele Jahre immer wieder die Interessen des Mittelstandes hartnäckig und in vielen Fällen erfolgreich vorgebracht. 10 Jahre lang haben Sie als Mitglied des Mittelstandbeirates meine Vorgänger im Amt des Bundeswirtschaftsminister und mich beraten. Ihr Rat war und ist immer noch sehr gefragt. Denn Sie beziehen Ihr Wissen nicht nur aus Büchern, sondern aus der täglichen Praxis des Unternehmers. Als Unternehmer leiden Sie selber unter den quälend langen Genehmigungsverfahren, gegen die Sie im Bundestag stets gefochten haben. Ihr Humor und Ihre Lebensfreude haben Ihnen geholfen, auch die eine oder andere Durststrecke der langwierigen parlamentarischen Prozesse durchzustehen. Sie, lieber Herr Grünbeck, haben immer ganz besonders darunter gelitten, daß die Effizienz in der Politik häufig nicht so groß ist, wie in diesem vorbildlich geführten Unternehmen.

Das Unternehmen Grünbeck begann als »One-Man-Show«. Damals gab es etwa 100 Firmen in der Branche, heute sind es nur noch fünf, die mittelständisch und eigenständisch strukturiert sind. Das Unternehmen hat sich in diesem knallharten Verdrängungswettbewerb behauptet, weil es gleichzeitig auch mit dem Modell Grünbeck ganz neue Maßstäbe für die soziale Partnerschaft gesetzt hat. Das »Geheimnis des Erfolges« sehe ich darin, daß hier frühzeitig Innovation nicht als Wurmfortsatz des Unternehmens, sondern als **ZENTRALE** Unternehmensfunktion begriffen und geübt wird. Dieser Erfolg hat System. Ich nenne nur drei Stichworte: systematische Patentbeobachtung, interne und externe Entwicklung von Patenten und Gebrauchsmustern, ein ausgefeiltes Vorschlagswesen für Verbesserungen durch die Belegschaft.

Aber der Kern der Unternehmensphilosophie liegt in der Erkenntnis, daß nur **der Mensch Mittelpunkt und Motor der Modernisierung durch Innovation sein kann.** Diese Erkenntnis ist hier bei Grünbeck frühzeitig begriffen und praktisch umgesetzt worden. Es wurden innovative Formen der sozialen Partnerschaft im Betrieb entwickelt, die das Prinzip Verantwortung des einzelnen für das gesamte Unternehmen in den Mittelpunkt stellen. Aus diesem Prinzip Verantwortung tankt das Unternehmen Kraft und die Kreativität, die es braucht, um im Kampf gegen die Großunternehmen um Marktanteile mit immer neueren, besseren, intelligenteren Produkten überleben zu können. Und, meine sehr verehrten Damen und Herren, den gleichen Ansatz brauchen wir, um unsere Gesellschaft und den Standort Deutschland zukunftsfähig zu machen.

Freiheit und Verantwortung sind die Schlüsselworte für unsere Zukunft. Freiheit ist die Voraussetzung für die Erhaltung einer innovativen Dynamik in der Gesellschaft. Umgekehrt ist Verantwortung die Voraussetzung für Freiheit. Wer Freiheit haben will, muß auch bereit sein, Verantwortung zu übernehmen. Diese Einsicht scheint bei uns in den letzten Jahren etwas in Vergessenheit geraten zu sein. Es macht sich vielmehr eine **Vollkasko-Mentalität** breit. Möglichst alle Risiken sollen auf den Staat abgewälzt werden – denken Sie an die Pflegementalität, aber auch an die Subventionsgelüste der Großbetriebe.

Das Prinzip Selbstverantwortung hat zur Zeit keine Konjunktur. Meine sehr verehrten Damen und Herren, in diesem Umfeld der zunehmend organisierten Verantwortungslosigkeit ragt das Modell Grünbeck heraus und sollte andere ermutigen, neue Wege zu gehen. **Denn: Freiheit und Verantwortung sind die Schlüsselworte für die Zukunftsfähigkeit des Mittelstandes.** Nur Freiheit und Verantwortung schaffen die Voraussetzung für kontinuierliche Innovation und damit die Voraussetzung für eine erfolgreiche Bewältigung und Gestaltung des Strukturwandels in Deutschland. Der Strukturwandel und die Globalisierung der Märkte läßt dem Mittelstand keine andere Wahl, als sich systematisch den Innovationen zu verschreiben und konsequent in technologischen Nischen zu suchen und zu nutzen.

Innovation als zentrale Unternehmensfunktion bedeutet, eine Innovationskultur in den Betrieben zu schaffen, die dem innovationsorientierten Dialog Freiraum schafft und Risikobereitschaft belohnt. Bei uns wird häufig Verwaltung größer geschrieben als Gestaltung. Was wir aber brauchen, ist eine Innovationskultur wie in den Vereinigten Staaten, wenn wir in der Lage sein wollen, die richtigen Antworten auf die Dynamik der Märkte in Süd-Ost-Asien geben zu können.

Innovation als zentrale Unternehmensfunktion bedeutet, eine Kommunikationskultur zu entwickeln, in der Kontakte und Kooperation mit Forschungseinrichtungen, mit Wissenschaftlern, mit anderen Unternehmen gepflegt werden. Mehr Informationsaustausch, mehr Transfer von Wissen und mehr Kooperation sind nötig, um Ergebnisse der Forschung schneller und besser in neue Produkte und neue Verfahren umzusetzen. Wir verfügen ja in Deutschland über eine sehr traditionsreiche, vielseitige und leistungsfähige Innovations-Infrastruktur. Wir werden häufig darum beneidet. Leider haben wir uns in der Vergangenheit zu oft den Luxus geleistet, diese Innovations-Infrastruktur nicht konsequent genug zu nutzen. So sind Erfindungen aus Deutschland zu Verkaufsschlagern ausländischer Anbieter geworden.

Diesen Luxus können wir uns im verschärften globalen Technologiewettbewerb nicht mehr leisten! Meine sehr verehrten Damen und Herren, wenn wir mit unserem mittelständischen Mix weiter auf dem Weltmarkt erfolgreich sein wollen, dann müssen wir die Wettbewerbsvorteile der mittelständischen Anbieter – Marktnähe, Flexibilität, Reagibilität – in Zukunft besser mit den Forschungs- und Entwicklungspotentialen der wissenschaftlichen Einrichtungen und der Großbetriebe kombinieren. Ich halte die Förderung einer solchen Innovations- und weltmarktorientierten Kommunikationskultur für eine zentrale Zukunftsaufgabe. Das Bundeswirtschaftsministerium fördert deshalb die mittelständische Wirtschaft über die »industrielle Gemeinschaftsforschung«, die Arbeitsgemeinschaft industrieller Forschungsvereinigung (AIF) und die »Kooperationsbörse des Rationalisierungskuratoriums der Wirtschaft (RKW)«. Zusätzlich hat jetzt auch das Bundesfinanzministerium ein neues Programm zur Förderung der Forschungskooperation aufgelegt. Natürlich sind es die Unternehmen, auf die es ankommt, und die hier in erster Linie gefordert sind. Der Staat kann und wird nicht nachlassende Innovationsanstrengungen der Unternehmen *nicht* kompensieren können. Hier ist die Verantwortung der Unternehmen für die Zukunft gefordert. Die heutige Tagung macht deutlich, daß Sie sich entschlossen dieser Herausforderung stellen und Verantwortung übernehmen. Das hat hier im Hause Grünbeck lange Tradition. Es ist deshalb kein Zufall, daß die wissenschaftlichen Institute immer sehr verläßliche Partner des Hauses Grünbeck waren. **Auch die Kooperationskultur dieses Hauses hat wegweisenden Modell-Charakter.**

Eine große Herausforderung besonders für den Mittelstand ist der Europäische Binnenmarkt und die Öffnung der Märkte in Mittel- und Osteuropa. Der Wettbewerb ist größer und härter geworden. Aus der Sicht des Marktwirtschaftlers ist das keine unerfreuliche Entwicklung. Im Gegenteil: Wettbewerb belebt nicht nur das Geschäft, sondern auch die Innovationsdynamik und damit mittelfristig die Wettbewerbsfähigkeit einer offenen Volkswirtschaft.

Aus Sicht des Unternehmers bedeutet dieser verschärfte Wettbewerb allerdings eine große Aufgabe, welche die Mobilisierung aller schlummernden Innovations- und Leistungspotentiale herausfordert. Das muß man ein bißchen sportlich sehen.

Ihnen muß ich das eigentlich gar nicht predigen. Sie sind ja schon katholisch! Sie können sich als Mittelständler schließlich nicht wie Manager in Großunternehmen hinter den Rücken der schweigenden Aufsichtsräte verstecken. Ihnen bläst der Wind des Wettbewerbs jeden Tag ins Gesicht. Genau das hat Sie aber auch so widerstandsfähig gemacht, während die Großen viel zu leicht in Versuchung geraten, sich auf die vermeintlichen Segnungen staatlicher Subventionen zu verlassen. Nehmen Sie das Beispiel Luft- und Raumfahrt. Natürlich können wir nicht zulassen, daß diese wichtige Zukunftstechnologie in Deutschland abstürzt. Was mich aber stört, ist, daß einige es für selbstverständlich zu halten scheinen, daß die Bundesregierung diese Industrie ständig und immer wieder in der Luft betanken muß, mit Subventionen auf Kosten der Steuerzahler und damit auch auf Kosten des Mittelstandes.

Die Herausforderung Europa zwingt besonders den Mittelstand dazu, von traditionellen Autonomievorstellungen Abschied zu nehmen und sich neuen Formen der Zusammenarbeit zu öffnen. Nur selten wird ein mittelständisches Unternehmen in der Lage sein, im Ausland eigene Niederlassungen oder Vertretungen mit eigenen Mitarbeitern zu gründen. Vielmehr wird es in vielen Fällen darum gehen, auf dem potentiellen Exportmarkt nach potenten und patenten Partnern zu suchen, die über eine bewährte Vertriebskultur verfügen und ein guten Produkt zum Vertrieb suchen. Der Weg der Lizenzvergabe ist ein gängiger Weg. Wichtig ist, daß diese Zusammenarbeit in eine moderne, offene Kooperationskultur eingefaßt wird, die hilft, die Stabilität dieser fragilen Formen der Zusammenarbeit zu sichern.

Meine sehr verehrten Damen und Herren, was mich positiv stimmt, ist die Tatsache, daß in den deutschen Unternehmen das Phlegma der 80er Jahre verflogen ist. Sie, die deutschen Unternehmer, haben die Zeichen der Zeit erkannt und wissen, daß jetzt mehr denn je Leistung gefordert ist. Aber die ganzen Anstrengungen der deutschen Unternehmen um eine bessere Innovationsstruktur werden wirkungslos verpuffen – wenn wir nicht gleichzeitig dafür sorgen, daß endlich die **Belastung der Unternehmen durch Steuern und Abgaben spürbar und nachhaltig gemildert wird, wenn wir dem Genehmigungsirrsinn in Deutschland Einhalt gebieten und durch Deregulierung endlich die Genehmigungsverfahren entscheidend vereinfach und verkürzen, wenn wir nicht mehr Flexibilität, für schnelle marktgerechte Reaktionen der Unternehmen, schaffen.**

Mit starren Flächentarifverträgen fahren wir den Standort Deutschland gegen die Wand. Hier muß über Sinn und zweckmäßige Ausgestaltung des **Flächentarifvertrages** ernsthaft diskutiert werden. Der Metalltarifabschluß vom Frühjahr hat gezeigt, welche fatale Folgen das für Betriebe haben kann, die mit ganz anderen betrieblichen, regionalen oder größenspezifischen Problemen zu kämpfen haben, als die Betriebe, auf die der Pilotabschluß abzielt. Erschwerend kommt hinzu, daß in Tarifverträgen viel zu viele Details geregelt werden. Mit den detailverliebten Rasenmäher-Regelungen drücken wir die Betriebe an die Wand, wenn es in Zeiten verschärften Wettbewerbs und rasender technologischer Entwicklung darauf ankommt, schnell, punktuell und flexibel reagieren zu können, um die Beschäftigung in Deutschland zu halten.

Deshalb mein Plädoyer:

Erstens, die Tarifpartner sollten sich in weiser Selbstbeschränkung wieder stärker darauf konzentrieren, nur die tatsächlichen **unverzichtbaren Mindestregelungen** auszuhandeln.

Zweitens, die Abschlüsse sollten mehr Raum für Lohndrift vorsehen.

Drittens, die Tarifpartner sollten **Öffnungsklauseln** in den Tarifverträgen ausbauen und häufiger in Anspruch nehmen.

Bereits diese Elemente würden viel Spielraum für betriebliche und regionale Differenzierung und damit für mehr Wettbewerbsfähigkeit und Beschäftigung eröffnen.

Freiräume fehlen auch, weil Unternehmer durch das staatliche Regulierungsdickicht drangsaliert, und so daran gehindert werden, ihre Kreativität auch wirkungsvoll zu entfalten. Nehmen Sie nur das Beispiel Umweltschutz. Auch wir wollen einen effizienten Schutz unserer Umwelt. Gerade deshalb setzen wir uns ein für intelligente marktwirtschaftliche Lösungen, die auf Preise und Kosten des Steuerungsinstrumentariums setzen.

Leider aber haben die Umweltideologen eine Regulierungswut in der deutschen Verwaltung entfacht. Es gibt kein Land auf dieser Welt, in dem Forderungen an die Umwelttechnik schon so weitgehend genormt sind und erfüllt werden, wie in Deutschland. Das wäre nicht so dramatisch, wenn es uns gelungen wäre, auch unsere Nachbarn im Westen wie im Osten davon zu überzeugen. Dort aber fehlt es an der Akzeptanz. Darum aber kümmern sich die Umweltideologen bei uns überhaupt nicht. Diese Ignoranz gegenüber den Entwicklungen auf den Märkten unserer unmittelbaren Nachbarn können wir uns nicht leisten, wenn wir unserer Verantwortung für Beschäftigung und Wachstum in diesem Land gerecht werden wollen.

Verantwortung für Wachstum und Beschäftigung in Deutschland, das heißt Steuern und Abgaben senken. Mit dem **Jahresausgleichsgesetz 1996** haben wir einen wichtigen Schritt in die richtige Richtung gemacht. Es bringt den Bürgern und der Wirtschaft eine Entlastung von 19 Milliarden. Zusätzlich werden durch den Wegfall des Kohlepfennigs 8 Milliarden an die Verbraucher zurückgegeben. Diese 27 Milliarden DM sind eine wichtige Spritze für die Konjunktur.

Es bedarf aber noch weiterer klarer Signale zur Steu-

ersenkung. Wir müssen nach den jüngsten Urteilen des Bundesverfassungsgerichtes zu den Einheitswerten auch über die Zukunft der Vermögenssteuer entscheiden. Für mich bleibt die Abschaffung einer ganzen Steuer immer noch der sauberste und effektivste Weg, um unser unnötig kompliziertes Steuersystem zu vereinfachen. Im Herbst muß endlich die Abschaffung der **Gewerbekapitalsteuer** endgültig beschlossen werden. Und auch die **mittelstandsfreundliche Absenkung der Gewerbeertragssteuer** muß endlich in Angriff genommen werden. **Denn Steuersenkungen sind nicht die Krönung der wirtschaftlichen Expansion, sondern sie sind eine Vorbedingung dafür, daß sich die Wirtschaft lebhaft entwickeln kann. Steuersenkungen sind damit eine Vorbedingung für mehr Beschäftigung in Deutschland.**

Lieber Herr Grünbeck, Sie genießen in der Wirtschaft und in der Politik gleichermaßen großes Ansehen. Sie verkörpern den Idealtypus des Politikers, der unbeirrbar für eine effiziente marktwirtschaftliche Ordnung streitet, und gleichzeitig verkörpern Sie den Idealtypus des Unternehmers, der seine soziale Verantwortung interpretiert, es aber mit innovativen, zukunftsweisenden Konzepten sehr ernst nimmt. Ihr und das Lebenswerk Ihrer Frau macht für alle sichtbar und nachvollziehbar, daß soziale Verantwortung einerseits und effiziente Marktwirtschaft andererseits keine Gegensätze sondern zwei Seiten derselben Medaille sind. Sie haben damit nicht nur sich und Ihrem Unternehmen, sondern der Demokratie und der Marktwirtschaft in Deutschland einen wertvollen Dienst erwiesen. Dafür möchte ich Ihnen heute hier ganz herzlich danken. Ich bin sicher und freue mich, daß Sie und Ihre Frau auch in Zukunft weiter für Freiheit und Verantwortung, für Marktwirtschaft und Mitverantwortung werben werden und mithelfen, die Zukunft Deutschlands als innovativem Technologiestandort zu sichern.

Liebe Frau Grünbeck, lieber Herr Grünbeck, Ihnen und

dem Unternehmen Grünbeck wünsche ich weiterhin viel Kraft, Kreativität und Erfolg.«

Damit ist eigentlich alles gesagt, was über Josef Grünbeck noch zu sagen wäre. Die wissenschaftlichen Beiträge dieser Tagung seien an dieser Stelle in einer Zusammenfassung beigefügt. Sie beinhalten das gesamte Spektrum Grünbeckscher Wasseraufbereitung. So beispielsweise über die Balneo-Phototherapie mit der Grünbeck-Wanne.

PROF. DR. SC. MED. NILS SÖNNICHSEN:

Balneo-Phototherapie mit der Grünbeck Wanne

Die Balneo-Phototherapie ist speziell für die verschiedenen Formen der Psoriasis ein anerkanntes und bewährtes Verfahren. Auch die Erfahrungen mit der Ausnutzung bestimmter klimatischer Bedingungen – wie beispielsweise Totes Meer oder Nordsee – haben gezeigt, daß sich die Hautveränderungen der Psoriasis zurückbilden und klinische Erscheinungsfreiheit erreicht werden kann. So war es eine sich anbietende Entwicklung, wenn inzwischen mit Erfolg versucht worden ist, die natürlichen Bedingungen durch entsprechende Sole-Lösungen und künstliche Ultraviolett-Bestrahlung nachzuahmen. Solche Einrichtungen sind unabhängig von Klima und Jahreszeiten und können unter standardisierten Bedingungen arbeiten.

Mit der Grünbeck-Wanne wurde in dieser Entwicklung eine neue Etappe begonnen, die für die betroffenen Patienten einen Fortschritt bedeutet.

Dieses Therapiesystem kann in allen Einrichtungen, auch in der eigenen Häuslichkeit, aufgestellt werden und bedeutet damit die Behandlung unmittelbar vor Ort.

Das seit einigen Jahren laufende System besteht aus einer speziellen Badewanne mit 15prozentiger Sole-Lösung und darüber montierter UV-Lichtanlage. Mittels Computer wird die Temperatur des Wassers auf 36 °C gehalten und die Bestrahlungszeit programmiert. Eine Steuerungselektronik sorgt für eine Umwälzung des Wassers.

Über ein komplexes Filter- und Desinfektionssystem wird für keimfreies Wasser gesorgt. Dieses Therapiesystem kann nicht nur die Bedingungen des Toten Meeres in einem geschlossenen System nachahmen, sondern ermöglicht eine komplexe Balneo-Phototherapie zu ganz verschiedenen Bedingungen.

Die Wirksamkeit der Balneo-Phototherapie ist unbestritten. Dabei kann davon ausgegangen werden, daß die Kombination von Solebad und UV-Bestrahlung wirksamer als alleinige UV-Bestrahlung ist.

Die guten praktischen Erfahrungen bei der Behandlung der Psoriasis mit der Balneo-Photherapie haben inzwischen auch eine experimentelle Untermauerung erhalten. Das Therapie-System führt in der Haut zu Veränderungen, die unmittelbar am Krankheitsprozeß der Psoriasis eingreifen.

Der für die UV-Therapie der Psoriasis günstigste Spektralbereich liegt bei Wellenlängen zwischen 304 und 314 nm. Zur UV-Therapie der Psoriasis benutzte Lichtquellen sollen in diesem Bereich möglichst viel Energie abgeben, nicht aber die unter Umständen Psoriasis-provozierenden Wellenlängen unter 280 nm. Dieser Forderung wird das neue Therapiesystem gerecht. Dabei ist wichtig, daß das Verfahren eine exakte Dosierung ermöglicht, um negative Nebenwirkungen zu vermeiden.

Die bisher vorliegenden Ergebnisse einer ersten Langzeitbehandlung von Psoriatikern haben ergeben, daß ein Rückgang der Hautveränderungen bei über 80 % der Psoritiker festgestellt werden konnte. Die Therapie wird von den Patienten als besonders angenehm empfunden. Eine zusätzliche Einnahme von Medikamenten ist in der Regel nicht notwendig.

Für diese Behandlung kommen fast alle Formen der Psoriasis in Betracht. Das trifft besonders auch für jene Patienten zu, die infolge bereits vorhandener Vorschädigungen von Leber und Niere einer medikamentösen Behandlung nur schwer zugänglich sind.

In jetziger Zeit konnten vergleichweise ebenso gute Ergebnisse bei ausgedehnten Formen der Neurodermitis erreicht werden. Hier wird mit einer geringen, dem Nordseewasser nachempfundenen Konzentration der Solelösung gearbeitet.

Es kann davon ausgegangen werden, daß die Indikation für das neue Therapie-System sich noch auf andere chronische Hauterkrankungen erweitern wird.

Über den Clorominator hat Dr. rer. nat. Dieter Eichelsdörfer in seinem Beitrag zur Hygiene- und Gesundheitstechnik in öffentlichen Bädern referiert:

DR. RER. NAT. DIETER EICHELSDÖRFER:

Der Chlorominator, ein Beitrag zur Hygiene- und Gesundheitstechnik in öffentlichen Bädern.

Nach den im Bundes-Seuchengesetz festgelegten Hygieneanforderungen an öffentliche und gewerbliche Bäder muß das Wasser in Schwimm- und Badebecken so beschaffen sein, daß durch seinen Gebrauch eine Schädigung der menschlichen Gesundheit durch Krankheitserreger nicht zu befürchten ist. Nach Auffassung der Hygiene ist ein Badewasser als unbedenklich anzusehen, wenn bestimmte mikrobiologische Richt- und Grenzwerte hinsichtlich Koloniezahl (KBE), Escherichia coli, coliforme Keime, Pseudomonas aeruginosa, und künftig auch Legionella pneumophilia eingehalten werden.

Zur Erfüllung dieser mikrobiologischen Anforderungen muß das in einem Kreislauf geführte Badewasser kontinuierlich aufbereitet und desinfiziert werden. Die Aufbereitung und Desinfektion von Schwimmbadwasser erfolgt in Stufen. Die partikulären Belastungsstoffe werden durch Siebung, Flockung und Filtration beseitigt; die Verminderung der echt gelösten Stickstoffverbindungen und der organischen Belastungsstoffe erfolgt durch Oxidationsvorgänge. Zur Desinfektion des aufbereiteten Wassers wird vor seiner Rückführung zu den Schwimm- und Badebekken Chlor zugesetzt, das sich nach dem derzeitigen Kenntnisstand bei Badewasser durch kein anderes Desinfektionsmittel ersetzen läßt.

Es ist grundsätzlich möglich, mit der einfachen Verfahrenskombination Flockung – Filterung – Chlorung alle Hygieneanforderungen zu erfüllen, wenn das Hydrauliksystem eine gleichmäßige Durchströmung des gesamten Schwimmbeckens gewährleistet, wenn die Verfahrensstufen der Flockung, Filtration und Chlorung ausreichend dimensioniert, optimiert und aufeinander abgestimmt sind, und wenn die Anlage nach den anerkannten Regeln der Technik betrieben wird. Es ist jedoch ein Nachteil dieses z. Z. am weitesten verbreiteten Verfahrens, daß das Chlor nach der Flockung und Filtration direkt mit den nicht filtrierbaren und echt gelösten anthropogenen Belastungsstoffen zu chlorhaltigen und gesundheitlich bedenklichen Nebenreaktionsprodukten reagieren kann, die in der einschlägigen neuen DIN-Norm 19643 und in der künftigen Schwimmbeckenwasser-Verordnung aus Gründen der Gesundheitsvorsorge begrenzt werden.

Die Nebenreaktionsprodukte der Chlorung lassen sich nach Art der chemischen Bindung des Chlors, nach ihrem Reaktionsvermögen und ihrer psychologischen Wirkung zwei verschiedenen Gruppen von Chlorverbindungen zuordnen. Das sind einerseits die Chlor-Kohlenstoffverbindungen, unter denen die Trihalogenmethane (Haloforme) eine besondere Rolle spielen, weil sie wegen ihrer Leichtflüchtigkeit beim Schwimmen über die Atmung aufgenommen werden und im Verdacht stehen ein kanzerogenes Potential zu besitzen. Andererseits bilden sich durch Reaktion des Chlors mit stickstoffhaltigen anthropogonen Belastungsstoffen geruchs- und reizintensive Chlor-Stickstoffverbindungen, insbesondere Chloramine (bekannt unter der Sammelbezeichnung »gebundenes Chlor«), die als Ursache für den »Hallenbadgeruch« und die Reizung der Augenschleimhäute erkannt sind.

Zur Zeit werden an vielen Stellen Versuche unternommen, die Nebenreaktionsprodukte der Chlorung zu minimieren. Für eine effektive Verminderung der Chloramine steht unter der Bezeichnung »Chlorominator □« ein Verfahren zur Verfügung, das mit Hilfe von Bestrahlung eines Teilstroms des aufbereiteten Wassers mit Licht bestimmter Wellenlängen durch photochemische Prozesse Chloramine zerstört und sie so in ihrer Gesamtkonzentration vermindert. Es ist ein Vorteil dieses Verfahrens, daß es bei Bedarf in bereits bestehende Aufbereitungsanlagen nachträglich integriert werden kann, daß es sich infolge seiner Modulbauweise an verschieden große Aufbereitungsanlagen problemlos anpassen läßt, und daß es keine zusätzlichen Chemikalien oder andere zu entsorgende Hilfsstoffe benötigt, sondern nur Energie zur Erzeugung der Strahlen. Die bei der Strahlenerzeugung stets anfallende Wärme wird dem durchlaufenden Badewasser zugeführt, was an einer anderen Stelle des Badewasserkreislaufes zu einer entsprechenden Energieeinsparung führt. Andererseits ist es auch nicht mehr erforderlich, mit großen zusätzlichen Frischwassermengen hohe Chloraminkonzentrationen im Beckenwasser zu verdünnen, so daß durch die Einsparung zusätzlicher Wassermengen die Amortisationszeit derartiger Anlagen erheblich verkürzt wird.

PROF. DR. H. C. HEINZ BERNHARDT

Desinfektion auf breiteren Oberflächenwässern mit UV-Strahlen

Ende des 19. Jahrhunderts wurde in Deutschland der Zusammenhang zwischen dem Auftreten von Epidemien und der Verunreinigung des Trinkwassers mit Krankheitserregern durch die zunehmende Abwasserbelastung der Oberflächengewässer, aus denen Trinkwasser gewonnen wurde, erkannt. Bereits damals wurden grundsätzliche Forderungen zur Verhinderung des Auftretens trinkwasserbedingter Epidemien gestellt, die im Laufe der nachfolgenden Jahrzehnte als multiple-barrier-system in die Trinkwassergewinnung Eingang gefunden haben.

Die erforderliche Sicherheit der Trinkwasserversorgung aus Oberflächengewässern wird erreicht durch
- wirksamen Gewässerschutz im Einzugsgebiet eines Wasservorkommens,
- eine leistungsfähige Aufbereitung und
- eine effiziente Desinfektion des aufbereiteten Wassers vor Verteilung als Trinkwasser.

Zur Desinfektion wurde 1829 Chlor, später Ozon vorgeschlagen, und dann auch eingesetzt. Ende des 19. Jahrhunderts wurde auch die auf völlig anderen Mechanismen beruhende Desinfektion des Wassers mit UV-Strahlen zur Inaktivierung von Krankheitserregern erwogen und 1910 in einem größeren technischen Maßstab entwickelt und eingesetzt.

Seit Jahrzehnten kommt dem Chlor neben anderen Oxidationsmitteln die wesentliche Bedeutung als Desinfektionsmittel zu. Die in den letzten Jahren forcierte Suche nach Alternativen darf aber nicht so verstanden werden, daß damit das Chlor als Desinfektionsmittel künftig verschwinden soll. Eine solche Strategie wäre falsch.

Man muß aber erkennen, daß allen chemischen Oxidationsmitteln die als Desinfektionsmittel eingesetzt werden – dies sind Chlor, Chlordioxid und Ozon – der Nachteil anhaftet, daß sie durch Reaktion mit z. T. an und für sich harmlosen organischen und anorganischen Substanzen Reaktionsprodukte bilden, die im Trinkwasser unerwünscht sind. Sie sind allerdings in den auftretenden Konzentrationen gesundheitlich meistens völlig irrelevant.

Die deutsche Trinkwasserverordnung stellt weltweit mit schärfsten Anforderungen an die Begrenzung der Gegenwart derartiger Desinfektionsnebenprodukte im

Trinkwasser. Dies gilt sowohl für die sich bildenden Trihalogenmethanverbindungen, deren Konzentration im Trinkwasser gemäß der Trinkwasserverordnung auf 10 ug/l begrenzt ist, als auch für die durch Reduktion des als Desinfektionsmittel eingesetzten Chlordioxids entstehenden Chloritionen, deren Anwesenheit im Trinkwasser in der Trinkwasserverordnung mit 0,2 mg/l ClO₂ sehr scharf begrenzt ist.

Zweifellos ist es aus der Sicht der Trinkwasserproduktion unerwünscht und für alle Trinkwasserversorgungsunternehmen höchst unerfreulich, wenn im Rahmen der für die Gesundheit des Verbrauchers notwendigen Desinfektion Stoffe entstehen, die ihrerseits oberhalb bestimmter Konzentrationen eine Gesundheitsgefährdung auslösen könnten. Deshalb wurde von den Wasserversorgungsunternehmen, die in der Arbeitsgemeinschaft Trinkwassertalsperren e.V. (ATT) zusammengeschlossen sind, zusammen mit Hochschulen und Forschungssowie Hygieneinstituten, Untersuchungen in einem umfangreichen Forschungsverbundvorhaben durchgeführt, um die Möglichkeiten des Einsatzes von UV-Strahlen zur Desinfektion aufbereiteter Oberflächenwässer, vor allem Talsperrenwässer, zu studieren. Bisher wird die UV-Desinfektion vorwiegend für kleine Durchsätze und vor allem bei der Quell- und Grundwasserversorgung angewandt.

Das Projekt mit dem Titel »Untersuchungen zur hygienischen Sicherheit der Trinkwasserdesinfektion mit UV-Strahlen« wurde 1988 begonnen und vom Bundesminister für Forschung, Bildung und Technologie (BMBF) als ein Forschungsschwerpunkt im Rahmen der Entwicklungen neuer Technologien zur Wasseraufbereitung im ersten Teil zu 100 Prozent und im nachfolgenden zweiten Teil zu 80 Prozent gefördert. In diesem Forschungsverbundvorhaben wurden Antworten zu Fragen gewonnen, die im Zusammenhang mit dem großtechnischen Einsatz von UV-Strahlen für die Wasserdesinfektion auftraten.

Insgesamt gesehen ergaben sich folgende Resultate:

Die Desinfektionswirksamkeit der UV-Strahlen reicht zur sicheren Entkeimung eines aufbereiteten Oberflächenwassers, das den Anforderungen der Trinkwasserverordnung genügt, aus. Als notwendige Bestrahlung wurden 400 J/m² ermittelt. Unter den im Forschungsvorhaben ausgearbeiteten Betriebsbedingungen wurden die in Oberflächengewässern möglicherweise auftretenden gesundheitlich relevanten Bakterien und Viren um einen Faktor 10 000 (4 log-Stufen) inaktiviert.

Damit erfüllt dieses Desinfektionsverfahren die hygienischen Anforderungen, die heute an ein solches gestellt werden. Parasiten werden nicht in zufriedenstellendem Umfang inaktiviert. Dies gelingt allerdings auch nicht mit Chlor und Chlordioxid als Desinfektionsmittel.

Bei der für eine sichere Desinfektion erforderlichen Bestrahlung von 400 J/m² entstehen keine gesundheitlich gefährlichen Substanzen durch photochemische Reaktionen der UV-Strahlen mit organischen und anorganischen Inhaltsstoffen. Dies ist ein wesentlicher Vorteil gegenüber den chemischen Desinfektionsmitteln.

UV-Strahlen erzeugen allerdings keine anhaltende Desinfektionswirkung im Verteilungsnetz (keine Remanenzwirkung). Deshalb müssen aus dem mit UV-Strahlen zu desinfizierenden Wasser in der vorhergehenden Aufbereitungsstufe solche organischen und anorganischen Substanzen in ausreichendem Umfang entfernt werden, die in der Lage sind, als Nährstoffe für das Bakterienwachstum während des Transportes des Wassers bis zum Abnehmer zu wirken. Diese Stoffe müssen aber bei der Anwendung von chemischen Desinfektionsmitteln ebenfalls weitgehend entfernt werden, da sie die Desinfektionswirksamkeit der chemischen Desinfektionsmittel (Chlor oder Chlordioxid) so stark herabsetzen, daß auch diese Stoffe bei langer Aufenthaltszeit des Wassers im Rohrnetz keine Desinfektionswirksamkeit mehr besitzen.

Der große Vorteil der Anwendung von UV-Strahlen zur Desinfektion besteht darin, daß sich bei diesem Verfahren keine unerwünschten Nebenprodukte bilden. Auch wird das Aufkeimungspotential eines Wassers nicht erhöht. Man kann deshalb in einem Wasserversorgungssystem mit längeren Transportstrecken mehrfach UV-Desinfektionen einsetzen, um Aufkeimungen zu verhindern. Dies ist mit chemischen Desinfektionsmitteln nur bedingt möglich, weil es zu einer Summierung der sich u. U. bildenden unerwünschten Desinfektionsnebenprodukte kommt.

Es ist allerdings erforderlich, daß die für die Desinfektion einzusetzenden UV-Reaktoren so konstruiert sind, daß jedes Volumenteil des durchströmenden Wassers die für die Desinfektion erforderliche UV-Bestrahlung erhält. Da dies nicht durch chemische Analysenmethoden oder strömungsphysikalische Untersuchungen überprüft werden kann, ist eine Zertifizierung der UV-Reaktoren mit Hilfe des im Forschungsvorhaben entwickelten mikrobiologischen Dosimeters notwendig.

Hierfür ist vom Deutschen Verein des Gas- und Wasserfaches (DVGW) zusammen mit der UV-Reaktor herstellenden Industrie, die in der Bundesvereinigung der Firmen im Gas- und Wasserfach e.V. (FIGAWA) zusammengeschlossen ist, das DVGW-Arbeitsblatt W 294 erarbeitet worden, das die Anforderungen zur Prüfung von UV-Desinfektionsanlagen zwecks Zertifizierung regelt.

Insgesamt gesehen ist festzustellen, daß alle Untersuchungen, die im Rahmen dieses BMBF-Verbundforschungsvorhaben durchgeführt worden sind, gezeigt haben, daß die Desinfektion von aufbereiteten Oberflächenwässern mit UV-Strahlen unter den im einzelnen aufgeführten Bedingungen ohne weiteres möglich ist und zu einem einwandfrei desinfizierten Trinkwasser führt, das allen hygienischen Anforderungen der Trinkwasserverordnung genügt.

PROF. DR. MED. RER. NAT. WERNER EHRET

Die Bekämpfung von Legionellen in Wassersystemen durch ein kombiniertes Verfahren mit Ultraschall und UV-Technologie (GENO-break)

Als im Sommer 1976 nach einer Tagung der American Legion, des Veteranenverbandes der USA, in Philadelphia von den mehr als 4000 Teilnehmern ca. 200 Menschen an einer schweren Lungenentzündung erkrankten, der in der Folge 29 Personen zum Opfer fielen, dachte man zunächst an einen Giftanschlag oder auch an das Auftreten rätselhafter Viren. Es herrschte damals die Meinung vor, daß alle humanpathogenen also krankmachenden Bakterien längst entdeckt und auf diesem Gebiet keine neuen Erkenntnisse zu erwarten seien. Um so größer war die Überraschung, als ein halbes Jahr später mit einem Forschungsaufwand von einigen Millionen Dollar, bis dato unbekannte Bakterien als Erreger dieser neuen und schweren Lungenentzündungserkrankung ausgemacht wurden. Entsprechend dem Anlaß der Entdeckung und dem vorherrschenden Krankheitsbild wurde diese neue Bakterienart als Legionella pneumophilia bezeichnet. Seither hat weltweit eine intensive Forschungstätigkeit zur Bakteriologie und Ökologie der Legionellen sowie zu Epidemiologie, Klinik und Therapie der Legionärskrankheit eingesetzt.

Morbidität und Letalität der Legionärskrankheit dürften in den meisten Gesundheitsstatistiken unterschätzt werden. Wir müssen heute davon ausgehen, daß etwa 5 % aller schweren klinikbedürftigen Lungenentzündungen durch Legionellen ausgelöst werden. Plausible Schätzungen gehen dahin, daß in der Bundesrepublik Deutschland jährlich etwa mit 5000–10 000 Fällen der Legionärskrankheit gerechnet werden muß. Da die Legionärskrankheit mit 20 % eine nicht unbedeutende Rate an Todesfällen aufweist, sprechen Schätzungen davon, daß jährlich in Deutschland mit großer Wahrscheinlichkeit mehr als 1000

Todesfälle durch die Legionärskrankheit zu beklagen sind. Nachdem es im Gegensatz zu Durchfallserkrankungen für die Legionärskrankheit bislang keine Meldepflicht gibt, beruhen diese Häufigkeitsangaben jedoch nur auf Schätzungen, die sich allerdings auf fundierte Studien stützen. Als Fazit läßt sich feststellen, daß die Legionellen heute in die Spitzengruppe der bakteriellen Erreger schwerer Lungenentzündungen des Menschen einzureihen sind und deshalb hinsichtlich prophylaktischer Maßnahmen unbedingt Berücksichtigung finden müssen.

Bakterien der Gattung Legionella leben sowohl in natürlichen Gewässern, als auch in technischen Wassersystemen. Leben und Fortpflanzung der Legionellen sind an wässerige Habitate sehr gut angepaßt. Sie finden sich dort in ökologischer Assoziation mit einer Reihe anderer Wasserorganismen, wie z. B. freilebenden Amöben, Ciliaten oder anderen aquatischen Bakterien. In einer Vielzahl natürlicher Gewässer wie z. B. dem Ohio-River, aber auch dem Rhein, dem Main oder dem Meerwasser von Puerto Rico wurden Legionellen ebenso nachgewiesen, wie z. B. im Wasser französischer Heilquellen.

Es läßt sich deshalb kaum vermeiden, daß Legionellen über die öffentlichen Wasserversorgungsnetze in technische Wassersysteme eingespeist werden. Hier können sie sich aufgrund der häufig günstigen Vermehrungstemperaturen in vielen Wassersystemen stark vermehren und dann zu einer Gefahr für exponierte Personen werden. Vor allem größere Warmwasseranlagen, wie sie sich in öffentlichen Gebäuden und Kliniken finden, können durch ihren nicht unbeträchtlichen Gehalt an virulenten Legionellen zu einer Gefahr werden. Auch das Eindringen dieser Bakterien und ihre dort ortsständige Vermehrung in andere technische Anlagen zur Handhabung wäßriger Systeme wie z. B. Befeuchtungssysteme von Klimaanlagen können zu einem Infektionsrisiko werden.

So wurde der bislang folgenschwerste Ausbruch der Legionärskrankheit im Mai 1985 in einer relativ neuen Klinik im englischen Stafford beobachtet. Von 163 an der Legionärskrankheit dort erkrankten Personen, Besucher und ambulante Patienten, verstarben 39 Menschen an den Folgen der zu spät identifizierten Legionärskrankheit. In diesem Falle war der Auslöser der Epidemie eine legionellenkontaminierte Klimaanlage; die keimhaltige Aerosole waren von dort in den Ambulanzwartebereich geblasen worden. Über eine Vielzahl weiterer epidemischer Ausbrüche durch legionellenkontaminierte Anlagen liegen Berichte vor. Analoge Ausbrüche gibt es übrigens auch in Einkaufszentren und Fabriken. Die Übertragung von Legionellen durch Klimaanlagen und Warmwassersysteme dürfte eine wesentliche Rolle für das beobachtete häufige Auftreten schwerer Legionellosen vor allem auch in Hotels des Mittelmeerraumes sein. Lange Listen solcher Hotels liegen Dank einer entsprechenden WHO-Studie vor.

Der häufigste Weg, der für das Zustandekommen der Legionärskrankheit in Deutschland von vorrangiger Bedeutung ist, dürfte über legionellen-kontaminierte Warmwassersysteme erfolgen. So zeigten z. B. Untersuchungen des früheren Bundesgesundheitsamtes, daß bei der Untersuchung von Wassersystemen großer Gebäudekomplexe in Deutschland nur etwa 7,5 % der kalten aber ca. die Hälfte der Warmwasserproben mit Legionellen kontaminiert waren.

Nach unseren eigenen Untersuchungen im Münchner Raum fanden sich etwa 80 % der Warmwassersysteme der untersuchten Kliniken legionellenhaltig. Eine andere Untersuchung in Rheinland-Pfalz konnte zeigen, daß Legionellen in 21 von 26 untersuchten Kliniken nachweisbar waren. In Niedersachsen ließen sich in 70 % der untersuchten 103 Kliniken Legionellen im Warmwassersystem demonstrieren. Eine analoge Untersuchung an den Bonner Universitätskliniken ergab Legionellen in 97 % aller Wasserproben, teilweise bis zu 2 Mill. keimbildende Einheiten pro Liter. Von der prinzipiellen Möglichkeit des Vorkommens von Legionellen in den Warmwasseranlagen größerer Gebäudekomplexe in Deutschland ist also in jedem Fall auszugehen. Von dort vermögen sie über lungengängige Aerosole, wie sie z. B. beim Duschen entstehen, in das Atmungssystem von exponierten Personen einzudringen, sich dort zu vermehren und somit die Legionärskrankheit auszulösen.

Schwierig gestalten sich die Bekämpfungsmaßnahmen in Warmwassersystemen. Sowohl aus Gründen der Energieeinsparung wie auch des Schutzes weitverzweigter Wassernetze vor Verkalkung, wären Temperaturen um 45 °C in diesem System eigentlich sehr günstig. Diese Temperatur jedoch bildet ein Temperaturoptimum für die Vermehrung von Legionellen in solchen Systemen. Temperaturerhöhung bis auf etwa 60 °C vermag zwar die Wachstumsgeschwindigkeit der Legionellen zu reduzieren, ist in der Regel jedoch nicht hinreichend für deren Abtötung in weitverzweigten Wassernetzen. Entsprechende Versuche hierzu, die ich in zwei Kliniknetzen verfolgen konnte, waren erfolglos. In praxi muß man das Fazit ziehen, daß es in der Regel nicht gelingt, allein durch Temperaturerhöhung legionellenbefallene Warmwassersysteme größerer Gebäude zu sanieren.

Um exponierte Personen in diesen Gebäuden vor legionellenkontaminierten Aerosolen zu schützen, müssen deshalb zusätzliche Maßnahmen getroffen werden. Die Grünbeck-Wasseraufbereitung GmbH entwickelte deshalb ein Entkeimungssystem für die Desinfektion von Warmwasserkreisläufen. Die Hauptzielrichtung bestand darin, die in diesen Systemen anzutreffenden Legionellen abzutöten und das Wasser weitgehend legionellenfrei zu gestalten.

Das sogenannte GENO-break-System der Fa. Grünbeck besteht aus zwei Anlagenkomponenten, einem Ultraschallteil und einem Ultraviolett-Desinfektionsteil. Die eigentliche Inaktivierung d. h. die Abtötung der Legionellen, wird durch die UV-Strahlung bewirkt. Nachdem Legionellen in Warmwassersystemen sich jedoch geschützt in Wasseramöben fortpflanzen und vermehren können, muß zunächst ein Mechanismus geschaffen werden, der diese Wasseramöben mechanisch aufzubrechen und die darin befindlichen Legionellen freizusetzen vermag. Diesem Zwecke dient der Ultraschallteil.

Die Kombination aus Ultraschall und UV erreicht deshalb die beiden erforderlichen Effekte; zunächst das Aufbrechen der Wasseramöben durch Ultraschall und anschließend die Inaktivierung der freigesetzten Legionellen durch UV-Strahlung.

Neben biologischen Kompartimenten wie Wasseramöben können auch leblose Partikel wie z. B. Rost- und Kalkinkrustationen im Gemisch mit Biofilmen den Legionellen einen günstigen Vermehrungsnährboden bieten. Auch diese Partikel werden im strömenden Wasser durch Ultraschall gebrochen und die Legionellen erst dadurch der Inaktivierung durch UV-Strahlen zugänglich gemacht.

Der erwähnte Schutz vor äußeren Einflüssen durch Abkapselung in Amöben, die auch sehr widerstandsfähige Zysten zu bilden vermögen, ist übrigens auch der Grund dafür, daß in aller Regel die Eradizierung von Legionellen in sehr viel höherem Maße gegen Chloreinwirkung resistent, als die in ihnen befindlichen und dadurch geschützten Legionellen. Selbst Chlorkonzentration bis zu 15 ppm haben sich in der Vergangenheit als nicht hinreichend erwiesen, um legionellenbefallene Warmwassersysteme zu dekontaminieren. Aus dem gleichen Grunde hat sich in der Vergangenheit auch gezeigt, daß reine UV-Desinfektionssysteme Warmwassersysteme nicht hinreichend von Legionellen befreien konnten, da in Biofilmen oder in Amöben geschützte Legionellen UV-Einwirkung ebenso wie die Chlorbehandlung überlebt haben und sich anschließend wieder vermehren konnten.

Die sich in solchen biologischen Schutzräumen befindlichen Legionellen vor allem sind dafür verantwortlich, daß es nach den bislang üblichen Desinfektionsmaßnahmen zu Wiederverkeimungseffekten in Warmwassersystemen gekommen ist. Aus diesem Grunde heraus, und diese Auffassung hat sich auch die Fa. Grünbeck zu eigen gemacht, müssen nicht nur freilebende Legionellen abgetötet, sondern die genannten Biofilme und Amöben müssen zusätzlich als deren Schutz- und Vermehrungsräume bekämpft werden. Diese Bekämpfung erfolgt durch den Ultraschallteil des Gerätes.

Im selben Druckrohr der Ultraschallbehandlung ist dahinter eine Ultraviolett-Bestrahlungs-Reaktionsstrecke eingebaut. In diesem Reaktionsbereich werden alle frei vorliegenden Legionellen wie aber auch andere Krankheitserreger z. B. Pseudomonaden, die zu den häufigen Eitererregern zählen, sicher durch die hochenergetische US-Strahlung getötet. Die UV-Strahler sind so angeordnet, daß an jeder Stelle des Systems eine garantierte Mindeststrahlung von 40 mJ/cm" vorliegt. Der Energieaufwand wird durch die Anordnung der Funktionselemente zum größten Teil wieder in Wärmeenergie umgewandelt und geht somit nicht verloren, da gleichzeitig eine Einsparung von Hitzeenergie erreicht wird. Durch die eingetragene Ultraschallenergie wird darüberhinaus eine permanente Reinigung der UV-Quarzschutzrohre erzielt. Ablagerungen von Kalk, Eisen und Mangan werden durch diesen Reinigungseffekt weitestgehend verhindert. Reinigungsmaßnahmen, die üblicherweise für die Aufrechterhaltung der UV-Strahlungsintensität notwendig sind, werden somit ebenfalls auf ein Minimum reduziert.

Ein zweiter wesentlicher Vorteil des GENO-break-Systems besteht darin, daß die energetisch wünschenswerte optimale Wassertemperatur in der Warmwasseranlage belassen werden kann. Dies führt dazu, daß erhebliche Energieeinsparungen gegenüber einer thermischen Keimreduktion erzielt werden.

Die Einbaumöglichkeit des GENO-break-Systems ist problemlos möglich. Unmittelbar nach dem Warmwasserspeicher erfolgt der Einbau in die Vorlauf-Zirkulationsleitung. Zunächst wird das Wasser durch den Ultraschallteil geführt, passiert anschließend die UV-Reaktionsstrecke und steht dann im Vorlaufverteiler den Verbrauchern zur Verfügung. Über die Zirkulationsleitung ist gewährleistet, daß das GENO-break-System 24 Stunden am Tag ständig eine Desinfektion durchführt.

Das System arbeitet vollautomatisch. Die zentrale Steuereinheit umfaßt eine mikroprozessorgesteuerte Elektronik zur kontinuierlichen und automatischen Ansteuerung und Überwachung der Ultraviolettstrahlung und eine Temperaturüberwachung des Reaktionsgehäuses. Ein optisches Informationssystem mit Leuchtdioden, Digitalanzeige und Bedienfeld, integriert in die Grundplatte der Steuerelektronik, erlaubt eine einfache Kontrolle der Funktion sowie den problemlosen Eingriff bei eventuellen Störungen des Betriebsablaufes. Der maximale Nenndurchfluß des Systems beträgt 8 m^3/H

Wie Vergleichsuntersuchungen der thermischen Desinfektion bei 70 °C *mit* und *ohne* GENO-break-System zeigen, arbeitet das GENO-break-System bei der praktischen Versuchsdurchführung entsprechend seiner Aufgabenstellung und hält die nachzuweisende Legionellenzahl extrem niedrig. Vergleichsuntersuchungen ohne GENO-break-System weisen aus, daß es nach Abschluß der thermischen Desinfektion zu einer erhöhten Wiederverkeimung im Rohrleitungssystem und damit zu einer sehr viel höheren Gefährdung der exponierten Personen kommt.

Wenn man sich vor Augen hält, daß im § 1 der Trinkwasserverordnung als selbstverständlich festgestellt wird, daß Trinkwassersysteme frei zu sein haben von pathogenen also krankmachenden Mikroorganismen und wenn man sich andererseits vor Augen hält, daß wie ich dargelegt habe, ein erheblicher Teil unserer Warmwassersysteme mit potentiell tödlichen Bakterien besiedelt ist, erschien ein technisches System zur Reduktion der Legionellengefahr äußerst dringlich. Meines Wissens ist die Kombination von Ultraschall und UV-Inaktivierung, wie es die Fa. Grünbeck im GENO-break-System realisiert hat, das zur Zeit wirkungsvollste Verfahren, um den exponierten Menschen vor möglichen tödlichen Lungenentzündungserregern aus unseren Warmwasserleitungen zu schützen.

Die Geburtstagsfeier – Ausklang

Es war Geschäftsführer Walter Ernst, einer der führenden Männer des Unternehmens Grünbeck, der anläßlich des Geburtstages des Firmengründers die Frage aufgriff, wie denn ein Mensch beschaffen sein müsse, wie er aussehen, was für einen Werdegang er absolviert haben müsse, um über Jahrzehnte hindurch ein erfolgreicher und immer noch voll aktiver Unternehmer zu sein. Um darüber hinaus auch noch als Politiker zu großem Erfolg zu gelangen und von der Basis her bis in den Bundestag vorzustoßen und sich dort zu behaupten, dann mußte man einfach so sein wie Josef Grünbeck.

Der Lebensweg dieses Mannes aus dem Sudetenland ist in den vorangegangenen Abschnitten umrissen worden. Es gab darin vier wichtige Eckpfeiler seines Tuns und Handelns, die gleichzeitig das Fundament zu seinem Erfolg bildeten:

»Die familiäre und soziale Bindung.

Die Begeisterungsfähigkeit, Innovationsfreude und Risikobereitschaft.

Leistungsbereitschaft, Fleiß und Sparsamkeit.

Freiheitsdrang, Mobilität und Glaube an die Zukunft.«

In die Erinnerung zurückgerufen und ergänzend zur bereits vorangegangenen Aufzählung seiner besonderen Tätigkeiten seien hier noch sein Einsatz als Mitglied der Sudetendeutschen Akademie der Wissenschaft und Künste, und als Mitglied des Sudetendeutschen Rates genannt. Als Unternehmer war er Mitglied in mehreren Fachverbänden und in der Industrie- und Handelskammer.

Durch seine ständige Innovationsbereitschaft setzte er

sehr früh seine Schwerpunkte im Bereich der Wasseraufbereitung. Er regte Entwicklungen an, die schließlich in den technischen Normen und Regelwerken Eingang fanden. Daß er in seiner Firma vor allem Verbesserungsvorschläge förderte und diese bis hin zu patentreifen Erfindungen vorwärtstrieb, lag ganz auf seiner Linie.

Die soziale Partnerschaft war für ihn kein bloßes Lippenbekenntnis, wie sein Beteiligungsmodell unter Beweis stellte, das ihm den Partnerschaftspreis der Stiftung Sozialer Wandel eintrug. Lassen wir hier einige Zeilen von Walter Ernst einfließen, der den Jubilar aus jahrelangem Erleben kennt.

»Nur wer bereit ist, sein eigenes Ich zurückzustellen, kann mehr leisten als andere und damit anderen Menschen dienen. Josef Grünbeck setzte sich für die Förderung des Sports ein, von der Basis bis hin zu den höchsten Formen desselben, was ihm die Mitgliedschaft im Kuratorium der Deutschen Sporthilfe und die Auszeichnung mit der Goldenen Plakette des Bayerischen Landessportverbandes eintrug.

Die Silberne Verdienstmedaille der Kommunalen Selbstverwaltung war ein äußeres Kennzeichen der Anerkennung für sein Engagement in Heimatstadt und Heimatkreis.

Die darüber hinaus gehende Verleihung des Bundesverdienstkreuzes 1. Klasse und des Bayerischen Verdienstordens gingen nicht allein auf seine Aktivitäten in der Politik zurück, sondern würdigen in angemessener Weise sein Lebenswerk.

Am 17. September 1995 feiert Josef Grünbeck seinen 70. Geburtstag. Er hat sich trotz vieler Entbehrungen und Erfahrungen seinen Glauben an die Zukunft bewahrt. Nach wie vor ist er aktiv, ob als geschäftsführender Gesellschafter der Grünbeck Wasseraufbereitung GmbH, oder als aus Bonn heimgekehrter Politiker, der die Arbeit an der Basis nicht scheut, oder als Mensch, der sich seinen Mitmenschen verpflichtet fühlt.

Wie also muß ein Mensch beschaffen sein, um ein anerkannter Mittelstandspolitiker mit sozial orientiertem Blickfeld zu sein?
Die Antwort kann nur wiederholt werden:
WIE JOSEF GRÜNBECK!«

In seiner Antwort darauf erklärte Josef Grünbeck, daß er zu danken habe. »Einmal den treuen Kunden, die immer im Mittelpunkt meines Denkens und Handelns standen. Allen meinen Mitarbeitern die einen großen Verdienst an dieser Entwicklung haben und vor allem auch jenen Organisationen und Institutionen, die im Bereich Wasser- und Wasseraufbereitung, Hygiene und Gesundheitstechnik mit mir gemeinsam über Jahrzehnte hinweg vertrauensvoll zusammengearbeitet haben.
Unser Leitgedanke bleibt bestehen: GUTES WASSER IST UNSER BIER! – Stoßen Sie mit mir darauf an: Auf Ihr Wohl und unsere gemeinsame Zukunft.«

Die Firma feiert als eine große Familie

Nach dem erfolgreichen wissenschaftlichen Symposium über alles was mit Wasser und Hygienetechnik zu tun hatte, begann am Sonntagmorgen, dem 17. September 1995, der große »Auftrieb« im Bierzelt auf dem Gelände der Firma Grünbeck. Daß neben Freunden und Gästen aus Politik und Gesellschaft auch die *gesamte* Belegschaft der Firma zusammengekommen war, um ihrem Chef die Reverenz zu erweisen, war für jeden von ihnen Ehrensache.
So waren denn einschließlich der vielen Außendienst-Mitarbeiter nicht weniger als 650 »Grünbecker« versammelt. Es sei angemerkt, daß Josef Grünbeck versprochen hat, daß in den nächsten Jahren, nach Fertigstellung der angepeilten Firmenerweiterung, noch 300 hinzukommen würden. *Wo* gab es denn noch Firmen, die anstelle der täg-

lich bekanntwerdenden Abbaumaßnahmen weiter auf- und ausbauen und ihren Mitarbeiterstab erweitern?

Zum Ausklang des ersten Tages hatte Josef Grünbeck beim Bayerisch-Schwäbischen Kulturtag auf Schloß Amerdingen noch persönlich zum Quetschbügel gegriffen, sich selbst ein Geburtstagsständchen gehalten und dazu den »Andachtsjodler« angestimmt.

Die 1000 Gratulanten am folgenden Sonntagmorgen begrüßte er in alter Frische. Seine alten Freunde und oftmals auch sachliche Widersacher, Landtagsabgeordneter Georg Winter und Landrat Dr. Anton Dietrich waren ebenfalls zugegen. Grund genug für Josef Grünbeck, den Landrat um eine rasche Erledigung seines neuen Bebauungsantrages zu bitten.

Dr. Dietrich versprach ihm, daß der Bauantrag für seine Betriebserweiterung spätestens eine Woche nach der Planeingabe genehmigt werden würde. Dies verstand Josef Grünbeck als einen »Akt der Wiedergutmachung« für vorher aufgelaufenes Mißgeschick.

Höchstädts Bürgermeister Gerhard Kornmann brachte zum Ausdruck, daß die ganze Stadt froh sei, »daß wir Grünbeck haben«.

Der Vorsitzende des Bundesfachausschusses für Sanitär- und Heizungsanlagen im Zentralverband der Installateure, Josef Ammon, Vorsitzender der CSU-Stadtvertretung von Weilheim, hielt eine Rede über den Anfang der Freundschaft, die ihn mit Josef Grünbeck trotz politischer Gegensätzlichkeit verbindet.

Im Namen der dänischen Tochterfirma sprach deren Geschäftsführer Povl Kaas. Für den Betriebsrat ging dessen Vorsitzender Max Schmidt ans Rednerpult, um Dank zu sagen für die soziale Einstellung des Chefs und seine Arbeit für den Betrieb, der ja seit Jahren auch ihr Betrieb sei.

Die Lehrlinge krönten diesen Sonntagmorgen mit einem Gedicht über das Leben ihres Chefs in Versform, und Ehefrau Loni ließ es sich nicht nehmen, auf ihre liebenswürdige, sehr persönliche Art die Vorzüge und auch die sonstigen Eigenschaften ihres Mannes zu persiflieren.

Der original bayerische Frühschoppen mit einigen echten Schmankerln dehnte sich bis zum Nachmittag aus, bevor Josef Grünbeck sich verabschieden mußte, um am nächsten Morgen »mal schnell nach Schwerin zu fahren, dort als Redner eine Messe zu eröffnen und über ›Die Krise am Bau‹ zu referieren«.

Wenn mit diesem Großereignis das Werk über Leben und Schaffen des Menschen, Politikers und Unternehmers Josef Grünbeck abgeschlossen werden soll, so heißt dies auf keinen Fall, daß sich auch dieser aus der Verantwortung hinweg und auf das Altenteil begeben würde.

Sicher ist, daß er allen seinen Freunden sowohl als Mensch, Unternehmer und Politiker an der Basis erhalten bleiben wird. Sehr zur Freude und möglicherweise auch manchmal zum Verdruß seiner politischen Widersacher. Auch diese haben jedoch erkannt, daß sie stets auf Josef Grünbeck zählen können, wenn es um die Menschen geht, wenn Umweltgeschehen den ganzen Mann verlangen oder wenn seine Firma einmal wieder auf seine Zugkraft bauen muß, damit es vorwärts geht.

Auf dem Weg des Erfolges

Daß es trotz der langen schweren Krankheit des Firmenchefs mit altem Elan weiterging, dafür sorgten die Mitarbeiter und seine Frau Loni in bekannter Weise. Daß in einer Zeit schwerer Konkurrenzkämpfe auch auf dem Gebiet der Wasseraufbereitung und Hygienetechnik das Grünbeck-Team nicht die Gewinnmaximierung um jeden Preis anstrebt, beweist sich täglich durch neue Aktivitäten auch in Sachen Innovationen und in bezug auf Arbeitsplatzerhaltung und die Gesundheit der Belegschaft im Arbeitsprozeß.

Als im Jahre 1996 Gewißheit bestand, daß das Schwesterunternehmen, der Stahl- und Behälterbau Motzenhofen, an seinem alten Standort nicht in der geforderten Größenordnung expandieren konnte, wurde der Entschluß gefaßt, eine neue Produktionshalle mit 10 000 Quadratmetern auf dem betriebseigenen Grundstück in Höchstädt zu errichten. Der SBM mußte dorthin umgesiedelt werden.

Zur Einweihung dieser Halle, die am Freitag, dem 25. April 1997 stattfand, hatten sich viele Gäste aus Wirtschaft und Politik angesagt.

Immerhin galt es, eine Riesenanstrengung zu würdigen und zu bewundern. Die Firma Grünbeck hatte für dieses neue Projekt insgesamt 4 Millionen DM aufgewendet, wovon der Bau der 80 Meter langen und 22 Meter breiten Fertigungshalle allein 2,6 Millionen verschlang.

Neben diesem imposanten Bauwerk hat die Firma Grünbeck einen Anbau für den zentralen Wareneingangsbereich mit einer Qualitätskontrolle errichten lassen. Dieser Bau grenzt an das Technikum, bzw. das Serienlager an. »Damit«, so Geschäftsführer Walter Ernst, »sind wir für die nahe Zukunft gut gerüstet.«

Zur Zeit hat die Firma 418 Mitarbeiter allein in Höchstädt beschäftigt. Die hierher verlegte Schwesterfirma SBM hatte 25 Mitarbeiter. Dieser Stamm soll erhöht werden, um den neuen Aufgaben gerecht zu werden.

Das Grußwort zur Einweihungsfeier kam von Umweltminister Thomas Goppel. Der Betriebsleiter der SBM, Alfred Feiler, der dem Unternehmen 30 Jahre lang angehört hatte, wurde in den verdienten Ruhestand entlassen.

Mit dieser Einweihungsfeier verbunden war ein weiteres Großereignis, das Josef Grünbeck persönlich betraf. Die Stadt Höchstädt überreichte dem Firmeninhaber nach einstimmigem Beschluß des Stadtrates ihre Ehrenbürgerwürde.

Diese hohe Auszeichnung, die dem Geehrten »für seinen Einsatz als Kommunalpolitiker und Unternehmer für Höchstädt und seine Bürger« durch Bürgermeister Kornmann übergeben wurde, war die Krönung eines jahrzehn-

telangen Bemühens des sudetendeutschen Unternehmers und Politikers um seine neue Vater- und Heimatstadt. Bürgermeister Gerhard Kornmann erklärte:
»Josef Grünbeck ist eine tragende Säule der Gesellschaft. Menschen wie er sind nachahmenswerte Vorbilder.«
Der Dank des Bürgermeisters galt aber auch der Gattin Loni des Geehrten, die ihrem Manne stets den Rücken frei- und sich selber bescheiden im Hintergrund gehalten habe, wofür sie besonderen Respekt und Anerkennung verdiene.
Dem Jubilar gratulierte auch Landrat Dr. Anton Dietrich, der es einen Glücksfall nannte, daß Josef Grünbeck mit seiner Firma in den Landkreis Dillingen gekommen sei.
Er dankte dem Mitkämpfer für seinen langjährigen kommunalpolitischen Einsatz, »dem ich uneingeschränkte Anerkennung zolle. Die Firma Grünbeck ist ein Gütesiegel in der Umwelttechnik.«
Das Mitglied des Landtages, Georg Winter, sprach für die anwesenden Abgeordneten, der Hauptgeschäftsführer der Industrie- und Handelskammer, Dieter Birnmann, schloß sich diesen Glückwünschen mit freundschaftlichen Worten an.
Zum Schluß dieser bewegenden Veranstaltung ergriff Finanzstaatssekretär Alfons Zeller das Wort und gratulierte seinem ehemaligen Kollegen Josef Grünbeck und seiner Firma ganz besonders zum Bayerischen Qualitätspreis, den diese errungen hatte.
Es war der dritte Anlaß, der an diesem denkwürdigen Freitag in Höchstädt gefeiert wurde. Darüber wird noch besonders zu reden sein.
Zeller nannte Josef Grünbeck einen kompetenten und fairen Kämpfer für die soziale Marktwirtschaft, einen Mann, von dessen Qualität man in den höheren Entscheidungsgremien Deutschlands viel mehr brauche.
Es war an Josef Grünbeck, diesen Ehrungssturm mit ab-

schließenden Worten zu erwidern. Er dankte gerührt für die Ehrenbürgerwürde und für die Anwesenheit so vieler Freunde und Mitbürger.

Der »Wirtschafts-Oscar« für
Grünbeck Wasseraufbereitung GmbH

Zwei Tage vor der Verleihung der Ehrenbürgerwürde an Josef Grünbeck war es zur Verleihung des Bayerischen Qualitätspreises an die Firma Grünbeck Wasseraufbereitung GmbH gekommen.
Begonnen hatte alles mit dem »Startschuß« durch die Geschäftsleitung vom 24. 6. 1996, daß sich die Firma an diesem Wettbewerb beteiligen werde.
Der Preis wird einmal für die beste Unternehmenspolitik verliehen. In diesem Jahr bewarben sich etwa 150 bis 200 Firmen um diese Auszeichnung, die erst nach sehr strengen Aufnahmekriterien entweder für die Qualität des Gesamtunternehmens oder für Einzelbereiche vergeben wird.
Schwerpunkte der Bewertungskriterien liegen auf den Gebieten der Forschung und Entwicklung, der Herstellungstechnologien, Marktbearbeitung und im Gesamtauftreten. Ebenso wird für den handwerklichen Bereich ein Preis verliehen.
Die Auswahl der Preisträger wird in einem komplizierten Verfahren eines hochkarätigen Expertengremiums ermittelt. Die einzelnen Stufen desselben gestalteten sich folgendermaßen:
Die Firma Grünbeck wurde am 30. 9. 96 darüber informiert, daß ihre Nominierung für den Bayerischen Qualitätspreis 1997 durch das Expertengremium erfolgt sei und daß man die Bewerbungsunterlagen und einen Selbstbefragungsbogen einreichen möge.
In einer abschließenden Besprechung der Grünbeck-Geschäftsleitung mit den Herren Ernst, Berkenkamp,

Rieß, Dr. Stoll und Lachenmeir wurde die Beteiligung als aussichtsreich angesehen.

Ein Projektteam aus Vertretern der Bereiche Technik, Vertrieb, Materialwirtschaft, Verwaltung und Geschäftsleitung erarbeitete unter der Leitung des Qualitätsbeauftragten die vielschichtige Dokumentation zum Selbstbefragungsbogen der Technischen Universität München. Die Unterlagen wurden am 27. 12. an die TU München übergeben.

Bereits am 11. Februar 1997 erging von dort die Nachricht, daß Grünbeck in die engere Wahl der Preisträger genommen worden sei. Der Termin für das Audit durch die TU München wurde zum 4. 3. vereinbart.

Nach einer letzten Abteilungsleitersitzung am Tage zuvor, mit intensiver Vorbereitung auf dieses Treffen, wurde am nächsten Tage durch Herrn Tobias Liebscher von der TU dieses Audit gehalten.

Das Audit hatte die Aufgabe, die Übereinstimmung der Selbstbeurteilung mit der betrieblichen Realität zu überprüfen. Das Expertenkollegium befand, daß dies bei der Firma Grünbeck exakt der Fall war.

Damit gehörte auch Grünbeck Wasseraufbereitung zu jenen Firmen, die von dem Gremium des Bayerischen Wirtschaftsministeriums als Preisträger empfohlen wurden. Dieses übernahm dann die Nominierung der Preisträger.

Bei dem Gesamtpreis, welcher der Firma Grünbeck zugesprochen wurde, kam es darauf an, das Qualitätsimage auf dem Markt ebenso wie das Leistungsmanagement zu bewerten.

Darüber hinaus die Qualität in Forschung und Entwicklung, das Qualitätsmanagement und vor allem auch die Integration der Mitarbeiter in das Unternehmens-Qualitätskonzept. Einige weitere Bedingungen kamen hinzu.

Am Dienstag, dem 22. April 1997, wurde Geschäftsführer Walter Ernst durch Wirtschaftsminister Otto Wiesheu der Bayerische Qualitätspreis übergeben. Und zwar für die gesamte Unternehmensführung, also für »Unternehmensqualität und die beste Gesamtbewertung«.

Diese Auszeichnung bewies Kunden, Lieferanten und Mitarbeitern erneut, daß die Grünbeck Wasseraufbereitung GmbH ein innovativer, zuverlässiger und leistungsstarker Partner in der Branche der Wasseraufbereitung und Hygienetechnik ist; mit das wichtigste Ergebnis dieses Wettbewerbs, dem sich die Firma mit großem Engagement gestellt und den Sieg davongetragen hat.

Damit kam dieser Preis zeitlich zur rechten Zeit, um als drittes Ereignis auf der großen Feier der »Grünbecker« gewürdigt zu werden.

Schlußwort

Das Lebenswerk eines Mannes vom Format eines Josef Grünbeck nacherlebend zu gestalten, war nicht nur ein hartes Stück Arbeit, sondern zugleich auch eine besondere Freude.

Aus jeder Seite dieses Werkes atmet der Geist dieses Mannes, des Politikers und des vorwärtsdrängenden Unternehmers, der nicht bereit und willens ist, sich auf dem erreichten Lorbeer auszuruhen.

Wer im Stande ist, das gesamte Wissens- und Erfahrungsspektrum zu ermessen, das sich Josef Grünbeck erarbeitet hat, und das er voll beherrscht, der weiß um die Wirksamkeit und entscheidenden Bedeutung von Männern diesen Schlages. So verkörpert Josef Grünbeck ein Beispiel, vor allem für die Jugend, das ihr Ansporn sein möge, sich stets voll einzusetzen, nie nachzulassen in dem Bemühen, etwas »auf die Beine zu stellen« und das Laufen zu lehren.

Das Engagement dieses Menschen, der trotz der Schwere des erlittenen eigenen Schicksals immer auch für andere da war und nicht Böses mit Bösem vergalt, löst Bewunderung aus. Er war und ist zur Stelle, wo Menschen der Hilfe bedürfen.

Seine Energie im Firmenaufbau, im Sport oder in seinem Engagement auf dem Gebiet der Wasseraufbereitung ist einmalig in Deutschland.

Josef Grünbeck hat einmal einen Satz geprägt, in dem er in burschikoser Art seine Lebensmaxime offenlegte:

»WASSER IST *UNSER* BIER!«

Nach diesem Motto hat er zeit seines Lebens gehandelt. Entscheidende Durchbrüche sind ihm und seinen Mitarbeitern auf diesem Gebiet gelungen, zum Wohle nicht nur seiner Firma, sondern auch *und vor allem* jener Menschen, die sich auf die Wirksamkeit seiner Geräte und Einrichtungen verließen.

Wenn Josef Grünbeck, das »politische Urgestein«, ans Rednerpult des Landtages oder des Bundestages trat, dann wußten Freund und Feind, daß nunmehr Fraktur geredet wurde. Seiner eigenen Überzeugung niemals untreu, stand er für jene Überzeugungen ein, die er als entscheidend erachtete.

Wer auch immer dagegen angehen wollte, der mußte gute Argumente haben, um überhaupt mithalten zu können, denn *was* auch immer Josef Grünbeck sagte: Es hatte Hand und Fuß.

Daß er dabei die Konfrontation mit Männern vom Schlage eines Franz-Josef Strauß nicht fürchtete, sondern auf diesen groben Klotz einen noch groberen Keil zu setzen verstand, machte seine Popularität und seinen Erfolg aus.

Für seine neue Heimat, die Stadt Höchstädt im Landkreis Dillingen, schuf er mit seinem Werk eine Institution, die sich des besten Rufes im In- und Ausland erfreut. Aus dem Nichts baute er ein Unternehmen auf, das weit über die Grenzen Bayerns hinaus bekannt wurde und für Höchstädt immer mehr Arbeitsplätze sichern half.

In den von ihm initiierten Sportstätten Höchstädts

schuf sich Josef Grünbeck bleibende Denkmale seines Einsatzes. Wenn er seinen Mitarbeitern zurief, »macht keine langen Sprüche, sondern helft mir arbeiten!«, dann wußten diese, daß es nur diese eine Methode gab, eine Firma auf- und auszubauen, ferner das Geld zur Entlohnung der Mitarbeiter und zu weiteren Innovationen zu verdienen, die wieder neue Arbeitsplätze schufen.

Daß sich Josef Grünbeck nicht vor andere Karren spannen ließ, seien sie nun von der Arbeitgeber- oder Arbeitnehmerseite zur Verfügung gestellt, war eine Selbstverständlichkeit. Er hatte einen *eigenen* Karren. Den zog er, und seine Mitarbeiter mußten kräftig schieben und oftmals einen Zahn zulegen, um nicht außer Atem zu kommen und mit dem Chef mithalten zu können.

Josef Grünbeck ist eine aufrechte Persönlichkeit, die auch nicht vor Herrscherthronen katzbuckelt, sondern immer er selber blieb:

Unbeirrbar in seinem Wollen und Tun.
Unermüdlich im Einsatz um sein Werk.
Unbeeinflußbar durch fremdes Hereinreden.
Unabhängig gegenüber jedermann und
Ungebunden in seinem Wirken, sein Werk für alle Mitarbeiter im Erbfalle zur Verfügung zu stellen.

Josef Grünbeck setzte Meilensteine in der Entwicklung seiner Firma vom Ein-Mann-Unternehmen zur Weltfirma. Er setzte Meilensteine in der technologischen Medizin-Entwicklung zum Wohle der Menschheit, und schließlich setzte er Meilensteine mit seinem einmaligen Beteiligungsmodell.

Unter dieser Prämisse waren Ehrungen unaufhaltsam. Sie kamen aus allen Richtungen. Aus dem Gebiet des Sports ebenso wie aus dem der Politik. Aus menschlichen Bereichen, die ihn zum Ehrenbürger seiner alten Heimatstadt Dux werden ließen und aus den Vorreiterrollen, die er mit seinem Unternehmen und seiner Art von Menschenführung und der Achtung jedes einzelnen betrieb. Aus seiner Innovationsfreude, die ihn für alles Neue aufnahmebereit machte, vorausgesetzt, es nutzte den Menschen, kamen Ehrungen hinzu.

Josef Grünbeck wußte eines sicher: Nur der gleichmäßige Austausch von Kulturen, von technischem Knowhow und gegenseitiger Achtung und Toleranz, konnte solche Vorkommnisse, wie sie auch seine Familie an den Rand des Abgrundes gebracht hatten, in Zukunft verhindern.

Daß sich Josef Grünbeck der Mithilfe von Experten aus den jeweiligen Sachgebieten versicherte und ihnen freie Hand zur schöpferischen Entfaltung ihres Wissens ließ, macht seinen besonderen Erfolg aus.

So kultivierte er das, was mit Teamwork umschrieben wird, in seiner reinsten Form.

Ebenso wie er selber durchdrungen ist von dem Geiste des Vorwärtsschreitens, der Suche nach Neuem, Wichtigerem, so ist sein gesamtes Team auf dem Wege nach vorn, unterwegs ins ständig Veränderliche, das im Grunde des Unveränderliche ist und bleibt. Das also, was den Menschen in seinem sicherlich von der Schöpfung gedachten Auftrag ausmacht, dergestalt, daß er hinter jedem Ziel, das er erreicht, ein neues auftauchen sieht und – dahin unterwegs – den Marsch in die Zukunft fortsetzt.

Ein Mensch wie Josef Grünbeck, der sein siebentes Lebensjahrzehnt vollendet und überschritten hat, voll eines Daseins, das geprägt war von unermüdlicher Schaffenskraft, von ungeheurer Neugierde auf das, was Leben im Detail und im Ganzen ausmacht, ist eine Ausnahmeerscheinung. Eine Existenz, die mit unermüdlicher Geduld und zugleich ebenso unermüdlichem Draufgängertum und dem Fleiß des ständig Suchenden, belehnt ist.

Dieses Buch spiegelt – wenn auch nicht vollkommen – die Fülle der Ereignisse der Zeiten und Räume wider, die dieser Mann durchmaß und aus seinen gewonnenen Erkenntnissen treffende Urteile abzuleiten wußte.

Seine Leistung, sein Werk und sein Umfeld dem Vergessen zu entreißen und festzuhalten, was ein Mensch mit Visionen in die Zukunft zu leisten vermag, ist Sinn dieses Werkes.

Der Autor ist sich sicher, daß alle, die Josef Grünbeck kennen, mit ihm in dieses Schlußwort einstimmen werden:
Josef Grünbeck, dem Menschen, Politiker und Unternehmer ein von Herzen kommendes GLÜCKAUF!
In das neue Lebensjahrzehnt, das erfüllt sein möge von neuen Aufgaben und ihrer Meisterung.

QUELLENANGABE UND LITERATURVERZEICHNIS
(Im Auszug)

Augsburger Allgemeine:	Nachgefragt: Zieht die CSSR beim Umweltschutz mit? (8. 9. 1988)
Bayerischer Landtag:	Reden und Protokolle mit mehr als drei Wortmeldungen des Abgeordneten Grünbeck (1979–86)
Bernhardt, Prof. Dr. Heinz:	Desinfektion aufbereiteter Oberflächenwasser mit UV-Strahlen
Büchler, Dr. H.:	Rede zum 22. 12. 1994 (i. Ms.)
Bulletin der Bundesregierung:	Vereinbarung mit der CSSR über den Umweltschutz (6. 10. 1987)
Bundestag, deutscher:	Umweltzusammenarbeit mit der CSSR: Chronologie der bisherigen Bemühungen zum Problem Luftverschmutzung in Bayern (10/1987)
Dolhofer, Josef:	Beichtvater des Kaisers: Josef Grünbeck, in: Regensburger Almanach 1972
Duchcov/Dux, Stadtrat:	Einladung zum Festakt durch den Bürgermeister Vilem Scharhag zur Ehrung von Josef Grünbeck
Ehret, Prof. Dr. med., Dr. rer. nat.:	Die Bekämpfung von Legionellen in Wassersystemen durch ein kombiniertes Verfahren, mit Ultraschall und UV-Technologie, Vortrag 16. 9. 1996
ders.:	Bakterien – Gefahr im Wasserdampf. Verbreitung der Legionärskrankheit, in Augsburger Zeitung (30. 11. 1994)
Ernst, Walter:	Josef Grünbeck 70 Jahre, in: Heimatruf Folge 38/1995
Ernst, Sonja Ursula:	Leben und Wirken des erfolgreichen bayerischen Unternehmers Josef Grünbeck, i. Ms. 1993
Ertl, Josef:	»I bin a bloß a Bauernbua«, in Donau-Zeitung 19. 6. 1976
FDP-Bundestagsfraktion:	Irmer: Josef Grünbeck – Ein Kämpfer für Versöhnung (3. 5. 1994)

Förderkreis Verband der mittelständischen Wirtschaft:	Der 2. Europäische Innovations- und Technologiekongreß (23.–24. 10. 1986)
ders.:	Europapreis für unternehmerische Kreativität für Firma Grünbeck GmbH Höchstädt (1.1986)
Frankfurter Allgemeine:	Warum wohl weinte Walther? Denkmal des Minnesängers steht wieder in Dux (14. 11. 1991)
Giegold, Heinrich, und Otto, Gerd:	Nachbarn im Gespräch. Josef Grünbeck im Gespräch mit Bürgern aus Duchcov, Regensburg 1994
Heimatruf:	Bundesrepublik – CSSR: Dynamisierung besonders im Umweltschutzbereich (9. 1. 1988)
Pitter, Irene:	Wachstum und Bekämpfung von Legionellen in wasserführenden Systemen, Sonderdruck IKZ-Haustechnik, Heft 8/1993
Presse- und Informationsrat der Bundesregierung:	Bulletin: Vertrag über gute Nachbarschaft und freundschaftliche Zusammenarbeit (4. 3. 1992)
dass.:	Staatsbesuch des Bundespräsidenten in der CSFR (16. 10. 1991)
Rexroth, Dr. Günther:	Der Mittelstand braucht Strukturwandel durch Innovation – a. B. Josef Grünbeck, Rede 16. 9. 1995
Schertl, Alfons:	Die neuen Stellen liegen im Schmutz – Abwasserbeseitigung kann viele Arbeitsplätze schaffen, in: Donau-Zeitung (7. 12. 1982)
Schmitz, D. M.:	Bleibt der bundesdeutsche Trinkwasserstandard erhalten? Neue DELIWA-Zeitschrift 1/1995
Schwenzel, Wolfram:	Rede zum Jahresende 1944, i. Ms.
Sönnichsen, Prof. Dr. sc. med. Nils:	Balneo Phototherapie mit der Grünbeck-Wanne, Vortrag 16. 9. 1995
Stoll, Dr. Ing. G.:	Historie der Entwicklung des GENO-BREAK-Systems, Vortrag, i. Ms.
TOMESA-Fachklinik Bad Salzschlirf:	Das neue TOMESA-Therapiesystem i. Ms.
Ulip Dipl. Ing. Karel:	Briefe, Urkunden und Zeitungsausschnitte an Josef Grünbeck (1991)

Zusätzliche Quellen:

Ausburger Zeitung:	Ein Grenzgänger des guten Willens: Josef Grünbeck, 27. 5. 1994
Bartoskova, Vera:	Walther von der Vogelweide, Prag 1991
Dux, Stadt:	Walther von der Vogelweide, Duchcove 1911–1991 Dux/Duchcove 1991
Friedrich Naumann-Stiftung:	Deutsche und Tschechen – Presseecho zum Rundtischgespräch vom 9. 11. 1993
Grünbeck, Josef:	Die wirtschaftliche und kulturelle Entwicklung im sudetendeutschen Raum, Vortrag, Bonn 6. 3. 1985
ders.:	1990 – ein historisches Jahr für die Aussöhnung zwischen Tschechen und Deutschen i. Ms.
ders.:	Bayerns Blockade blanker Unsinn, in: FDP-Tagesdienst vom 12. 6. 1991
ders.:	Korrespondenz mit dem tschechoslowakischen Außenminister Jiri Dienstbier, 1992
ders.:	Gute Nachbarschaft mit der Tschechoslowakei, Bonn 22. 2. 1991
ders.:	Es fehlt an Wissen und Mut, Bonn 1994
Grünbeck Wasseraufbereitung:	60 Jahre und kein bißchen müde, zum Geburtstag von Josef Grünbeck 9/1985
Nowak, Ulrike:	Das deutsch-tschechoslowakische Umweltabkommen in: Arbeitskreis Umweltschutz i. Ms. 1990
Donau-Zeitung:	Ein Zeichen der Versöhnung: Josef Grünbeck erhält die Ehrenbürgerwürde von Dux, 13. 6. 1994

Sonstige Berichte aus der DONAU-ZEITUNG:

Grünbeck sorgt für klares Wasser (18. 11. 1967)
Höchstädt einen guten Dienst erwiesen. Stadtrat Josef Grünbeck stellt seine Firma vor (25. 11. 1967)
Wasseraufbereitung immer wichtiger – 20 Jahre Firma Grünbeck, Höchstädt (13. 9. 1969)
Tag der offenen Tür: Besichtigung des neuen Verwaltungsgebäudes der Firma Grünbeck (25. 6. 1971)
Grünbeck-Modell findet weiterhin starke Beachtung (24. 5. 1972)
Grünbeck: Zuwachsrate von 40 Prozent (31. 5. 1973)

Zwischen FUW und Engagement für die FDP – Ein Interview mit Josef Grünbeck (20. 4. 1974)
Kapazität der Firma Grünbeck zum 25. Jubiläum verdoppelt (18. 10. 1974)
Höchstädter Mehrzweckhalle ist vorbildlich (25. 4. 1973)
Sepp Grünbeck als Büttenredner – Der Ping-Pong-Ball der SSV-Tischtennisabteilung (7. 2. 1975)
Zwei Millionen für die Neubauarbeiten der Grünbeck Wasseraufbereitung (4. 3. 1975)
Erfolgreicher Unternehmer und Sportler (17. 9. 1975)
Großverein Höchstädt ehrt seinen Gründer Josef Grünbeck (23. 9. 1975)
Experten für Wasseraufbereitung, Schwimmbadtechnik und Abwasseraufbereitung (7. 11. 1975)
Firma Grünbeck, Höchstädt: Porträt eines Unternehmens (5. 12. 1975)
Warum geht ein Unternehmer in die Politik? – Interview mit Josef Grünbeck (7. 11. 1975)
Sieg für Gewinnbeteiligung durch heimischen Unternehmer (27. 3. 1976)
Stadtfest in Höchstädt (28. 7. 1976)
MdB Grünbeck eröffnet internationalen Bäderkongreß
Josef Grünbeck bei Ministerpräsident Streibl
Ein Grenzgänger des guten Willens, Josef Grünbeck (27. 5. 1994)
Ein Zeichen der Versöhnung, Josef Grünbeck Ehrenbürger seiner tschechischen Heimatstadt Dux (13. 6. 1994)
Das muß ein besonderer Mann sein (16. 9. 1995)
Ein Optimist wird 70 Jahre (15. 9. 1995)
Unternehmerisch wie eh und je (18. 9. 1995)

Josef Grünbeck: Vorträge, Reden, Interviews

Reise in die Vergangenheit: Heimat, Kindheit, Familie i. Ms.
Mein Leben als Politiker und Unternehmer i. Ms.
Höchstädt braucht das Kreiskrankenhaus (5. 4. 1974)
Unternehmerische Entscheidungen, i. Ms.
Das deutsche Bier muß rein bleiben, in DZ (8. 3. 1984)
Das Grünbeck-Mitarbeitermodell (1976–1988)
Mitteleuropa braucht dringend Maßnahmen zur Luftreinerhaltung (27. 3. 1986)
Den Nachbarn drohen böse Konsequenzen, in: Süddeutsche Zeitung (12. 9. 1986)

Waldschäden im Erzgebirge weltweit ohne Beispiel (Jan. 1986)
Alarm für alle europäischen Staaten in Ost und West für umweltpolitische Verantwortung, ZS 10/1985
Briefe an den Bundesminister des Auswärtigen Hans-Dietrich Genscher: Zur geplanten Unterzeichnung des Abkommens über wissenschaftlich-technische Zusammenarbeit (18. 1. 1984)
Aufeinander zugehen, in: PZ/Wir in Europa: Die tschechischen Nachbarn, 1984
Tschechische Umwelt- und Energiepolitik führt in die Katastrophe
Tschernobyl hat die Umwelt- und Energiediskussion in Europa und weltweit verändert
Ostblockländer müssen bei der Luftverschmutzung einlenken. (Alle 1986–88)
Zusammenarbeit mit der CSSR (23. 9. 1988)
Walther von der Vogelweide: Ein Symbol für die Verständigung (1991)
Diverse Berichte und Referate über Wirtschaftspolitik, Mittelstand und Gewerbesteuer in FDP-Tagesdienst (1990)
Grünbeck-Themen: Reden und Diskussionen im Plenum des Bayerischen Landtages und des Deutschen Bundestages von 1978 bis zum 21. 9. 1994, im Ausdruck
Erzgebirge, weltweit *ohne* Beispiel, in Sudetendeutsche Zeitung 15. 8. 1986
Gesprächsnotizen »Bilaterale Kontakte über Reaktorsicherheit«, 305-2880 (29. 1. 1991)
Vermerk zum tschechischen Kernkraftwerk Bohumice (8. 1. 1991)
Die Elbe ein ökologischer und politischer Zündstoff (15. 2. 1991)
Grußwort zur Wiedererrichtung des Walther-von-der-Vogelweide-Denkmals in Dux (11/1991)
Die Aussöhnung mit unseren tschechischen und slowakischen Nachbarn ist überfällig (5. 6. 1993)
Weichen für die Aussöhnung gestellt (22. 1. 1992)
Dankesrede für Dux-Ehrenbürgerschaft
Dank! Auf Ihr Wohl und unsere gemeinsame Zukunft! i. Ms. (17. 9. 1995)
Ich würde alles noch einmal machen! i. Ms. (1995)
Grünbeck, Loni und Josef: Wir haben 400 Erben (in: Quick 1986)

GRÜNBECK WASSERAUFBEREITUNG GmbH:
(Die Fertigungspalette)

Das GENO-BREAK System
Anlagen zur Behandlung von Trinkwasser
Standortsicher durch Innovation. Das Beispiel Grünbeck
Umkehrosmose zur Entsalzung von Wasser
Wasseraufbereitung für Gewerbe, Industrie und Kommunen
Altlastensanierung und Wertstoffrückgewinnung
GENO-UV-Entkeimungsanlagen
Starke Typen, die Klarheit schaffen: GENO-Filter
Umkehrosmose im Getränkebetrieb.
Regenwasser nutzen – Trinkwasser sparen: Der Regenseparator
Reine Geschmackssache! – Ionenselektor GENO-max
GENODOS-Pumpen
Anwendungsgebiete von UV-Entkeimungsanlagen
Trink- und Brauchwasseraufbereitung für die Industrie, Kommunen und Brauereien
Entsalzung durch Ionenaustausch
GENO-Kompakt-Klärsysteme
»Gutes Wasser ist *unser* Bier!«
TOMESA-Therapie-System
Grünbeck übernimmt dänischen UV-Spezialisten
Chlorfreies Wasser – Technik und Hygiene am Pool
Wasseraufbereitung für Privatschwimmbäder
Chlorfreie Desinfektions- und Wasseraufbereitung für Warmwasser-Systeme – Die GENO-Wasserfilter
Kühlkreislauf und Klimatechnik: SONO-CLEAN-GENO
TOMESA-Therapie-System – Die Licht- und Wasserverhältnisse des Toten Meeres, optimiert und standardisiert.
Cross-Flow Mikrofiltration
Kondensatneutralisation
Sanierung von Trinkwasserinstallationen
Festbettreaktor und Ringlace
Das Tote Meer in Deutschland: Das TOMESA-Therapie-System
Grünbeck Wasseraufbereitung: Entwicklung des Unternehmens. Angaben aus den Bilanzen von 1961 bis 1980
GENO-Spiegel: Verschiedene Ausgaben.
GENO-Spiegel: Das aktuelle Messe-Interview mit Josef Grünbeck Sonderausgabe vom 28. 3. bis 1. 4. 1995
Grünbeck, Loni und Josef: Die soziale Partnerschaft – Das Grünbeck-Modell, Stufe I – IV, gedruckt Februar 1988

Danksagung:

Der Dank des Autors gilt allen Helfern – genannten und ungenannten –, die es mit ermöglichten, das Porträt eines deutschen Unternehmers und Politikers nachzuzeichnen.

Daß nicht alle Hinweise und Kurzberichte in dieser Inhaltsangabe dargelegt werden konnten, liegt in der Natur der Sache und darin, daß eine Reihe Namen im Text genannt wurden.

Getragen von dem Wunsche, den Menschen, Politiker und Unternehmer in allen seinen Phasen festzuhalten und damit seiner unerhörten Arbeitsleistung gerecht zu werden, hat der Autor alle relevanten Unterlagen zu einem Ganzen zusammengefügt.

Möge dieser Report eines Menschen, der sich um seine Familie, sein Werk und seine Heimat verdient gemacht hat, Ansporn sein für junge Menschen, Josef Grünbeck nachzueifern und nicht nachzulassen in dem Bemühen, etwas für sich und für andere, für seine Umgebung und nicht zuletzt für seine Heimat Bleibendes zu schaffen.

Dortmund im Dezember 1995

Franz Kurowski

Anhang/Register

Register der Mitarbeiterinnen und Mitarbeiter, die beim Aufbau der Firma Grünbeck Wasseraufbereitung den Gründer Josef Grünbeck maßgebend über einen längeren oder kürzeren Zeitraum begleitet haben. Mit dieser Aufstellung sollen alle Mitarbeiterinnen und Mitarbeiter geehrt werden, ohne daß alle Personen genannt werden können.

Aschenbrenner, Josef	Handelsvertreter	seit 1973
Arens, Hans	Technischer Leiter	1979 bis 1986
Beck, Ingo	Montageleiter	seit 1966 bzw. 1989
Brummer, Alfred	Handelsvertreter	von 1966 bis 1994
Büchler, Dr. Heinrich	Technischer Leiter/Geschäftsführer	1991 bis 1994
Burger, Heinz	Handelsvertreter	seit 1969
Dobersch, Manfred	Kundendienstleiter, gest. 1987	1969 bis 1987
Dreier, Rolf	Handelsvertreter	seit 1967
u. Gabi, geb. Jörg		seit 1964
Demharter, Johann	Steuerberater	seit 1976
Eggenmüller, Annette, geb. Rieder	Sekretärin	seit 1986
Ernst, Walter	Geschäftsführer	seit 1984
Faul, Josef	Betriebsratsvorsitzender gest. 1986	1971 bis 1986
Glaser, Siegfried	Technischer Leiter	von 1967 bis 1969
Götz, Lothar	Konstruktionsleiter	seit 1967
Grünbeck, Loni	engste Mitarbeiterin, Prokuristin	seit 1952
Harfich, Hans	Betriebsleiter	1966 bis 1993
Hefele, Irma	Rechnungsabteilung	seit 1971
Hempelmann, Elisabeth	erste Handelsvertreterin	1949 bis 1977
Hirschberger, Peter	Vertriebsleiter/Geschäftsführer	1961 bis 1984 und 1987 bis 1994
Kimmerle, Franz	Handelsvetreter	seit 1964
Kimmerle, Hannelore		seit 1973
Kosch, Sylvia	pers. Sekretärin v. Josef Grünbeck	1967 bis 1981
Kosch, Ilona	Exportleiterin	seit 1982
Kreischer, Jacques	Handelsvertreter	1968 bis 1991
Lang, Franz	Verkauf	1969 bis 1983
Ludley, Hermann	Technischer Leiter	1973 bis 1978
Maneth, Alfred	Prokurist, kaufmännischer Leiter	1967 bis 1992
Maneth, Manfred	EDV-Leiter	1973 bis 1996
Markmann, Erich	Prokurist, Vertriebsleiter	seit 1967

Name	Funktion	Zeitraum
Massar, Fritz-Peter	Handelsvertreter u. Beiratsvorsitzender	seit 1970
Massar, Karl-Hans	Handelsvertreter	seit 1969
Mayr, Helmut	Fertigung	seit 1967
Meck, Sigmund	Handelsvertreter	seit 1967
Michl, Peter	Abteilungsleiter	seit 1978
Musselmann, Dieter	Abteilungleiter Buchhaltung	seit 1960
Oertel, Walter	Handelsvertreter	1966 bis 1981
Öxler, Johanna, geb. Rosenwirth	Sekretärin	seit 1978
Reichardt, Josef	Kalkulation	seit 1967
Rieß, Herbert u. Theolinde	Prokurist u. Einkaufsleiter Laborantin	seit 1967
Rieß, Wolfgang	Verkaufssachbearbeiter, gest. 1989	1962 bis 1989
Schadl, Karin	Sekretärin	seit 1988
Scheu, Ernst	Handelsvertreter	1969 bis 1989
Schneider, Rudolf	Kundendiensttechniker u. Verkaufssachbearbeiter	1960 bis 1984
Spielvogel, Christiane	Sekretariat	1960 bis 1968
Weiss, Rüdiger u. Jutta	Leiter Verkaufsbüro Niedersachsen, Sekretärin	seit 1968
Welz, Maria	Personalbüro	seit 1976
Wieser, Karl-Heinz	Vertriebsleiter Schwimmbadtechnik, Prokurist	seit 1967